Elogios para
Lidera como Walt

"En *Lidera como Walt*, Pat Williams y Jim Denney comparten de manera acertada en qué consistían la gestión, el liderazgo y el talento creativo de Walt Disney. En mis seminarios, suelo utilizar una de sus citas: 'Procura que la calidad esté siempre presente en todo, bien sea al brindarla o al recibirla'. A menudo, durante mi labor como vicepresidente ejecutivo de operaciones de Walt Disney World® Resort, pensaba como lo hacen muchos miembros del equipo, *¿Qué haría Walt en este caso?*. Si quieres ser excelente en lo que haces, te sugiero que estudies este libro y aprendas de Walt. Así, sabrás qué hacer cuando las oportunidades y los obstáculos se te aparezcan por el camino".

—Lee Cockerell
Vicepresidente ejecutivo (jubilado e inspirado)
de Walt Disney World® Resort. Autor de *Creating Magic:
10 Common Sense Leadership Strategies from A Life At Disney*

"Todos conocemos a Disney, la empresa, pero hay quienes desconocen a Disney, el hombre. En *Lidera como Walt*, Pat Williams y Jim Denney le dan vida a Walt Disney, un líder que, en parte, fue visionario; en parte, emprendedor y, en parte, genio creativo. Su liderazgo es un ejemplo inspirador sobre cómo integrar un gran equipo de trabajo con el fin de construir un futuro más prometedor, más audaz y más brillante. Es un placer leer *Lidera como Walt*. Al igual que ocurre con todos los libros de Pat Williams, este también es una fuente de enorme sabiduría en lo referente al tema del liderazgo".

—John Baldoni
Destacado experto en liderazgo, coach ejecutivo en Inc.com,
conferencista y autor *bestseller* de 14 libros, incluido
GRACE: A Leader's Guide to a Better Us

"Pat Williams ha hecho un trabajo asombroso al contar la inspiradora historia de Walt Disney y de sus atributos más destacados, que lo hicieron tan exitoso. Recomiendo enfáticamente su libro, pues estoy convencido de que motivará a sus lectores a proseguir hacia un futuro que ni ellos mismos saben que es posible construir".

—Don Iwerks
Exejecutivo de Disney, ganador del Premio Oscar
y cofundador de Iwerks Entertainment

"Hace más de 30 años, Pat Williams convirtió su sueño en realidad cuando enfocó todos sus esfuerzos en llevar a la NBA y al Orlando Magic a nuestra ciudad. En *Lidera como Walt*, Pat, visionario por derecho propio, les ofrece a sus lectores esta magnífica obra acerca de uno de los más grandes soñadores de todos los tiempos, Walt Disney, centrada en principios y tácticas que todos deberíamos utilizar para generar verdadero impacto en la vida de quienes nos rodean".

—Buddy Dyer
Alcalde de Orlando, Florida

"Este libro es un boleto tipo 'E' —si es que alguna vez ha existido uno—. Los autores Williams y Denney te llevan a disfrutar de una aventura basada en la vida real de Disney a través de los ojos y las experiencias de todos aquellos que le ayudaron al creador del ratón más famoso del mundo en la construcción de un universo lleno de maravillas".

—Ron Stark
Director de S/R Laboratories® Animation Art Conservation
Center Courvoisier Galleries of San Francisco

"*Lidera como Walt* es la mejor versión de Pat Williams sobre cómo ser eficaz en un mercado en constante evolución e implica un cambio de mentalidad, basado en información útil para líderes pertenecientes a organizaciones de diversidad de tamaños. De hecho, estoy comprando unas cuantas copias para enviárselas a mis líderes y a mis mejores amigos. Esta es una lectura obligada. Gracias, Pat, por estar siempre incentivándonos a expandir nuestra mente y a comprometer nuestro corazón a liderar de manera diferente".

—Simon T. Bailey
Autor de *Be the Spark: Five Platinum Service Principles to Keep Costumers for Life*

"Los grandes líderes convierten visiones en realidad al empoderar, inspirar y motivar a otros. Walt Disney fue un gran líder. En *Lidera como Walt,* Pat Williams ha desglosado los elementos esenciales del estilo de liderazgo de Walt Disney y lo ha hecho de tal modo que todos aprendamos de su ejemplo. Ya sea que lideres una tropa de exploradores, una corporación o una nación, las ideas expuestas en este libro te ayudarán a convertirte en un líder más eficaz".

—George J. Mitchell
Senador y ex Presidente de The Walt Disney Company

"Un libro encantador que ilumina las cualidades esenciales del liderazgo de Walt Disney según la perspectiva de Pat Williams, un líder igualmente imaginativo y perspicaz. Es una lectura llena de historias memorables, de experiencias de primera mano y de consejos prácticos sobre cómo ser un líder ejemplar, sea donde sea que te encuentres a lo largo de tu propio viaje de liderazgo".

—Barry Posner
Profesor de liderazgo en Leavey School of Business, Santa Clara University

LIDERA COMO Walt

Descubre el enfoque mágico
de Walt Disney para la construcción
de organizaciones exitosas

Pat Williams

Jim Denney

TALLER DEL ÉXITO

Publicado por:
Taller del Éxito, Inc.
1669 N.W. 144 Terrace, Suite 210
Sunrise, Florida 33323
Estados Unidos
www.tallerdelexito.com

Editorial dedicada a la difusión de libros y audiolibros de desarrollo y crecimiento personal, liderazgo y motivación.

Diagramación: Chrislian Daza
Traducción y corrección de estilo: Nancy Camargo Cáceres

Impreso en Colombia
Printed in Colombia

ISBN: 9781607386568

22 23 24 25 26 R | CB 06 05 04 03 02

*En memoria de
Diane Disney Miller
y en agradecimiento a su familia,
por haber compartido conmigo
sus recuerdos sobre Walt Disney.*

Contenido

PRÓLOGO

Un tour mágico por la vida de Walt

NACIMOS EN EL SUR DE CALIFORNIA y durante nuestros primeros años, pasamos mucho tiempo en Disneylandia. Incluso después de mudarnos a Fresno, a cuatro horas y media de Anaheim, nuestra madre se propuso llevarnos con cierta frecuencia a nuestro lugar favorito: Disneylandia.

Durante el viaje, nos sentábamos en el asiento trasero del auto y planificábamos en qué consistiría nuestra estrategia: tan pronto como se abrieran las puertas, nos dirigiríamos a Indiana Jones Adventure; luego, de regreso, entraríamos al Jungle Cruise; después, correríamos hacia Tomorrowland y en seguida a Star Tours y así sucesivamente. Lo teníamos todo resuelto —aunque, casi siempre, subestimábamos los tiempos de espera en la fila.

Sin embargo, nunca nos importaba esa inconveniencia. Estar en Disneylandia era una experiencia mágica, incluso si teníamos que esperar 45 minutos para disfrutar de nuestro siguiente entretenimiento. Y, por mucho que amábamos Space Mountain y Matterhorn Bobsleds, no solo íbamos por ingresar a ellas, pues siempre nos pareció igualmente importante visitar también aquellas atracciones clásicas con las que Walt Disney soñó, como Great Moments with Mr. Lincoln y The Enchanted Tiki Room.

Por supuesto, nuestra infancia estuvo llena de mucho más que viajes a Disneylandia. Mamá es una profesora de matemáticas de secundaria (ahora, jubilada) que habla inglés, español y alemán. Ella se encargó de llenar nuestras vidas de buena música, de magníficos libros, de entretenidas obras de teatro y de deportes. También nos llevaba a la casa de nuestros abuelos, donde mi abuela tenía, literalmente, miles de libros abarrotados desde el piso hasta el techo en estanterías que había por toda la casa, incluyendo todos ganadores del Premio Caldecott que se hubieran publicado hasta ese momento.

De manera que tuvimos una infancia completa y aprendimos a amar la literatura, los cuentos populares y las artes. Es indudable que mamá incentivaba nuestra creatividad. A Brook le gusta, más que todo, escribir; a Robin le encanta dibujar. El hecho es que hay muy pocas cosas que inspiran nuestros impulsos creativos más que lo que lo hacen las creaciones de Walt Disney.

A medida que crecíamos, ambos sentíamos curiosidad por Walt. ¿Quién era este hombre dueño de toda una empresa que lleva su nombre y, de hecho, de todo un reino mágico nombrado en su honor? ¿Qué tipo de infancia tendría? ¿De dónde provendría? ¿Cuáles serían sus primeras influencias? ¿Qué tipo de líder era? ¿Qué desafíos y obstáculos tendría que enfrentar? ¿Cómo resultaría construyéndose Disneylandia?

Fue así como empezamos a leer sobre Walt, la historia de su empresa y de Disneylandia. Leímos *How to Be Like Walt* el libro más reciente de Pat Williams, relacionado con Disney —un tesoro incomparable acerca de su perspectiva—. Ahora, leímos *Lead Like Walt,* que está repleto de nuevas historias y de muchos conocimientos enfocados en el asombroso ejemplo de liderazgo de Walt.

Cuando observamos su vida, hay un hecho que parece obvio: Walt habría logrado grandes cosas sin importar en qué actividad hubiera elegido desempeñarse. Lo que ocurrió fue que sus primeras experiencias en la vida lo inclinaron hacia el campo de la animación, las películas y los parques temáticos. Sin embargo, si hubiera tenido diferentes influencias tempranas, junto con ese mismo carácter y actitud hacia el liderazgo, fácilmente, habría sido un gran entrenador de la NBA, un líder militar o un presidente estadounidense. Sus rasgos —visión, habilidades de comunicación, habilidades interpersonales, carácter, nivel de desempeño, audacia y un corazón servicial— eran su mejor equipaje para ser un gran líder en cualquier campo de acción.

Siendo el líder del entretenimiento, Walt logró transformarlo y mejorarlo. De hecho, es difícil imaginar un mundo sin Disneylandia, ni películas de Disney. Por eso, hay tanto por aprender acerca de su liderazgo. Pat Williams y Jim Denney nos prestaron un enorme servicio a todos sus lectores al extraer estas lecciones acerca de la vida y obra de este gran líder.

¿Cuáles son tus sueños? ¿Cuáles son tus metas? ¿De qué modo quisieras cambiar el mundo y convertirlo en un mejor lugar? Sigue este mágico recorrido por la vida de Walt Disney y aprende todo lo que significa liderar como él.

Luego, haz como él hizo y convierte este mundo en un lugar mágico y más feliz.

Brook Lopez   **Robin Lopez**
Milwaukee Bucks   *Orlando Magic*

Introducción

Guiado por Walt

Nunca conocí a Walt Disney, pero siento que él ha sido mi mentor. A mediados de 1986, me mudé de Filadelfia a Orlando para poner en marcha una nueva franquicia de la NBA, conocida como Orlando Magic. Florida central, el hogar del Walt Disney World Resort, está impregnado de la tradición y leyenda de Walt Disney, a pesar de que él nunca vivió aquí.

De manera que, cuantas más historias escuchaba sobre el impacto de Walt Disney en esta que para mí era una ciudad desconocida, más me daba cuenta que, al construir un equipo de la NBA a partir de cero, yo estaba intentando hacer lo que Walt ya había hecho muchas veces en su vida. Cuando él construyó su estudio de animación, cuando creó a Mickey Mouse, cuando lanzó el primer largometraje animado, cuando construyó Disneylandia y soñó con un gran proyecto más ambicioso en Florida, siempre comenzó con un sueño y lo convirtió en realidad.

Y lo hizo a través del ejercicio del liderazgo.

Para mí, liderazgo es tener la capacidad de dirigir y motivar a un equipo de personas con el propósito de lograr metas extraordinarias. En ese momento, yo no me sentía seguro de que mis habilidades de liderazgo estuvieran a la altura del desafío de formar un equipo, de conseguir que la comunidad lo apoyara, de financiar y construir un estadio, de persuadir a la NBA para que le otorgara a Orlando Magic una franquicia, ni tampoco de llenar el estadio de fanáticos del equipo —de lo que sí estaba seguro era de que Walt me enseñaría todo lo que yo necesitara saber al respecto—. Es verdad que había muerto hacía ya dos décadas, pero muchas de las personas a las que él asesoró vivían en Orlando y trabajaban en Walt Disney World, así que las busqué y les pedí que me contaran historias e ideas acerca de él.

Al mismo tiempo, me dediqué a leer todos los libros que pude encontrar sobre su vida. También hice un extenso estudio de sus logros y, por el camino, descubrí los que hoy identifico como los siete rasgos del liderazgo, siete cualidades clave que debe tener todo líder: visión, habilidades de comunicación, habilidades interpersonales, carácter, nivel de desempeño, audacia y un corazón servicial. Así que condensé esos siete rasgos y los convertí en una fórmula de la cual hablo y escribo y que está basada en el modelo de liderazgo de Walt Disney. En otras palabras, aprendí sobre sus siete rasgos del liderazgo, porque él los practicó en abundancia.

Mi amigo Swen Nater, que jugaba baloncesto bajo el liderazgo del legendario entrenador de UCLA, John Wooden (convirtiéndose en su gran amigo), escribió las siguientes líneas sobre estos siete rasgos del liderazgo:

"Hay siete cosas que debes hacer

para desempeñarte como un líder recto y auténtico:

elegir una visión firme y clara;

saber comunicarla de tal modo que otros la

compartan contigo;

desarrollar habilidades interpersonales basadas en el

amor;

mantener un carácter que esté muy por encima de

toda circunstancia;

contar con la capacidad necesaria para saber

resolver y enseñar;

disponer de un nivel de audacia que te lleve a

alcanzar hasta las metas más intrépidas;

obrar con un corazón de servicio dispuesto a ayudar,

y asistir y contribuir en la formación de quienes te

rodean".

Si pones en práctica estos siete rasgos del liderazgo, serás un líder eficaz y exitoso en cualquier campo de acción. Todos son habilidades que se pueden aprender. Como descubrirás al examinar la vida y el liderazgo de Walt Disney, ningún objetivo es demasiado abrumador, ni ningún sueño está fuera del alcance del tipo de líder que lidera como Walt.

En 2004, en asociación con Jim Denney, escribí *How to Be Like Walt* —una biografía motivadora de Walt Disney que hace referencia a toda su vida y su legado—. Hasta el día de hoy, el libro permanece en constante impresión y en la última revisión tenía más de 200 reseñas de Amazon con un promedio de 4.7 de 5 estrellas. Uno de los miembros de la familia Disney a los cuales entrevisté antes de escribirlo fue el sobrino de Walt, Roy E. Disney, hijo de Roy O. Disney. Después que le envié una copia, Roy me envió una nota manuscrita que tengo enmarcada y exhibida en la pared de mi oficina. Dice: "Querido Pat, gracias por incluirme en tu ¡fabuloso libro sobre Walt! ¡Es *maravilloso*! —Roy E. Disney".

Mientras escribía *How to be Like Walt*, tuve la alegría de llegar a conocer a su hija Diane Disney Miller. Fue ella quien me puso en contacto con los miembros de su familia, incluidos muchos de sus nietos. Todos ellos compartieron conmigo ideas invaluables sobre su abuelo.

También a ella le envié una copia de *How to Be Like Walt* y me llamó y me dijo que estaba encantada con el libro, pues este reflejaba muy bien el espíritu del hombre al que ella llamaba "papá". Cinco años después de su publicación, recibí una invitación a la gran apertura del Museo de la Familia Walt Disney. Diane Disney Miller y la familia Disney le construyeron un hermoso tributo a Walt en San Francisco. Tenía tantas ganas de estar allí, pero me preguntaba si sería justificable el tiempo y el gasto que representaba un vuelo de Florida a California para asistir a un evento de tan solo una noche.

Le mostré la invitación a mi esposa Ruth y ella me dijo: "Pat, tú debes estar allí. Desde que *How Be Like Walt* salió al mercado, tú te convertiste en parte del Clan Disney". Ruth tenía razón. Seguí su consejo y reservé un vuelo a San Francisco.

Al llegar a El Presidio, donde se encuentra el Museo de la Familia Disney, experimenté un doble placer. El Presidio es un antiguo fuerte del Ejército de EE. UU., ubicado en el extremo norte de la península de San Francisco. Durante un tiempo, este fuerte fue comandado por otro de mis héroes en el campo del liderazgo, el General John J. "Black Jack" Pershing. Su entorno es impresionante y cuenta con una imponente vista del Golden Gate Bridge.

Desde el momento en que ingresé al museo estuve rodeado de la vida y los logros de Walt Disney. A través de una exhibición tras otra, pasé varias horas conociendo más y más sobre su carrera. El museo abarca 40.000 pies cuadrados y yo fácilmente podría haber pasado allí días enteros. Contiene galerías de arte de fondo y dibujos de animación, pantallas interactivas, estaciones de escucha, un modelo de 12 pies de ancho de Disneylandia (tal como fue fundada en 1959) y más. Hay una vitrina en el vestíbulo que contiene muchos de los premios que Walt ganó a lo largo de su carrera, incluidos sus numerosos Academy Awards y The Presidential Medal of Freedom. Un teatro de última generación exhibe películas de Disney durante todo el día y también está en exhibición el tren a vapor del patio trasero de Walt, el Carolwood Pacific Railroad.

A medida que me deleitaba en todas las obras de arte, las fotografías y los clips de las películas de Disney, una palabra resonaba en mis pensamientos: *liderazgo*. Este fue un hombre que acumuló muchas carreras a lo largo de una vida que fue trágicamente truncada a los 65 años de edad. Por medio de las exhibiciones del museo pude apreciar sus diversas carreras: productor de dibujos animados, productor de largometrajes de acción real, documentalista, inventor de la tecnología cinematográfica (que poseía numerosas patentes), reconocí a un amado presentador de televisión, a un empresario de parques temáticos y al productor de eventos de los Juegos Olímpicos y de exhibiciones de la Feria Mundial.

Parecía casi imposible que un mismo hombre hubiera logrado tanto en la vida, pero todos esos logros prueban que Walt fue uno de los líderes más grandes que este mundo haya visto jamás. Fue él quien lideró la empresa Disney desde su fundación en 1923 hasta su muerte en 1966, cargo que desempeñó durante, aproximadamente, 43 años. La base sobre la cual él construyó su empresa fue tan fuerte y duradera que esta ha durado durante casi un siglo. Las improntas de sus valores y de su personalidad quedaron estampadas de manera tan indeleble en la empresa que esta ha seguido prosperando y creciendo durante más de cinco décadas después de su muerte.

Hoy, The Walt Disney Company es una empresa de entretenimiento multinacional diversificada, así como el conglomerado de medios más grande del mundo (en términos de ingresos) —más grande que NBC-Universal o Warner Media—. En una ocasión, Walt envió a su hermano Roy a Nueva York para rogarle a la cadena de televisión ABC que le hiciera un préstamo de dinero para construir Disneylandia. Hoy, Disney es *dueña* de ABC. El nombre Disney se ha convertido en sinónimo de felicidad, porque el producto de Walt era la felicidad. Él les trajo y les seguirá trayendo alegría y deleite a millones de familias en todo el mundo.

Todos esos eran mis pensamientos mientras caminaba hacia el comedor del Walt Disney Family Museum. Entonces, miré hacia el otro lado de la habitación, vi una mujer y, al instante, pensé: "Ella debe ser Diane Disney Miller". Nunca antes la había visto en persona, aunque habíamos hablado muchas veces por teléfono. Los rasgos de la familia Disney son inconfundibles, así que caminé hacia ella y me presenté. Sus ojos se iluminaron y dijo: "¡Pat! ¡Me siento muy feliz de que hayas venido, Pat!". Hablamos como si nos conociéramos desde siempre. Diane no hubiera podido ser más amable conmigo.

Finalmente, me dijo: "¿En cuál mesa estarás durante la cena?".

"Bueno, no lo sé. Yo iba a...".

"Pat, te sentarás con nosotros, en la mesa de la familia Disney".

¡Qué honor! Ahí estaba yo con Diane, su esposo Ron Miller y toda la familia Disney. Todos me hicieron sentir muy bien, como en casa. Fue una velada maravillosa en la que varios cientos de personas se reunieron en un solo lugar para celebrar la vida y los logros de Walt Disney —un padre y abuelo bondadoso y generoso, un hombre de extraordinaria imaginación y genialidad y uno de los líderes más consumados de todos los tiempos.

Al día siguiente, volé de regreso a Florida. Mi mente daba y daba vueltas. La mayoría de mis pensamientos era acerca de Walt, el líder modelo. Esto fue hace más de una década. En los años transcurridos desde entonces, he estado leyendo más sobre Walt. Entrevisté a más personas que lo conocieron o que han estudiado su estilo de liderazgo. Pensé que había dicho todo lo que hay que decir sobre él en *How to Be Like Walt*. ¡Qué equivocado estaba! Walt todavía tiene mucho más para enseñarnos sobre cómo vivir una vida de liderazgo y de logros cumplidos.

Por esa razón, escribí este nuevo libro sobre él, centrado única y exclusivamente en su ejemplo de liderazgo. Por fin, puedo compartir todas las historias y conocimientos relacionados con su liderazgo. Las he estado recopilando desde la publicación de *How to Be Like Walt*. Los principios sobre los cuales él se basó a medida que construía su imperio del entretenimiento son los mismos principios que tanto tú como yo podemos usar en nuestra vida de liderazgo en el mundo de hoy. Estos principios atemporales son transferibles a cualquier ámbito del liderazgo, a cualquier equipo, a cualquier organización. Sea cual sea tu edad o nivel de experiencia, todos estos conocimientos te permitirán convertirte en una persona más eficaz e influyente y en un líder exitoso.

Si ya leíste *How to Be Like Walt*, te complacerá saber que este nuevo libro está repleto de historias recientemente descubiertas, de nuevas perspectivas y de poderosos principios de liderazgo que han surgido como resultado de mi exploración reciente sobre la vida de Walt.

Puede que tú no seas un "líder nato". Está bien. Yo tampoco lo soy y Walt tampoco lo fue. No hubo nada en los humildes comienzos de Walt como granjero de Missouri que sugiriera que la suya sería una vida de un liderazgo tan audaz como el que él llegó a ejercer. Walt aprendió y ejecutó su rol como líder de la manera más difícil, que es a través de la prueba y el error, por medio de la experiencia que solo se adquiere con el trabajo.

En el próximo capítulo, te daré una descripción general sobre su vida y su carrera, prestando especial atención a aquellos momentos en los que él aprendió una lección crucial o sacó a relucir alguna cualidad propia del liderazgo. Luego, en los siguientes capítulos, desglosaremos su ejemplo como líder y sus siete rasgos en este campo. Creo que te fascinará descubrir cómo estos siete principios de liderazgo impulsaron su éxito en varias etapas de su carrera.

Por lo tanto, pasa esta página junto conmigo y descubramos cómo liderar y tener éxito —como Walt.

De sus orígenes humildes a sus logros mágicos

1

El lunes 28 de noviembre de 1966, los periódicos de todo el país publicaron una historia de Gene Handsaker, el columnista de Associated Press, que decía:

> Walt Disney cumplirá 65 años el próximo lunes —y está profundamente involucrado, como de costumbre, en proyectos cada vez más grandes y diversos.
>
> Sin embargo, se le ha prestado poca atención se le ha prestado a tal ocasión. Disney ha estado tomándolo con calma desde que fue hospitalizado hace un mes, debido a una cirugía durante la cual le intervinieron una lesión contraída en su pulmón izquierdo. Ya está de vuelta en su oficina y espera reanudar su horario de trabajo completo en, aproximadamente, un mes.

La galaxia en constante expansión de las empresas de Disney, que va desde su centro de diversiones en Florida, con una extensión de 27.500 acres que permiten "transportar personas" en automóviles por toda Disneylandia, y tal vez por otras ciudades abarrotadas, se movía despacio en ausencia del jefe...

En una entrevista, Walt Disney manifestó: "No hay magia en mi fórmula. Tal vez, sea porque hago lo que me gusta —crear historias humanas fantásticas".

En un reciente día lluvioso en los alrededores de su extenso estudio, se le solicitó a uno de sus asociados que hablara sobre Disney. "Es el tipo más simple del mundo", comentó. "No sufre de aires de grandeza, ni es pretencioso. Conduce su propio auto. Le gusta jugar a los bolos y leer, y está loco de amor por sus siete nietos".

Otros lo han descrito como un hombre complicado que vuela de proyecto en proyecto en el jet privado de su empresa y que se toma el tiempo que sea necesario para revisar si hay bombillas quemadas y si los baños están sucios[1].

Luego, Handsaker pasó a describir los diversos proyectos de Walt, tanto los presentes como los futuros: Blackbeard's Ghost y The Jungle Book estaban en plena etapa de producción. Su equipo de trabajo estaba enfocado en la expansión de Tomorrowland, en Disneylandia, al mismo tiempo que planeaba un resort de esquí en Mineral King, cuyo valor era de $33 millones de dólares (proyecto que, con el tiempo, quedó inconcluso). La empresa Disney había adquirido 27.500 acres de propiedades inmobiliarias en Florida (el doble del área de Manhattan) para destinarlos al proyecto de Disney World, por un valor de $100 millones de dólares. Además, Walt estaba próximo a comenzar con la construcción del campus destinado al Instituto de Artes de California, cuyo valor era de $17 millones de dólares.

Todos estos planes y sueños estaban siendo dirigidos por un hombre asombroso, un líder que ya había transformado la industria cinematográfica, inventado un estilo de parque de atracciones completamente novedoso y que además le había presentado al mundo creaciones tan queridas por el público como lo son *Mickey Mouse, Blanca Nieves y los siete enanitos, Fantasía y Mary Poppins.* Lo que Gene Handsaker no sabía cuando escribió esa columna a finales de noviembre era que Walt Disney habría de morir a mediados de diciembre —abatido por un cáncer, justo cuando estaba logrando sus mayores triunfos como líder.

Nunca sabremos lo que Walt hubiera logrado de haber vivido otros 10 o 20 años. Lo que sí sabemos es que, a lo largo de los años que vivió, alcanzó una lista increíble de logros. Tan asombroso líder nos inspira aún más cuando sabemos que comenzó su vida siendo un granjero de Missouri que nunca terminó la escuela secundaria.

Floyd Norman comenzó su carrera en Disney como aprendiz de artista, mediante la realización de *La bella durmiente* (1959) y trabajó como artista de cuentos en la última película animada de Walt, *El libro de la selva* (1967). Reflexionando sobre Walt en *Fast Company,* escribió: "Incluso habiendo logrado tanto éxito, Disney se lamentaba de no haber tenido una educación universitaria... Él fue un magnate 100% autodidacta y fácilmente podría haberles enseñado un par de cosas a unos cuantos graduados de las escuelas de negocios. Él conocía su audiencia mejor que nadie. Nunca los llamó clientes. Para él, ellos eran sus invitados. Además, no había nada de cínico en Walt Disney.

En verdad, él creía en la incomparable combinación que hacía entre los negocios y la magia. Para suerte nuestra, nosotros también lo creímos"[2].

¿Qué podemos aprender sobre el liderazgo al conocer la vida de Walt Disney? Prepárate para sorprenderte e inspirarte. ¡Tengo mucho que contarte!

Los años felices en Marceline

Walter Elías Disney nació en Chicago el 5 de diciembre de 1901. Elías, su padre, era un contratista de construcción que nació en Canadá y llegó a ganar $1 dólar al día como carpintero en la Feria Mundial de Chicago de 1893 (en la Exposición de Columbia). Elías también construyó la casa de la familia Disney, ubicada en el 1249 de Tripp Avenue, en Chicago, donde nació Walt. Flora, la madre de Walt, una ex maestra de escuela, disfrutó a lo largo de su vida de una gran pasión por los buenos libros. Ella le enseñó a Walt a leer antes de que él ingresara al kindergarten.

Elías Disney era conocido por ser un hombre rígido y disciplinado que, a pesar de su dureza, amaba profundamente a su esposa y a sus hijos. Walt y sus tres hermanos mayores lo respetaban, pero también tuvieron sus luchas con él. En 1906, Elías se fue con su familia de Chicago, asolada en ese tiempo por el crimen, y se trasladó a vivir en una tranquila granja de 45 acres fuera de Marceline, Missouri.

Walt no recordaba nada de sus primeros años en Chicago. Sus primeros recuerdos estaban relacionados con la vida campestre de un granjero de Missouri. Sus comienzos rurales parecerían ser un punto de partida poco probable para uno de los grandes líderes del mundo. Sin embargo, Harrison "Buzz" Price, su socio durante largo tiempo, manifestó: "Walt se arraigó a la realidad de la vida, viviendo en Marceline. Allí, creció alrededor de la gente del pueblo. Vivió cerca de la tierra y de la naturaleza, manteniendo su esencia de granjero durante toda su vida".

Desde temprana edad, Walt mostró una aptitud especial para el dibujo. Un médico jubilado en Marceline, el Dr. L. I. Sherwood, le pagó en una ocasión $0,25 centavos para que le dibujara a Morgan, su premiado semental. En una carta de 1938 al *Marceline News*, Walt recordó: "Uno de mis recuerdos más preciados de la infancia es el Doc. Sherwood. Él solía animarme a dibujar y me daba regalitos por mis esfuerzos. En una ocasión, creo que debió sostener un caballo suyo durante casi todo el día para que yo pudiera dibujarlo. No hace falta decir que aquel dibujó no resultó tan atractivo, pero él me hizo sentir que era lo mejor que sus ojos habían visto" [3].

En cambio, su padre lo desanimaba de sus ambiciones artísticas y lo reprendía por "perder el tiempo" haciendo dibujos a expensas de sus tareas agrícolas y de su trabajo escolar. "Simplemente, se burlaba de mí", recordaba Walt, "y decía que si yo era lo bastante tonto como para querer convertirme en un artista, debería aprender a tocar el violín. De ese modo, si yo necesitaba dinero, siempre podría conseguir un trabajo en una banda"[4].

Cuando Walt estaba en la escuela primaria, se le asignó la tarea, al igual que al resto de la clase, de observar y dibujar un ramo de flores. Walt hizo más que observar —usó su imaginación—. Terminado su dibujo, la maestra lo examinó y lo amonestó con dureza, diciendo: "¡Walter, las flores no tienen cara!".

La respuesta del niño fue: "Las mías, sí"[5].

Su infancia en la granja a las afueras de Marceline fue feliz. Los animales de la granja eran sus amigos. Cada mañana, los saludaba por su nombre, los dibujaba e inventaba historias sobre ellos. Un lechón gordo llamado Skinny lo seguía a todas partes como si fuera un cachorro.

Cuando la enfermedad hizo imposible que su padre mantuviera en marcha la granja, la vendió con pérdidas, junto con el ganado, incluido el cerdo Skinny. Walt lloró amargamente cuando sus amigos animales fueron subastados. Elías se mudó con su familia a Kansas City, Missouri y así terminaron los más felices años de la vida de Walt.

Diane Disney Miller comentó que su padre nunca hablaba de Kansas City, pero a menudo recordaba sus tiempos felices en Marceline. No fue sino hasta cuando ella creció y ya era adulta que se enteró que su padre había vivido allí solo unos pocos años y le sorprendió saber que la mayor parte de su niñez la había pasado en Kansas City. "En realidad, yo pensaba que mi padre había pasado toda su vida en Marceline hasta antes de que yo naciera", comentó[6].

Peter Whitehead, director creativo de Walt Disney Hometown Museum, en Marceline, afirma que Walt le dio a la ciudad su identidad. "El mayor defensor de Marceline", dijo, "fue el mismísimo Walt Disney... quien siempre manifestaba que el mejor lugar del mundo era Marceline, Missouri"[7].

Los años de formación en Kansas City

Con la venta de la finca, Elías compró una ruta de distribución del periódico *Kansas City Star*. Luego, contrató unos repartidores e hizo que Walt y su hermano Roy también lo distribuyeran sin recibir paga alguna. Aquellos inviernos de su niñez en Kansas City fueron de los más fríos y recios registrados en la Historia; a tal punto, que dejaron una marca indeleble en su alma. A finales de octubre de 1966, poco antes de que se enterara de que tenía un cáncer terminal, Walt habló con Charles Chaplin, de *Los Angeles Times,* y reflexionó —con franqueza, pero sin autocompasión —sobre su triste infancia en Kansas City:

> Tenía que levantarme a las 3:30 todas las mañanas. Al entregar los periódicos, había que incrustarlos entre las puertas que protegen las casas de las tormentas. Era imposible tirarlos al pórtico, pues se acumulaba hasta un metro de altura de nieve. Recuerdo que yo apenas era un pequenín y que la nieve me daba hasta la nariz. Todavía tengo pesadillas al respecto.

> Lo que más me gustaba en esas mañanas frías era llegar a los edificios de apartamentos. Entregaba los periódicos y luego me recostaba en algún corredor que estuviera abrigado y cálido, de tal modo que pudiera entrar en calor y dormir un poco. Todavía me despierto con eso en mi mente.

> En las mañanas agradables solía ir a las casas que tenían esos pórticos antiguos tan inmensos, donde los niños solían dejar algunos de sus juguetes. Entonces, los tomaba y jugaba con ellos allí mismo por un rato y a las cuatro de la mañana, cuando el sol apenas estaba comenzando a salir, continuaba haciendo mi ruta[8].

Durante gran parte de su niñez, Walt entregaba periódicos antes de dirigirse a la escuela y también mantenía un trabajo después de salir de ella, además de hacer sus trabajos escolares. No me sorprende que haya crecido con una ética de trabajo tan estricta. Aunque Walt no se quejaba, aquella abrupta transición de su idílica vida en Marceline al trauma de tener que enfrentar una vida dura en Kansas City lo dejó sintiéndose engañado durante su infancia. Muchos años después, comentó con bastante nostalgia: "Marceline fue mi única infancia"[9].

Walt hablaba muy poco de sus años en Kansas City. La única infancia que él solía mencionar y a la cual él le rendía homenaje en sus películas y en Disneylandia fue la correspondiente a su época demasiado breve en Marceline.

Aunque los años de Kansas City fueron duros, también fueron formativos. Allí, en Benton Grammar School, Walt conoció a un compañero de la escuela llamado Walter Pfeiffer. Se hicieron amigos rápidamente y Pfeiffer introdujo a Disney en el mundo del entretenimiento de Kansas City, especialmente, en el de los cines y los escenarios de comedia. En la escuela, Walt floreció como artista, entreteniendo a sus amigos con sus impresiones acerca de Charlie Chaplin y con las divertidas historias que contaba mientras dibujaba en una pizarra. Por la noche, se salía a hurtadillas de la casa y se iba a ver películas mudas y obras de teatro en compañía de Walter Pfeiffer.

En una ocasión, Pfeiffer lo llevó a un luminoso parque de diversiones llamado Electric Park. Allí, presentaban muchos de los mismos entretenimientos por los cuales hoy es famosa Disneylandia —atracciones emocionantes entre las cuales estaban un tren de vapor que rodeaba el parque, espectaculares exhibiciones de fuegos artificiales y otras cosas más—. Eso era a lo que Walt se refería cuando decía que Disneylandia "inspira ese mismo sentimiento —de dejar volar la imaginación y la emoción de ser feliz— que yo experimentaba cuando era niño"[10].

En 1916, cuando Walt tenía 14 años, fue uno de los invitados al Salón de Convenciones de Kansas City para ver allí una versión de la película muda de *Blanca Nieves y los siete enanitos*. La película fue exhibida en cuatro pantallas gigantes al mismo tiempo y la inmensidad en sí misma de aquella presentación ejerció en él un profundo impacto. En 1938, un año después de que Walt lanzó su tan exitosa versión animada de *Blanca Nieves y los siete enanitos*, él escribió una columna para la cadena de periódicos de Scripps Howard, en la que recordó:

> "Yo era un fanático de las películas en los días en que, literalmente, podías referirte a las películas como 'un abrir y cerrar de ojos'. Cuando era repartidor de periódicos en Kansas City vi a Marguerite Clark en *Blanca Nieves y los siete enanitos* y sé que esa experiencia causó un impacto tan enorme en mí, a tal punto, que influyó en mi elección de aquel cuento de hadas de Grimm para realizar con él mi primera producción de larga duración"[11].

Cuando Walt tenía 15 años, su padre vendió la ruta del periódico. Elías había invertido en una empresa de conservas de gelatina conocida con el nombre de O'Zell Company, en Chicago, así que él y su esposa Flora se mudaron a esa ciudad, junto con Ruth, su hija menor. Walt se quedó en Kansas City con sus hermanos Herbert y Roy y aceptó un trabajo de verano como "repartidor de noticias", vendiéndoles periódicos, dulces y tabaco a los pasajeros del tren. Walt les daba propina a los maquinistas del ferrocarril —productos de tabaco que él pagaba de su propio bolsillo— para que lo dejaran montar en la cabina y le permitieran hacer sonar el silbato de vapor.

Al final del verano, Walt se fue a Chicago a vivir con sus padres y su hermana. Se matriculó en la Academia de Bellas Artes y se preparó para hacer carrera como caricaturista. También asistió McKinley High School (aunque no se graduó) y trabajó a tiempo parcial en O'Zell Company.

En el verano de 1918, Walt solicitó trabajo en la oficina de correos, pero fue rechazado, porque solo tenía 16 años de edad. Entonces, decidió regresar más tarde ese mismo día, solo que vistiendo uno de los trajes de su padre y el mismo administrador de correos que había rechazado su solicitud de empleo de esa mañana lo contrató de inmediato. Este incidente dice mucho sobre el enfoque imaginativo de Walt para resolver problemas —y de sus habilidades como actor.

El 4 de septiembre de 1918, Walt estaba trabajando como cartero en el Edificio Federal de Chicago y escapó por poco de ser asesinado en un ataque terrorista. Caminaba por el vestíbulo de Adams Street cuando una poderosa bomba explotó en esa misma calle. Walt presenció todo el polvo ondulante que se levantó en un instante y escuchó el ruido ensordecedor de la explosión, pero resultó ileso. La explosión mató a cuatro personas e hirió a 75. Uno de los muertos fue William Wheeler, su compañero de trabajo. El atentado le fue atribuido a Industrial Workers of the World (también conocida como "los Wobblies"), un sindicato radical del área de comercio, conformado a nivel internacional, principalmente, por miembros marxistas, socialistas y anarquistas.

La bomba explotó cerca de la puerta por la que Walt solía tener acceso diario al Edificio Federal. Lo que esto indica es que, si él hubiera variado su horario de trabajo aquel día, lo más probable es que el mundo nunca habría oído hablar de Walt Disney[12].

El desastre de Laugh-O-gram

Durante los últimos meses de la Primera Guerra Mundial, Walt fue rechazado por los reclutadores tanto del Ejército como de la Marina, debido a su edad. Así las cosas, decidido a servirle a su país de una forma u otra, Walt usó sus habilidades artísticas para alterar la fecha de nacimiento en la solicitud de su pasaporte y de ese modo fue aceptado por el cuerpo de ambulancias de la Cruz Roja. Sin embargo, su entrenamiento allí fue interrumpido por la epidemia de influenza de 1918. Para cuando él se recuperó de aquella gripe y fue enviado a Francia el 18 de noviembre, la guerra ya había terminado hacía una semana. Walt llegó a Le Havre a bordo de un barco de ganado que fue habilitado para transportar pasajeros; tocó puerto el 4 de diciembre, es decir, el día antes de su decimoséptimo cumpleaños.

Estando allí, pasó nueve meses conduciendo camiones que transportaban personal militar y suministros de socorro hacia ciudades y pueblos devastados por la guerra. En aquella época, Walt invertía su tiempo libre dibujando en su cuaderno de bocetos o pintando caricaturas en los camiones que conducía. También se rebuscaba algo de dinero pintando medallas falsas sobre los uniformes de los soldados para que ellos pudieran impresionar a las jovencitas. "¡Eso fue muy divertido!", recordaba. "¡A una cuadra de distancia, parecía como si la ciudad estuviera llena de *Croix de Guerres!* Pero a las chicas no les tomaba mucho tiempo descubrir que las medallas solo estaban pintadas sobre la tela"[13.]

Walt vivía frugalmente en Francia y le enviaba dinero a su madre a través de American Express. A petición suya, ella usó parte de ese dinero para comprarle un reloj a su hermana Ruth.

En 1919, cuando Walt regresó a Estados Unidos, se dirigió a Kansas City, donde su hermano Roy le había concertado una entrevista de trabajo con una agencia de publicidad. Mientras estuvo en el extranjero, Walt había llenado su cuaderno de bocetos y dibujos que a Pesmen-Rubin Commercial Art Studio le resultaron impresionantes y fue así como logró que la empresa lo contratará como artista aprendiz en el área de publicidad, haciendo ilustraciones para teatros y catálogos. Allí, Walt conoció a Ub Iwerks, un colega ilustrador. Ub no solo se convertiría en su amigo y colaborador, sino también en el primer ilustrador en dibujar a Mickey Mouse. Ya en 1920, Walt y Ub se vincularon a Kansas City Film Ad Company, donde comenzaron a experimentar con la animación dibujada a mano.

Como animador, Walt fue autodidacta. Aprendió los conceptos básicos de la animación leyendo dos libros que sacó de Kansas City Public Library: *The Human Figure in Motion,* de Eadweard Muybridge (1901) y *Animated Cartoons: How They Are made, Their Origens and Development,* de Carl Lutz (1920). Walt usó el equipo fotográfico de Film Ad Company para hacer copias fotostáticas de esos dos libros.

En mayo de 1922, Walt fundó su propio estudio de animación, Laugh-O-gram Films, Inc. y les vendió $15.000 dólares en acciones a los inversionistas locales, capital equivalente a $190.000 dólares de hoy. Para ser un emprendedor de 20 años de edad, Walt era un vendedor persuasivo. Luego, se instaló en una suite de cinco habitaciones en el edificio McConahay, ubicado en East 31st Street y Forest Avenue. Sin embargo, a pesar de la venta de acciones, Walt se descapitalizó y aun así se sentía indebidamente optimista. Gastó más de lo necesario en la renta de la oficina, en los equipos de cámaras que adquirió y en los salarios del personal. Tenía mucho que aprender sobre el liderazgo y lo haría de la manera más difícil.

Los dibujos animados de Laugh-O-gram le dieron un toque actualizado a algunos cuentos de hadas clásicos —*Caperucita Roja, Jack y el tallo de frijoles, Ricitos de oro y los tres osos* y otros más—. Esta serie de dibujos animados de Walt fue popular entre los cinéfilos, pero cuando su distribuidor se declaró en quiebra, Walt se vio obligado a despedir a algunos empleados y a recortarles el sueldo a sus ilustradores. Además, entregó su apartamento, dormía en un sofá en la oficina y se bañaba en Union Station. Sus comidas consistían en frijoles fríos que comía directamente de la lata.

En 1923, Walt tiró la toalla. Laugh-O-gram Films, Inc. se declaró en quiebra y Walt había fracasado en su primera empresa comercial.

Un nuevo comienzo en Hollywood

Walt decidió mudarse a Hollywood, el centro de la industria del cine, y empezar de nuevo. El tribunal de quiebras le permitió conservar su cámara de cine y una película que estaba sin terminar —la única copia de *Alicia en el país de las maravillas*, la primera de una serie de películas que él llamó *The Alice Comedies*—. Rebosante de optimismo, compró un billete de tren en primera clase y llegó a California con una maleta de cartón y $40 dólares en su billetera. Más tarde, reflexionó al respecto:

> Creo que es importante sufrir un buen fracaso cuando eres joven, porque esa experiencia te enseña mucho. Aprendes bastante de esa clase de circunstancias, porque te hacen consciente de lo que te puede pasar. Comprendes que el fracaso es algo que le pasa a cualquiera y que, una vez que hayas atravesado por lo peor, nunca volverás a ser tan vulnerable.

Por esa razón, nunca he sentido miedo cuando he estado cerca del colapso y de todo lo que eso implica. Nunca he tenido miedo. Nunca he tenido la sensación de que no podré salir adelante, ni conseguir un trabajo haciendo alguna otra cosa[14].

Walt llegó a Los Ángeles en julio de 1923. Se mudó a una habitación que le alquiló por $5 dólares a la semana a Robert Disney, su tío, quien vivía en Kingswell Avenue, en la sección Los Feliz de L.A. Después que logró establecerse, fue a visitar a su hermano Roy, que se estaba recuperando de tuberculosis en el Hospital de Veteranos, en Sawtelle, (West L.A.).

Al principio, Walt quería dejar el negocio de la animación y convertirse en director de películas de acción. En una entrevista de 1959, manifestó al respecto: "Pensé que el negocio de las caricaturas ya estaba tan establecido que yo no tendría oportunidad de entrar en él. Así que intenté conseguir un trabajo en Hollywood con el fin de vincularme al negocio del cine"[15]. Pero después de que todos los estudios le cerraron la puerta en su cara, Walt decidió quedarse con lo que mejor sabía hacer: dibujos animados.

Su tío Robert le permitió usar el garaje de su casa como estudio. Walt instaló allí una cámara de segunda mano en un soporte de animación que construyó con madera de desecho y cajas de productos secos. Aquel fue un arreglo bastante primitivo, pero fue así como Walt logró terminar de hacer *Alicia en el país de las maravillas*, haciendo él mismo toda la animación y las tareas de la cámara en ese pequeño garaje de 12x18. (En 1984, este garaje que le sirvió como su primer estudio de filmación en California fue trasladado al Stanley Ranch Museum, en Garden Grove, no lejos de Disneylandia).

Una vez terminada, Walt le envió su única copia de *Alicia en el país de las maravillas* a Margaret Winkler, de M. J. Winkler Productions. Mientras tanto, su tío Robert le insistía para que se saliera del negocio del cine y encontrara un trabajo remunerado, pero Walt no renunció a sus objetivos y, el 8 de octubre de 1923, sacó todo su equipo y sus suministros del garaje de su tío Robert y se trasladó a tres cuadras, en Kingswell Avenue. Allí, instaló su nuevo estudio en la parte trasera de la oficina de Holly-Vermont Realty, pagando una renta de $10 dólares al mes.

Unos días después, Walt se apresuró a ir al Hospital de Veteranos para ver a Roy. Era casi medianoche cuando Roy se despertó y encontró a Walt junto a él, agitando un trozo de papel. Era un contrato en el que le ofrecían $1.500 dólares por cada uno de seis dibujos animados.

"Margaret Winkler está interesada en las *Comedias de Alice*", le decía Walt. "¿Me ayudas a poner en marcha esto?".

Roy lo cuestionó. ¿Podría entregar las caricaturas a tiempo? ¿Había calculado bien sus costos y los márgenes de ganancia? Walt le dijo que sí y Roy aceptó hacerle el préstamo que él necesitaba. Le dio $200 dólares y él mismo convenció a su reacio tío Robert para que le prestara a Walt $500 dólares más.

El 16 de octubre de 1923, Walt firmó el contrato con Winkler. Ese es la fecha en la que se considera que ocurrió la fundación de The Walt Disney Company.

Walt realizó dos *Comedias de Alice* en la parte trasera de aquella oficina de bienes raíces ubicada en el 4651 de Kingswell Avenue. En febrero de 1924, rentó una casa más espaciosa de al lado, en el 4649, dejó su labor de animador y comenzó a contratar artistas para que se hicieran cargo de las tareas de animación. En una entrevista realizada en 1949, recordó: "He sido artista durante 30 años, pero hay tipos en el estudio mucho mejores que yo. Nunca hice nada [como artista] que me hiciera sentir realmente satisfecho. Hace mucho tiempo, descubrí que hacer películas no es una labor que pueda realizar un solo hombre"[16].

A principios de 1925, Walt publicó un anuncio clasificado en *Los Angeles Times:* "SE NECESITA AYUDA: Jovencita con experiencia en trabajos de trazado de tinta. Debe tener mano firme. Debe vivir en Hollywood. Las interesadas pueden dirigirse a DISNEY BROS. ESTUDIO, en el 4649 de Kingswell Ave"[17]. Una de las solicitantes para aquel empleo fue una joven mujer que había acabado de llegar de Idaho y su nombre era Lillian Bounds. Walt la contrató y no solo eso, sino que se casaron en julio de ese mismo año.

En enero de 1926, los hermanos Disney trasladaron su creciente estudio al 2719 de Hyperion Avenue, en Los Ángeles. Ante la insistencia de Roy, rebautizaron la empresa con el nombre de Walt Disney Studios. Roy sintió que Walt, la mitad creativa del equipo, debía ser la cara de la empresa[18]. El mundo no se dio cuenta de esa pequeña puesta en marcha, pero hoy, aquella empresa que Walt y su hermano Roy fundaron en la trastienda alquilada de una oficina de bienes raíces es el conglomerado de entretenimiento más grande del mundo, con ingresos que se acercan a los $60 mil millones de dólares, con unos activos aproximados de $100 mil millones.

A mediados de 1927, Walt sintió que las *Comedias de Alice* habían terminado. Margaret Winkler se había retirado del trabajo de distribución y ahora la empresa estaba dirigida por su esposo, Charles B. Mintz. Walt y Ub Iwerks (que se había mudado a California para unirse a la nueva empresa de Walt) crearon un nuevo personaje. Se trataba de Oswald the Lucky

Rabbit. Walt no se dio cuenta que en su contrato con Mintz le cedía la propiedad de Oswald al distribuidor, de modo que, en 1928, Mintz se quedó con Oswald y con muchos de los mejores animadores de Walt.

Walt necesitaba un nuevo personaje para remplazar a Oswald. Con el paso de los años, durante una conversación con Don Iwerks, el hijo de Ub Iwerks, él comentó que Walt le asignó a Ub la creación del primer dibujo de su nuevo personaje, que se llamaría Mickey Mouse. "Mi papá dibujó las primeras animaciones de Mickey", comentó Don, "y Walt se convirtió en su voz. En una ocasión, Walt le preguntó a mi padre si él se sentía molesto de que él siempre obtuviera el mérito completo por la creación de Mickey Mouse. Mi padre le respondió: 'Cualquiera puede crear un producto. Lo que cuenta es lo que haces con esa creación. Fuiste tú quien hiciste algo magnífico con Mickey Mouse y quien lograste hacerlo famoso a nivel mundial'".

Comenzando de nuevo

Walt continuó innovando. El primer lanzamiento de Mickey, *Steamboat Willie*, fue la primera caricatura con música, voces y efectos de sonido sincronizados a la acción. *Steamboat Willie* debutó en Colony Theatre, en la Ciudad de Nueva York, el 18 de noviembre de 1928. Hoy en día, The Walt Disney Company celebra esa fecha como el día oficial del cumpleaños de Mickey.

Las bromas de Mickey en la pantalla no solo fueron muy rentables para Walt Disney's Studios, sino que la mercancía relacionada con él se convirtió en una fuente importante de ingresos que mantuvo rentable a la empresa de Disney durante la etapa más dura de la Gran Depresión. En 1932, Walt y Roy contrataron a Herman "Kay" Kamen para establecer Disney

Enterprises, la división de licencias del estudio. El resultado fue una variedad de relojes, libros, elementos para escribir, almohadillas, maquetas de trenes y más productos con la figura de Mickey Mouse. En 1934, uno de los peores años de la Gran Depresión, las caricaturas de Disney ganaron más de $600.000 dólares y la mercancía de Disney sumó $300.000 dólares más.

En 1929, Walt presentó una nueva serie llamada *The Silly Symphonies*, que se convirtió en un campo de pruebas relacionadas con la innovación técnica y artística. The Silly Symphonies introdujo nuevos personajes populares, que incluyen a los Tres Cerditos y al Pato Donald. El 30 de julio de 1932, Disney lanzó *Flowers and Trees*, la primera caricatura animada en Tecnicolor. La película ganó el primer Academy Award en cortometrajes animados.

Al principio, Roy se opuso a la producción de dibujos animados en Tecnicolor, pues requerían de más tiempo de producción y las pinturas especiales debían ser mezcladas de tal modo que no resquebrajaran las celdas de animación. Además, el stock de las películas de color era mucho más caro que el de películas en blanco y negro. Entonces, Walt uso la oposición de Roy al color de manera magistral, convirtiéndola en un magnífico argumento para conseguir exclusividad con los ejecutivos de Technicolor Corporation: "Roy dice que el color va a costarnos mucho dinero que nunca recuperaremos", les dijo Walt. "Así que, si nos arriesgamos, ustedes tienen que asegurarnos que cualquier otro productor de dibujos animados no se apresurará a ir al cine en Technicolor"[19]. La compañía le otorgó a Walt una licencia exclusiva de dos años, con los derechos para realizar dibujos animados con el proceso Tecnicolor, dándole así una gran ventaja sobre sus rivales monocromáticos.

Walt siempre estaba proyectándose al futuro, anticipándose a las tendencias y ajustando sus estrategias según fuera el caso. A principios de la década de 1930, Walt se dio cuenta de que el mercado de los cortometrajes animados pronto desaparecería. Una vez, le dijo a un entrevistador que quería hacer largometrajes no solo por el desafío artístico que estos implicaban, sino también como una cuestión de supervivencia. "Sabía que tendríamos que innovar y aprovechar la bonanza que nos traería esta innovación de los largometrajes", afirmó. "Muy pronto, veríamos solo billetes de alta denominación en nuestras manos"[20].

Así las cosas, en 1934, Walt puso a sus animadores a trabajar en el primer largometraje animado. Su hermano Roy y su esposa Lillian le rogaron que se ciñera a trabajar en los cortometrajes animados. Le advirtieron que su obsesión por las películas de largometraje llevaría a la quiebra al estudio, pero Walt creía que, en un mercado en constante cambio no había seguridad en el statu quo. Sí, la innovación suele ser arriesgada, pero no tanto como el estancamiento. Así que Walt sumergió a su estudio en su proyecto más ambicioso hasta el momento —*Blanca Nieves y los siete enanitos*.

Una de las innovaciones más importantes de *Blanca Nieves* fue la invención de la cámara multiplano, que permitió que la animación tuviera lugar en un entorno tridimensional. Algunas versiones primitivas de la cámara multiplano ya habían sido utilizadas por otros cineastas. Ub Iwerks, quien dejó el estudio de Disney en 1930 y regresó en 1940, construyó una cámara multiplano limitada en 1933, usando piezas de un viejo Chevrolet.

Pero fue William Garity, el ingeniero de Disney que trabajaba bajo la dirección de Walt, quien construyó el sofisticado sistema de cámara de siete planos que revolucionó el mundo de la animación. Walt dio a conocer su nueva tecnología en 1937, mediante el lanzamiento del cortometraje de *Silly Symphonies* titulado *The Old Mill*. Luego, volvió a usar esta nueva tecnología, logrando un gran efecto en *Blanca Nieves* que hizo que este novedoso sistema fuera premiado el 21 de mayo de 1940, fecha en la cual se le adjudicó la patente # 2.201.689 a la cámara multiplano.

Walt comprometió todo su estudio en la obtención del éxito de *Blanca Nieves y los siete enanitos*. Mientras tanto, los expertos del entretenimiento y las finanzas apodaron a este proyecto bajo el alias de "la locura de Disney". Walt invirtió todo lo que tenía en él y se endeudó hasta el cuello. Si la película fallaba, el estudio de Disney se arruinaría. Pero cuando *Blanca Nieves* debutó en 21 de diciembre de 1937 en el Carthay Circle Theatre de Los Ángeles, la visión creativa de Walt fue reivindicada. "La locura de Disney" fue un éxito taquillero aplastante, generando millones de dólares que le permitieron a Walt abrir un vasto y nuevo complejo de estudios en Burbank, en 1940.

Walt obtuvo éxito al mismo tiempo que Estados Unidos se hundía en el pantano de la Gran Depresión. Muchos de los que habían invertido en Wall Street lo perdieron todo, pero Walt no invirtió en acciones, ni bonos. Él invirtió en sí mismo, en su estudio y en sus sueños. Mientras Wall Street se estaba hundiendo y los bancos estaban fracasando a diestra y siniestra, Disney Studios estaba prosperando y creciendo. Pero sus buenos tiempos no durarían para siempre.

Los años de guerra

Habiendo finalizado la construcción del nuevo estudio en Burbank, el personal de Disney aumentó a más de mil artistas, escritores, músicos y técnicos y Disney consiguió lanzar varios largometrajes. Algunos fueron fracasos comerciales en ese momento —entre los cuales estaban *Pinocho, Fantasía y Bambi*—. Otros —como *Dumbo*— tuvieron gran éxito, pero, a la larga, todos fueron convirtiéndose en tesoros del entretenimiento que han resistido la prueba del tiempo.

Con su nuevo estudio en Burbank, Walt creía que había creado una ilusoria comunidad de artistas. Cada uno tenía un escritorio junto una gran ventana con vista al horizonte. Además, el estudio contaba con gimnasio, duchas, canchas de voleibol y un campo de béisbol. Walt hasta llegó a planear la construcción de unos apartamentos dentro los terrenos del estudio —formando algo así como una colonia de artistas que residieran allí mismo.

Pero los fracasos de taquilla de *Pinocho* y *Fantasía*, combinados con el estallido de la Segunda Guerra Mundial en Europa, se convirtieron en una llave inglesa para el cumplimiento de ese sueño utópico. El cierre de los mercados europeos obligó a Walt a apretarse el cinturón y a hacer despidos en Disney Studios. Muchos artistas de Disney estaban amparados bajo una estructura de compensación en la que los maestros animadores ganaban hasta $300 dólares por semana, mientras que a los entintadores y a los intermediarios les pagaban apenas $12 dólares semanales. Walt no comprendió la creciente insatisfacción que había en su organización, sino hasta que estalló una huelga de animadores el 29 de mayo de 1941. La huelga duró cinco semanas, en medio de la producción de *Dumbo*.

Durante aquella huelga, Walt, Lillian y 15 artistas pasaron tres semanas haciendo una gira de buena voluntad por Latinoamérica. El viaje fue sugerido por Nelson Rockefeller, Coordinador de Asuntos Interamericanos de la Casa Blanca. La administración de Franklin D. Roosevelt creía que Walt podría ayudar a contrarrestar la creciente influencia de la Alemania nazi en Latinoamérica —y Walt vio la oportunidad de recopilar ideas para la realización de sus próximas películas—. Antes de irse de gira, Walt explicó: "Si bien la mitad de este mundo se ve obligada a gritar '*Heil, Hitler*', nuestra respuesta será decir, '*Saludos, amigos*'"[21].

Uno de los muchos beneficios de esa gira fue que, durante ella, Walt se sintió inspirado para crear al nuevo coprotagonista del Pato Donald —el papagayo (loro brasileño) llamado José Carioca—. Durante un descanso que hicieron en Belém, Brasil, Walt y sus compañeros de viaje (colectivamente apodados como "el grupo") fueron aclamados por una multitud de chiquillos en edad escolar que corría alrededor de ellos. Bill Cottrell, experto en ilustración de historias, comentó: "Es muy probable que ellos no supieran quién era el presidente de su propio país en ese momento, pero todos conocían a Walt Disney" [22]. El hecho es que "el grupo" se embarcó en un crucero a vapor que hacía un recorrido de 50 kilómetros río arriba, en medio de la selva tropical colombiana; eventualmente, ese recorrido fue el que inspiró la atracción de Disneylandia que se conoce como "El crucero de la selva".

Mientras Walt estaba de viaje, su hermano Roy y Gunther Lessing, su asesor legal, resolvieron la huelga de los animadores. Para Walt, aquella huelga fue un acto de traición de sus empleados ingratos, fomentado por los comunistas. Antes de que eso ocurriera, Walt solía ver a su comunidad de artistas como una familia, pero la huelga cambió ese sentimiento en él y nunca más volvió a sentirse tan cercano a sus artistas como se sentía en aquel tiempo.

La Era de la Segunda Guerra Mundial se convirtió en un invierno artístico para Walt. Más de una cuarta parte de sus empleados abandonaron el estudio para unirse a las Fuerzas Armadas. El estudio de Disney fue designado por el gobierno como una industria de defensa estratégica y más de las tres cuartas partes de sus producciones fueron destinadas por el gobierno como una ayuda para apoyar la guerra. La mayoría de las películas que Disney produjo durante la guerra fueron diseñadas de tal manera que sirvieran como una estimulación pública para la práctica de la moral o como películas de entrenamiento para las Fuerzas Armadas. El estudio produjo más de 400.000 pies de película (un total de 68 horas) destinados a apoyar la guerra.

Algunos dibujos animados de Disney, como *The New Spirit* (1942) y *The Spirit of'43* (1943), utilizaron al Pato Donald para alentar a los estadounidenses a pagar sus impuestos. *Victory Through Air Power* (1943) educó al público estadounidense sobre el valor estratégico de la guerra aérea. Cortometrajes de dibujos animados, como *Reason and Emotion* (1943), *Der Führer's Face* (1942), *Education for Death: The Making of a Nazi* (1943) y *Commando Duck* (1944), denunciaban la males de la amenaza nazi y alentaban el sacrificio y el racionamiento como instrumentos para apoyar la guerra. Bajo la dirección de Walt, la mayoría de estas películas fue hecha al costo, sin margen de ganancia. Lo último que Walt quería ser era un especulador de la guerra.

Sin embargo, Walt estaba profundamente frustrado, porque sus proyectos de largometraje tuvieron que esperar y porque su estudio se vio obligado a producir en cantidad a expensas de descuidar la calidad. La animación tenía que hacerse a toda prisa y ya no se podían utilizar estrategias artísticas como los zooms y las panorámicas con las cámaras multiplano. Walt sintió en carne propia las medidas economizadoras que las necesidades de la guerra le impusieron a su estudio, cosa que a su hermano Roy le encantaba, a tal punto, que le manifestó a un entrevistador de la revista *Fortune:* "Realmente, creo que Walt está empezando a saber lo que es el valor de cada dólar"[23].

Disneylandia y más allá de ella

El final de la Segunda Guerra Mundial rejuveneció a Walt. Su estudio ya no solo era una fábrica de películas para apoyar la guerra y él quedó libre para volver a ejercer la función que tenía antes de la guerra. Un título apropiado para su cargo en la empresa podría haber sido visionario principal o maestro innovador. Sus ideas con visión de futuro habían impulsado la fortuna de la empresa desde el comienzo.

Walt fue el pionero de las caricaturas sonoras totalmente sincronizadas en 1929, de los primeros dibujos animados a todo color en 1932, el encargado de mercadear a Mickey Mouse, también en 1932, el visionario de la cámara multiplano en 1937, del primer largometraje animado en 1937 y de una impresora óptica en 1945, capaz de combinar la acción en vivo y la animación de una forma más fluida que como se hacía hasta ese momento. (La utilizó eficazmente en películas como *Los tres caballeros* y *Mary Poppins*). Pero Walt, el maestro innovador, recién estaba comenzando a hacer genialidades.

Con la producción de largometrajes en pleno apogeo, Walt volcó sus pensamientos hacia un sueño largamente acariciado —una idea a la que él llamó por primera vez Mickey Mouse Park, pero que se conocería como Disneylandia—. Cuando Walt inauguró Disneylandia, en 1955, este se convirtió en un

estilo de parque único en todo el mundo. Había otros parques
de atracciones, por supuesto, pero ninguno como Disneylandia. Y aunque sus críticos se burlaban de Disneylandia, rotulán-
dola como un "parquecito infantil" en medio de unos campos
de naranjos, Disneylandia no era un "parquecito infantil". Era
un lugar donde padres e hijos compartirían juntos: diversión,
imaginación y experiencias educativas. Todo sobre Disneylandia fue una innovación extraída directamente de la mente de
Walt Disney.

Walt no inventó la idea de un tren de vapor pitando por todo
el parque —él se inspiró en Electric Park, aquel parque que había en Kansas City durante los días de su niñez—. Lo que sí fue
una idea innovadora de su parte fue poner un ferrocarril encima de una berma elevada desde donde no se pudiera divisar el
mundo exterior. Y otra de sus ideas innovadoras fue también la
de construir una estación de tren elaborada como si fuera parte
de Main Street USA.

Otra de sus ideas creativas fue tener una sola entrada a Disneylandia. Los operadores del parque de atracciones le dijeron
que era necesario contar con múltiples entradas para así darle acceso más rápido y eficiente a la gente, pero Walt quería
controlar "el espectáculo" —la panorámica de Main Street, la
banda sonora, los olores de los puestos de palomitas de maíz y
la tienda de dulces—. En otras palabras, él no solo quería unos
clientes ingresando al parque. Él quería tener unos invitados
y brindarles una experiencia emotiva, una fiesta que incenti-
vara todos sus sentidos. Hasta les asignó un tema específico
a los botes de la basura según la sección del parque en la que
estuvieran ubicados, dándoles así un tema de bambú a los que
estuvieran en Adventureland, un tema de madera rústica a los
de Frontierland y así sucesivamente, de tal modo que hasta los
botes de la basura fueran parte del espectáculo.

Después de la apertura del parque, Walt hablaba con sus invitados y observaba su comportamiento. Incluso permitió que ellos lo ayudaran a diseñar y a modificar Disneylandia de formas sutiles —especialmente, con el flujo de tráfico peatonal a través del parque—. Muchos de los caminos pavimentados en la Disneylandia actual no estaban pavimentados durante el primer año de funcionamiento de Disneylandia. Walt los dejó así deliberadamente durante esos primeros meses con el fin de que la misma gente hiciera sus propios senderos. Le dijo a su personal: "Los invitados mismos nos mostrarán por dónde es que quieren caminar"[24].

Otra idea innovadora de Walt fue transformar un parque de atracciones en un lugar mágico que fuera amigable, limpio, seguro y reconfortante. Los operadores del parque le decían que él nunca llegaría a ganar dinero de esa manera. Entonces, Walt decidió demostrarles que estaban equivocados —y lo logró—. Cuando la revista *Wired* le pidió a Ray Bradbury que describiera cómo debería ser la ciudad del futuro, él respondió: "Como Disneylandia. Sus constructores hicieron todo bien: tiene cientos de árboles y miles de flores que ellos no necesitaban poner, pero que pusieron de todos modos. Allí, hay fuentes y lugares para sentarse. La he visitado 30 o 40 veces a lo largo de los años y es muy poco lo que yo le cambiaría"[25].

Sin embargo, el propio Walt la estaba cambiando con bastante frecuencia. Siempre mejorándola, siempre innovándola. Walt dio a conocer nuevas atracciones futuristas en 1959, como el monorriel de Disneylandia y Matterhorn Bobsled, la primera montaña rusa de acero cerrada del mundo (y precursora de Space Mountain y de Big Thunder Mountain Railroad). En 1963, Walt abrió The Enchanted Tiki Room en Disneylandia y le presentó al mundo una nueva tecnología: Audio-Animatronics. En 1964, inventó "las líneas de retroceso", es decir, las líneas de espera que se doblan sobre sí mismas, tomando menos espacio que las interminables líneas rectas. También presentó las líneas de espera interactivas, con paisajes entretenidos cuyo propósito era que los visitantes disfrutaran observándolos, mientras esperaban para ingresar a cada atracción.

La última gran innovación que imaginó Walt fue una a la que él llamó "La ciudad del futuro" o "la comunidad de prototipos experimentales del mañana" (EPCOT, según su sigla en inglés). Walt imaginó una comunidad 100% planificada, con un centro urbano de alta densidad (oficinas, hoteles, tiendas centros, lugares de entretenimiento) rodeados de anillos concéntricos de barrios y parques, sin autos privados, pero sí con servicio muy completo de PeopleMovers y monorrieles totalmente eléctricos. Incluso imaginó la ciudad como si esta tuviera una cúpula transparente por encima para que el medio ambiente fuera controlado de tal modo que permaneciera siempre agradable, durante los 365 días del año.

Desafortunadamente, Walt murió antes de lograr poner en movimiento este ambicioso proyecto. Sin su liderazgo para impulsarlo, su visión de EPCOT tuvo que ser abandonada. En lugar de la ciudad del futuro de Walt, Epcot (ya no un acrónimo en mayúsculas) se convirtió en un parque temático —en el segundo parque temático de Disney en Florida—, construido después de Magic Kingdom. Epcot es un lugar maravilloso, con su marca geodésica registrada en Spaceship Earth, con sus atracciones de Future World y sus pabellones de World Showcase, pero es solo un parque temático, no la comunidad del mañana que Walt imaginó.

Algún día, el mundo podrá ponerse al día con los increíbles sueños utópicos de Walt. Él fue un innovador extraordinario, un visionario con una extraña habilidad para mirar hacia el futuro y ver posibilidades que nadie más vio. También fue un líder que convirtió esas posibilidades en realidades. Sin embargo, en el fondo, Walt seguía siendo un granjero oriundo de Marceline, Missouri. Desde el más humilde de los orígenes, Walt apareció en escena, tejiendo maravillas y logrando metas mágicas.

En los próximos siete capítulos, nos centraremos en los siete rasgos del liderazgo que le permitieron a Walt asombrar al mundo una y otra vez. A medida que descubras los secretos de la grandeza de su liderazgo, estoy seguro que te sentirás tan inspirado como yo —que implementé estas ideas sobre el liderazgo para lograr construir una franquicia de la NBA al lado de donde está ubicado Walt Disney World.

¿Cómo utilizarás *tú* estos conocimientos? ¿Cuál es *tu* sueño de liderazgo? ¿Estás listo para aprender los principios del liderazgo mágico de Walt?

¿Estás listo para asombrar al mundo?

La visión de Walt

2

Todo lo que hayas oído acerca del origen de Disneylandia es incorrecto.

En una ocasión, Walt comentó: "Disneylandia realmente comenzó cuando mis dos hijas eran muy pequeñas. El sábado era siempre el día de papá, así que me las llevaba a que disfrutaran en el tiovivo y me sentaba en una banca a comer cacahuetes mientras ellas cabalgaban felices. Y sentado allí, solo, sentía que debería existir un lugar, una especie de parque familiar donde padres e hijos pudieran divertirse juntos"[1].

Esa es la historia oficial del origen de Disneylandia, tal y como la contó el propio Walt. Si vas a Main Street Opera House, en Disneylandia, verás una banca verde de un parque con una inscripción que dice: "La banca original del parque, cercana al tiovivo ubicado en Griffith Park de Los Ángeles, donde Walt Disney soñó por primera vez con Disneylandia".

Pero, si bien es cierto que Walt pasó muchas horas en esa banca de Griffith Park, planeando y soñando con Disneylandia, también es cierto que sus sueños acerca de construir Disneylandia fueron bastante anteriores a cuando él soñaba con esa idea sentado en aquella banca. De hecho, Walt estaba pensando en la construcción de su propio parque temático desde mucho antes de inventar a Mickey Mouse. Mi compañero de escritura, Jim Denney, descubrió la *verdadera* historia acerca del origen de Disneylandia y publicó ese hallazgo en el sitio web MouseInfo.com en agosto de 2017[2].

La clave de la visión de Walt en Disneylandia, según Jim, es el hecho de que Walt tuvo dos infancias: una infancia feliz en la granja cerca de Marceline, Missouri, y una infancia miserable en Kansas City. Sus pocos años en esa granja de Missouri definieron su vida, de modo que él le rindió homenaje a su etapa en Marceline haciendo películas sobre los pequeños pueblos de América (por ejemplo, en *So Dear to My Heart*, en *Pollyanna* y en *Lady and the Tramp*). Su felicidad durante esos años en Marceline también se reflejó en la parte conocida como Main Street USA que él hizo en Disneylandia, la cual representa una pequeña ciudad americana idealizada en 1910, el año en que terminó su infancia feliz en aquel pueblito de Missouri.

Pero Kansas City es donde Walt descubrió un lugar llamado Electric Park. Aquel parque de diversiones era un lugar luminoso en medio de la sombría ciudad de Kansas de la niñez de Walt. Ubicado en la Calle 46 y El Paseo, Electric Park presentaba conciertos de bandas destacadas, tenía un tiovivo, había paseos en bote, una montaña rusa y otras atracciones emocionantes. Un tren de vapor antiguo transportaba pasajeros alrededor del parque y fuegos artificiales iluminaban sus cielos nocturnos. Así que es fácil deducir de dónde vino la inspiración de Walt para construir Disneylandia.

Pero existen grandes diferencias entre Electric Park y Disneylandia. Primero, hay una diferencia de tamaño —los 15 acres de Electric Park versus los 160 acres de Disneylandia—. Electric Park en los tiempos de Walt ocupaba aproximadamente el mismo espacio que el terreno de Adventureland más el New Orleans Square de la Disneylandia de hoy. Además, la visión de Walt acerca de Disneylandia incluía temas relacionados con tierras (Adventureland, Frontierland, Fantasyland, Tomorrowland), un imponente castillo central y mucho más.

Aunque la entrada a Electric Park costaba solo $0,10 centavos, Walt no tenía dinero para comprarla. En una entrevista con Keith Gluck, de The Disney Project, Diane Disney Miller mencionó que el hermano mayor de su padre, Herbert Disney (o tal vez, su novia) les mostró a Walt y a su hermana Ruth cómo colarse en Electric Park. Diane agregó que su padre le dijo a Ruth: "Algún día, tendré uno de estos parques de atracciones, pero el mío va a permanecer limpio"[3]. Walt tenía 15 años o menos cuando le confesó esos planes a Ruth y, durante cuatro décadas, mantuvo en su corazón ese sueño de un parque de diversión familiar realmente emocionante y siempre limpio.

La visión imparable

A finales de la década de 1940 y principios de la de 1950, cuando Walt comenzó a preparar con seriedad la construcción de Disneylandia, todos se opusieron. Su hermano Roy, socio en los negocios, al igual que su esposa Lillian, los operadores del parque de diversiones a los que él consultó, los altos mandos de las cadenas NBC y CBS, todos le dijeron que el proyecto de Disneylandia estaba condenado al fracaso. Expertos en el campo del entretenimiento apodaron su idea con el mote de "la locura de Disney" (dos décadas antes, dijeron lo mismo sobre *Blanca Nieves y los siete enanitos*).

La visión de Walt sobre Disneylandia era profundamente personal. Main Street USA recreaba su infancia en Marceline. Fantasyland se basaba en historias que él amaba cuando era niño. Frontierland estaba arraigada en su amor por el pasado. Tomorrowland se basó en su fascinación por el futuro. Disneylandia se derivó de los momentos dorados de Walt en Marceline y en sus mejores momentos en Electric Park.

Para Walt, Disneylandia no era simplemente una empresa comercial audaz. Era su sueño de la infancia y la obsesión de su madurez. Al construir Disneylandia, Walt estaría cumpliendo una promesa que se hizo a sí mismo cuando era niño. Por esa razón, Disneylandia era tan importante para él. O sea que nadie podría convencerlo de que no la construyera —ni siquiera su hermano Roy.

Roy O. Disney siempre había encontrado formas de financiar los sueños de su hermano Walt. Fue él quien le ayudó a comenzar de nuevo en 1923, después de la bancarrota de Laugh-O-gram, en Kansas City. Fue Roy quien le consiguió la financiación para terminar de hacer *Blanca Nieves y los siete enanitos*, en 1937. Fue Roy quien resolvió la huelga de animadores de 1941 y mantuvo a Disney Studios a flote durante los duros años de la Segunda Guerra Mundial.

Sin embargo, Roy se negó a mover un solo dedo por Disneylandia. Tenía tres razones comerciales de peso para ello: (1) Walt Disney Productions era una empresa cinematográfica, de modo que construir un parque de atracciones sería una distracción del modelo ya establecido de la empresa. (2) Nadie en la empresa había operado antes un parque de diversiones. Por lo tanto, la empresa carecía de la operatividad necesaria para tener éxito en dicho emprendimiento. (3) La obsesión de Walt por Disneylandia era tan costosa que podría llevar a la quiebra a toda la empresa.

La cuestión es que Walt también tenía sólidas razones comerciales de su lado. Él ya no veía a Walt Disney Productions tan solo como un estudio de cine, sino como una *empresa de entretenimiento.* Desde el principio, Walt fue ampliando el alcance de su visión con respecto al estudio. Este sí comenzó como un productor de caricaturas, pero luego (a pesar de las objeciones de Roy), se convirtió en un estudio de películas de dibujos animados en largometraje; luego (a pesar de las objeciones de Roy), se convirtió en un estudio de películas de acción en vivo. De modo que, para Walt, era natural que la empresa conquistara nuevos campos en el mundo del entretenimiento. La falta de experiencia en la ejecución de un parque de diversiones podría superarse estudiando otros parques y contratando expertos y consultores.

Lo que Walt no tenía era la respuesta adecuada a la tercera objeción de Roy: el dinero.

Walt siempre había sido la mitad creativa y visionaria de la sociedad de los hermanos Disney. El trabajo de Roy era financiar la visión de Walt. Pero si él se negaba a ayudarle a financiar Disneylandia, el sueño de Walt estaba muerto. Los hermanos Disney estaban en un callejón sin salida con Disneylandia y Walt se negaba a renunciar a su visión. Pasaba un promedio de cuatro a cinco horas de sueño cada noche, planificando el parque y pensando en toda clase de formas de financiarlo.

Entonces, una de sus ideas menos probables resultó ser la clave que convenció a Roy. El ex Presidente de Disney, Card Walker, obtuvo la historia directamente de Walt. Walker comentó que Walt "hacía muchas cosas divertidas para provocar a su hermano y para asegurarse de que entendiera lo dispuesto que él estaba acerca de seguir adelante con la realización de Disneylandia. Como una vez en que le dijo a Hazel George, su secretaria, 'Veo que no lograré llegar a ningún acuerdo con el equipo de finanzas... Por lo tanto, ve y haz que la gente del estudio quiera invertir dinero en este proyecto, que digan que invertirán $10... $100 dólares'. Imagínate a Walt proponiendo algo así de ridículo a pesar de que era lo suficientemente inteligente como para saber que esa no era la solución al financiamiento del parque... Pero esa fue la aguja que reventó el globo"[4].

El hecho es que Roy sintió esa aguja. Hazel logró reunir a un grupo informal de inversionistas al cual llamaron Disneyland Backers and Boosters. El dinero que recaudaron fue una miseria en comparación con el que se necesitaba, pero, cuando Roy vio que los empleados de Walt creían en su visión, su propia oposición bajó de tono —tal y como como Walt lo había planeado.

En marzo de 1952 (aparentemente, después de que Hazel George formara Disneyland Backers and Boosters), Roy le escribió un memo a Walt que decía, en parte: "Todavía no lo veo con claridad, pero creo que la idea de un parque de atracciones debe ser analizada y estudiada con base a sus méritos"[5]. Ese año, Roy asignó $10.000 dólares para desarrollar planes para Disneylandia. Fue un pequeño paso, pero Walt se alegró al ver que su hermano había comenzado a ceder.

Diseñando y perfeccionando la visión

El 16 de diciembre de 1952, Walt fundó Walt Disney, Inc. (más adelante, la empresa fue renombrada como WED Enterprises, tomando las iniciales de Walter Elias Disney). Con el tiempo, WED pasó a llamarse Walt Disney Imagineering, Inc.). WED era una empresa de ingeniería con un propósito específico: diseñar y construir Disneylandia, así que Walt decidió acuñar un nuevo título para sus ingenieros: "Imagineers" (una combinación entre "imaginación" e "ingenieros").

WED Enterprises era la empresa de Walt —él era el propietario y quien determinaba qué hacer o no hacer—. WED alquiló un espacio en el estudio de Disney en Burbank y Walt contrató gente talentosa tanto dentro como fuera de su estudio. Ya que muchos imagineers eran artistas de Disney desde hacía mucho tiempo, ninguno de ellos había diseñado alguna vez un parque de diversiones, de modo que decidieron planear Disneylandia de la misma manera en que planeaban la creación de todos y cada uno de los dibujos animados —con "guiones gráficos", usando tableros de corcho con dibujos clavados en ellos para así ilustrar un secuencia de elementos visuales. De ese modo, los dibujos eran fáciles de reposicionar para probar diferentes ideas.

Walt les compartió a sus imagineers su amplia visión acerca de Disneylandia y luego les dio vía libre para que ellos imaginaran todas las opciones que fueran posibles e incluso imposibles de realizar. "¡El sueño está abierto de par en par!", les dijo[6]. La imaginner Harriet Burns recuerda: "Trabajé en el departamento de arte de WED y recuerdo que Walt venía a trabajar con todo el equipo. Se sentaba en un taburete y se relajaba junto con nosotros, pues éramos bastante informales. Siempre estaba entusiasmado, siempre se veía positivo. ¿Cuántos directores ejecutivos se sientan a trabajar con sus empleados así como él lo hacía con nosotros?"[7].

Walt estaba construyendo sus sueños de infancia, convirtiendo en realidad esa visión que había guardado en su mente y en su corazón durante décadas. Pasaba largas jornadas diarias en WED, sugiriendo mejoras en los dibujos y en los modelos tridimensionales, intercambiando ideas e inspirando a sus imagineers con su visión. Después de un día agotador en WED, regresaba a su casa en Carolwood Drive para la cena. Luego, se retiraba al granero que había en la parte de atrás de su casa y allí trabajaba en sus planes hasta bien entrada la noche. En otras palabras, Disneylandia era su trabajo diario, su hobby y su obsesión.

Walt no estaba contento con construir un estilo convencional de parque de atracciones como el de Coney Island, ni con decorarlo con personajes de Disney, como le aconsejaban los expertos. Él estaba creando algo que nunca antes había existido. Veía a Disneylandia como una experiencia completamente inmersiva, como una máquina del tiempo que transportaría a la gente al pasado, al futuro y a reinos de imaginación pura. Por eso, al entrar en Disneylandia, pasas por debajo de una placa que dice: *"Aquí, te vas hoy y entras en el mundo del ayer, del mañana y de la fantasía"*.

Walt quería que al estar en Disneylandia sus invitados se sintieran como en casa, así que diseñó el parque como si este fuera una rueda con un eje central y diversos radios. Todo lo que tendrías que hacer sería caminar por Main Street hacia el

Castillo de *La bella durmiente* y te encontrarías en Central Plaza, el eje. A partir de ahí, podrías dirigirte a cualquiera de los "radios", bien fuera rumbo a Adventureland, a Frontierland, a Fantasyland o a Tomorrowland. Ese diseño de "el eje y los radios" de Disneylandia fue otra de sus ideas innovadoras.

Otra de sus innovaciones visionarias fue el uso del método de la perspectiva en la construcción de Disneylandia. Como cineasta, Walt sabía cómo crear la ilusión de altura. Los edificios de Main Street USA están construidos en perspectiva para hacerlos parecer más altos de lo que en realidad son. La planta baja tiene una escala de siete octavos, el segundo piso tiene una escala de cinco octavos y el tercer piso es a mitad de escala —y las puertas, ventanas y los ladrillos fueron escalados según esa perspectiva—. Este mismo principio se utiliza para "realzar" sicológicamente tanto el Castillo de *La bella durmiente* como Matterhorn.

Walt quería que Disneylandia fuera más que un parque de diversiones. Debería ser un *espectáculo*. El parque está dividido en dos áreas: una es "en el escenario" (el área pública) y la otra es "entre bastidores" (la parte que el público nunca ve). Disneylandia no tiene empleados —tiene "miembros de reparto"—. Todo el personal que el público ve, desde el encargado de prestar el servicio de alimentos hasta el personaje disfrazado, es parte del espectáculo. Cada miembro del elenco permanece "en el personaje" cuando habla con los invitados.

Una de las razones por las que Disneylandia parece un lugar tan perfecto en cada detalle es porque Walt dedicó muchos años para planearlo. Aunque solo le tomó un año y un día construirlo, pasó más de 40 de sus mejores años refinando su visión.

La invención de la sinergía

En julio de 1953, Walt comisionó a Stanford Research Institute (SRI) para identificar posibles sitios para construir Disneylandia. En la cima de la lista estaba una pequeña y poco conocida ciudad agrícola llamada Anaheim, en el Condado de Orange, 35 millas al sur de Los Ángeles. En ese entonces, la Autopista Santa Ana estaba en construcción y ofrecía fácil acceso a Harbor Boulevard.

Ese otoño, Walt decidió acercarse a la industria de la televisión en busca de financiación. Bob Thomas escribió en *Building a Company*:

"Los Disney estaban pensando en la posibilidad de que la televisión fuera un buen medio para dar a conocer sus películas desde mediados de la década de 1930, cuando terminaron su relación con United Artists, debido a que la distribuidora insistió en retener los derechos de televisión. En 1950 y 1951, Walt había producido programas especiales para NBC y CBS y quedó impresionado por la enorme audiencia que estas cadenas atrajeron. Las tres empresas quisieron animarlo a producir una serie semanal, pero él se negó a causa de Disneylandia, pues estaba pensando que alguna de las tres estaría dispuesta a ayudarlo a financiarla y que la serie semanal que ellas le proponían que produjera publicitaría tanto a Disneylandia como al producto teatral"[8].

En ese momento, por temor a que les dañara el negocio, los cineastas de Hollywood despreciaban aquella caja resplandeciente en las salas de estar de todos los hogares. Walt fue el único magnate del cine que le dio la bienvenida y le vio beneficio a la televisión. Su adopción temprana de este nuevo medio es evidencia de su visión de futuro.

En el otoño de 1953, Walt y Roy asistieron a la junta directiva de Walt Disney Productions y explicaron el plan de Walt con respecto a usar la televisión como un medio para financiar y publicitar Disneylandia. En ese momento, su entusiasmo por Disneylandia había conseguido contagiar a Roy. Después de escucharlos, la junta nombró a Roy —en algún momento, el enemigo más acérrimo de Disneylandia— como vendedor del proyecto.

Así las cosas, Roy llamó a NBC para programar una reunión con los ejecutivos de la empresa, esperando tener algunas semanas para prepararse, pero ellos estaban ansiosos por que se reunieran durante la semana siguiente. Roy aceptó y después cayó en cuenta que no tenía ni un solo dibujo de Disneylandia para mostrarles. Estaba seguro que los ejecutivos de NBC nunca captarían la visión de Walt a menos que pudieran verla. Entonces, Roy le dijo a Walt que necesitaba una representación detallada de Disneylandia —y para el lunes entrante.

Walt conocía a un solo creativo capaz de producir un magnífico diseño en tan poco tiempo. Se trataba de Herb Ryman, un artista que trabajaba desde hacía mucho tiempo para MGM (fue él quien diseñó toda la arquitectura y los decorados de Emerald City en *El mago de Oz*). Su carrera en Disney comenzó con películas como *Fantasía* y *Dumbo*. Posteriormente, en 1944, Ryman dejó el estudio de Disney para irse a trabajar en 20th Century Fox, pero él y Walt seguían siendo buenos amigos.

El caso es que, el sábado 26 de septiembre de 1953, Walt llamó a Ryman por la mañana y le pidió que fuera a su estudio[9].

Después de 20 minutos, Ryman llegó a la entrada de Buena Vista, donde Walt estaba parado en la puerta, esperándolo, presto a recibirlo. Cuando Walt lo hizo seguir al estudio, le dijo: "Herbie, quiero hablarte sobre un parque de atracciones".

"¿Quieres decir que vas a seguir adelante con esta idea de construir un parque de diversiones al otro lado de la calle? Ryman sabía que Walt había querido construir Mickey Mouse Park (como se conocía entonces el proyecto del parque temático) en un lote de ocho acres adyacente al estudio de Burbank, al otro lado de Riverside Drive.

"No", le respondió Walt, "uno más grande que ese". Walt le explicó que todavía no había adquirido ningún terreno, pero que estaba investigando sitios que tuvieran el potencial que se necesitaba para construir su parque. "Herbie, mi hermano Roy tiene que ir a Nueva York el lunes por la mañana, porque necesitamos hablar con unos banqueros. Si no tenemos el dinero, no podremos construir Disneylandia".

Cuando Walt le pidió a Ryman que hiciera un diseño completo del parque en tan solo dos días, Ryman se negó, pues Walt le estaba pidiendo un imposible.

Pero cuando Walt prometió quedarse con Ryman día y noche hasta que el trabajo estuviera completo, Ryman no pudo decirle que no y trabajaron juntos todo el sábado y el domingo. Walt le describió su visión en palabras y le mostró los bocetos que sus WED imagineers habían producido de diferentes partes del parque. Fue tanta la pasión y claridad con la que Walt le comunicó su visión, que Ryman podía verla claramente en su propia imaginación.

En dos días, trabajando las 24 horas del día, Ryman creó una hermosa representación de Disneylandia. Todo estaba allí, tal y como Walt lo había descrito: la estación de tren y el ferrocarril de Disneylandia, Main Street USA, Central Plaza, Frontierland (con el bote a vapor de Mark Twain), Fantasyland (incluido el castillo, el carrusel y el barco pirata), Tomorrowland (con el Moonliner elevándose) y Adventureland (aunque Ryman había colocado el crucero de la selva en la esquina sureste del parque y no en el suroeste, donde está hoy[10]). Ryman montó aquella obra de arte sobre un cartelón de presentación compuesto por tres paneles cuyo tamaño total era de 3x5 pies.

El lunes 26 de septiembre, Roy tomó aquella representación de Disneylandia, la acomodó lo mejor que pudo en una maleta y voló a Nueva York. Allí, se reunió con los ejecutivos de CBS y de NBC, mostrándoles el trabajo de Ryman y distribuyéndoles un prospecto de seis páginas sobre el programa de televisión y el parque temático de Disneylandia. CBS dijo rotundamente que no. David Sarnoff, fundador de RCA (empresa matriz de NBC en ese momento), estaba interesado en el proyecto, pero le pasó la negociación a Joseph McConnell, el Presidente de RCA. Para Roy fue frustrante negociar con él, pues NBC quería hacer un programa de televisión de Disney, pero sin tener nada que ver con el parque.

Al final de la reunión, Roy regresó a su suite del Waldorf Astoria y analizó sus opciones. Se sentía tan seguro de que NBC o CBS estarían interesadas que no contactó a ABC para tener una tercera opción. Así que, ahora, ABC era su única esperanza. Entonces, llamó el jefe de la cadena, Leonard Goldenson, quien había dirigido la reestructuración de ABC después de su fusión con United Paramount Theatres. Goldenson vino a la suite de Roy y estudió la versión de Disneylandia; luego, leyó el prospecto y estuvo de acuerdo en el acto. Con el tiempo, afirmó sobre Roy: "Era un muy buen hombre de negocios y no era fácil llevarse bien con él. Regateaba hasta por el más mínimo centavo"[11].

ABC aportó $500.000 dólares en efectivo y firmó un contrato por $4.5 millones más en préstamos. La empresa obtuvo el 34,5% de la propiedad de Disneylandia, más el programa de televisión semanal de una hora. El resto del grupo de propietarios estaría conformado por Walt Disney Productions, Western and Lithographic Company Company (editores de Little Golden Books) y por el propio Walt (con un 17.2% de participación). Este grupo propietario reunió $6 millones de dólares en capital y garantías de préstamo, —mucho menos que el precio final, que fue de $17 millones de dólares.

Pero cuando *Disneyland TV Show* se estrenó, el miércoles 27 de octubre de 1954, casi nueve meses antes del día de la inauguración, el parque ya parecía ser un gran éxito. Muchos patrocinadores corporativos hacían fila para invertir, maravillados ante la visión de Walt. El color y el tipo de tinta de agua que Herb Ryman utilizó en la interpretación de la visión de Walt fue la clave de todo lo que siguió.

Con el paso del tiempo, el original de aquel mapa desapareció y llegó a creerse que se había perdido, aunque una versión rediseñada del mapa original ha aparecido en los libros de Disneylandia a través de los años. Resultó que Walt se lo había regalado a un amigo, Grenade Curran, quien solía hacer toda clase de actuaciones en las películas. Grenade había trabajado como buceador de seguridad y especialista en *20.000 leguas de viaje submarino*, fue actor en la serie *Davy Crockett*, de Disneylandia; actor de doblaje en *La dama y el vagabundo* e hizo muchas cosas más. Walt, quien le puso a Granade el apodo de "Shrapnel", le dio el mapa de Ryman como regalo a finales de

1955. El mapa apareció en 2017, durante una subasta realizada por Van Eaton Galleries en Sherman Oaks y fue vendido a un postor anónimo por $708.000 dólares.

Bruce DuMont, fundador de Chicago's Museum of Broadcast Communications, compartió esta perspectiva sobre Walt como pionero de la televisión:

> "Walt se dio cuenta de que estaba adquiriendo una marca de tanto prestigio en el mundo del cine que quedaría grabada de forma indeleble en la cultura del séptimo arte. Luego, surgió este nuevo invento llamado televisión y se dio cuenta de que este sería un sistema fenomenal para su negocio cinematográfico. También se dio cuenta de que su marca se expandiría aún más con los parques temáticos. La entrada de la televisión a millones de hogares solidificaría el vínculo que habría de formarse entre la familia y el entretenimiento y además se convertiría en una herramienta inmejorable para promover los parques temáticos. Creo que todo esto terminará convirtiéndolo en el padre de la sinergia comercial"[12].

Estoy de acuerdo. Walt inventó la sinergia cuando ideó su estrategia innovadora para financiar y popularizar su mundo de fantasía. Yo defino sinergia como un sistema cuyas partes funcionan juntas, de tal modo que el todo es mayor que la suma de las partes. La sinergia es una forma de obtener de un sistema más energía de la que pones en él.

El sistema que Walt diseñó constaba de tres partes: televisión (el programa de televisión de Disneylandia), películas (la biblioteca de dibujos animados de Disney, documentales y largometrajes) y el parque temático (Disneylandia). La televisión anunciaba a Disneylandia y las películas de Disney. La biblioteca de películas de Disney le proveía material a la televisión, junto con temas para mejorar Disneylandia. A su vez, Disneylandia misma generaba conciencia y emoción por las películas de Disney y por el programa de televisión.

El resultado fue que todo el universo de entretenimiento de Disney excedió la suma de sus partes. Fue concebido íntegramente en la mente visionaria de Walt Disney. La televisión inclinó el campo de juego financiero a favor de Walt, proporcionándole la financiación y el impulso que necesitaba para construir su Reino Mágico en un año y un día.

La serie de televisión de Disneylandia se estrenó en ABC el miércoles 27 de octubre de 1954. Además de generar entusiasmo y expectativa por Disneylandia, la serie también aseguró el éxito de tres películas teatrales estrenadas antes de la inauguración de Disneylandia: *20.000 leguas de viaje submarino* (estrenada el 23 de diciembre de 1954), *Davy Crockett, King of the Wild Frontier* (compilada a partir de episodios del programa de Disneylandia y teatralmente estrenada el 25 de mayo de 1955) y *La dama y el vagabundo* (estrenada el 22 de junio de 1955).

En otras palabras, la magia que construyó Disneylandia no surgió a partir de polvo de duendes ni de pedirle deseos a una estrella. Surgió de una sinergia.

Una visión detallada

En una columna de mayo de 1954 sobre Disneylandia, la periodista Aline Mosby se refirió a cuán detallada era realmente la visión de Walt sobre su parque:

"Casi 500 trabajadores del estudio de Disney en Burbank están ocupados en la ejecución del proyecto de Disneylandia. En una ciudad donde la ocupación principal en las empresas es la conversación en los pasillos, es asombroso observar que ellos trabajan en silencio. En tres salas distintas, los dibujantes permanecen inclinados sobre sus mesas, dibujando planos detallados de todas y cada una de las construcciones que incluirán en Disneylandia. Prácticamente, todo en aquel gigantesco parque, incluido un enorme bote de remo que correrá sobre un pequeño lago, será construido en el estudio".

Luego, continuó describiendo el "ferrocarril elevado" de Walt (Disneyland Railroad), "una réplica de una ciudad de la época de 1910, con carruajes tirados por ponis, con restaurantes y tiendas" (Main Street USA), un río con "caimanes y cazadores" (The Jungle Cruise), "Tomorrowland" con un "cohete para hacer un viaje a la luna", y "un vuelo en un barco de vapor sobre un set de la ciudad de Londres en miniatura" (el vuelo de Peter Pan).

Uno de los detalles más reveladores del artículo de Mosby fue esta nota: "Habrá un monorriel colgante que permitirá que los visitantes paseen por encima del proyecto". Aunque este monorriel de Disneylandia no se construyó sino hasta 1959, Walt lo imaginó, *por lo menos*, desde 1954[13].

Cada detalle del parque de Walt era importante para él. El guionista e imaginner de Disney durante mucho tiempo, Marty Sklar, recordó el día en que conoció a Walt: "Fue dos semanas antes de la inauguración de Disneyland, en julio de 1955", dijo. "Me habían contratado para crear un periódico que se vendería en Main Street por $0,10 centavos. Sklar tenía 21 años de edad, todavía asistía a la universidad —y tenía que presentarle su idea sobre el periódico a Walt mismo—. "Recuerdo que pensaba: '¿Por qué él sacará tiempo en medio del caos que hay por terminar su parque para dedicárselo a esto tan insignificante que estoy haciendo?'. Me tomó mucho tiempo entenderlo, pero, para Walt, Main Street USA era un lugar real, así que necesitaba un periódico real"[14].

Walt había pensado en todos los detalles de su parque desde mucho antes de que Herb Ryman creara la primera representación de Disneylandia. Uno de esos muchos detalles fue el del distrito comercial de Disneylandia, Main Street USA. Exteriormente, Main Street parecería ser una calle de 1910 con dos filas de tiendas —una fila en el lado oeste de la calle y una al este—. Pero mira más de cerca y descubrirás otra innovación de Disney. Cuando se abrió Disneylandia, podías entrar a Emporium, la tienda ubicada en el lado oeste de la calle; luego, deambulabas por Glassblower Shop; luego, paseabas por Upjohn Pharmacy —sin tener que salir—. Lo que esto significa es que su Main Street USA fue el primer centro comercial del mundo.

Walt también fue un visionario de la tecnología. Basándose en el concepto de visibilidad circular de 360°, tuvo la magnífica idea de construir un auditorio circular para presentar allí una película —la primera experiencia cinematográfica totalmente inmersiva en el mundo—. Para lograrlo, montó sobre una camioneta una matriz compuesta por nueve cámaras, la cual viajó alrededor de USA, filmando diversas panorámicas, asegurándose de que tuvieran un radio total de 360 grados. Una vez listo, decidió proyectar esas imágenes sincronizadas en nueve pantallas que rodearían a la audiencia. Los asistentes podrían girar y ver la película desde cualquier dirección. La primera película con esta técnica panorámica de 360° de visibilidad proyectada en Disneylandia se presentó al público en 1955 y se llamó *America the Beautiful*.

El diseñador de los vehículos de Walt, Bob Gurr, quedó impresionado con la manera tan específica con la que Walt manejaba los detalles de todos sus proyectos. En una ocasión, Gurr voló con Walt a Florida para tener una panorámica aérea del lugar donde estaría en funcionamiento Walt Disney World. "Recuerdo vívidamente estar allí, sentado junto a él en el avión", comentó Gurr, "cuando Walt me señaló el centro de EPCOT, un área de forma ovalada. Entonces, me dijo: 'Cuando EPCOT esté funcionando, allá habrá un lugar con una pequeña banca. Esa es donde Lilly y yo nos sentaremos a observarlo todo'. Me pareció bastante interesante el hecho de que Walt pudiera ver el panorama general y que además tuviera en mente hasta el más pequeño detalle, como ese de la banca en un lugar específico. Y además, sabía dónde iba a estar él ubicado dentro de esa pequeña escena"[15].

Siempre que Walt imaginaba un proyecto, lo imaginaba hasta con el más mínimo detalle.

Una visión futurista

Si Walt Disney nunca hubiera nacido, Neil Armstrong y Buzz Aldrin nunca hubieran aterrizado en la Luna. Un líder visionario no se limita a *imaginar* o a *predecir* el futuro, sino que *ayuda a que este suceda* —y Walt ayudó a que la misión del Apollo 11 a la Luna sucediera.

Walt fue un futurista visionario. Ray Bradbury, amigo de Walt, habló sobre el día que lo conoció. Fue en Navidad, en una tienda por departamentos. Cuando Ray se presentó, Walt dijo: "¡Ray Bradbury! ¡Conozco tus libros!". ¿Por qué Walt conocía los libros de Ray, como *The Martian Chronicles* y *Fahrenheit 451*? Porque era un fanático de la ciencia ficción. Por eso, produjo

20.000 leguas de viaje submarino y por esa misma razón existe Tomorrowland en Disneylandia.

A principios de la década de 1950, mientras Walt se preparaba para construir Disneylandia, la revista *Collier's* publicó una serie de artículos sobre viajes espaciales. Entre sus colaboradores estaban los científicos espaciales Wernher von Braun y Willy Ley. Walt los contrató a ambos para que fueran sus consultores durante el primer episodio de Tomorrowland que hizo parte de su serie de Disneylandia, titulado *Man in Space*. El programa salió al aire el 9 de marzo de 1955 y fue visto por más de 40 millones de televidentes. De repente, millones de estadounidenses se sintieron entusiasmados con respecto al tema del futuro de la humanidad en el espacio.

Luego, hubo un segundo episodio, titulado *The man and the Moon*, que fue emitido el 28 de diciembre de 1955. Después, se transmitió un tercero, titulado *Mars and Beyond*, que salió al aire el 4 de diciembre de 1957. Según el animador de Disney, Ward Kimball, quien dirigió esos tres episodios espaciales, el presidente Dwight Eisenhower llamó a Walt el día después de la emisión de *Man in Space*, solicitándole una copia para mostrársela a los altos funcionarios del Pentágono.

Eisenhower estaba entusiasmado con la exploración pacífica de espacio. Quería que sus generales vieran los cohetes como un medio de transporte humano y no solo como un sistema transportador de armas nucleares. En julio 29 de 1958, tres años después del debut de *Man in Space*, Eisenhower estableció la Administración Nacional de Aeronáutica y del Espacio (NASA) como la agencia espacial de carácter civil de los Estados Unidos, nombrando a Wernher von Braun como Director del Centro Marshall de Vuelos Espaciales de la NASA, en Alabama.

En 1965, von Braun llevó a Walt de gira por el Centro Marshall. Walt prometió usar su programa de televisión para "hacer consciente a la gente ante el hecho de que tenemos que seguir explorando". En *Marketing the Moon,* los autores David Meerman Scott y Richard Jurek observan que fue la visionaria asociación entre Walt Disney y Wernher von Braun lo que contribuyó a lanzar a la raza humana a la Luna:

> Psicológicamente, Disney y von Braun compartían una serie de rasgos de personalidad, siendo el más importante su dedicación inquebrantable a ver realizada su visión personal...
>
> Walt Disney, la revista *Collier's* y Wernher von Braun desempeñaron papeles fundamentales en la preparación de Estados Unidos para la era espacial, imaginando un futuro optimista... En menos de una década, los viajes espaciales habían pasado del reino de las historias de aventuras para niños y de los aficionados a los cohetes y a la ciencia ficción al mundo de los titulares en primera plana[16].

Aunque Walt no vivió para ver el alunizaje de julio de 1969, sí contribuyó a salvar del fracaso a la misión del Apolo 11. Steve Bales, un niño de 13 años que vivía en una ciudad agrícola de Iowa, vio por televisión el episodio titulado *The Man in the Moon,* poco después de la Navidad de 1955. Con el tiempo, Bales comentó: "Lo más probable es que ese programa, más que cualquier otra cosa, fue el que influyó en mí para querer estudiar ingeniería aeroespacial"[17].

En 1964, Bales aceptó una pasantía de verano en la NASA. Tres meses después, la NASA lo contrató como controlador de vuelo y él se desempeñó como controlador de respaldo de Gemini 3 y 4. Menos de dos años después de ser contratado, se convirtió en el Director de Orientación de Géminis 11 y 12, antes de pasar al programa Apollo.

A los 27 años, Bales fue asignado a la más importante misión de su carrera: oficial principal de orientación del Apollo 11. Estaba en Houston's Mission Control cuando los astronautas Neil Armstrong y Buzz Aldrin descendían sobre la Luna. Cuando el módulo de aterrizaje *Eagle* estaba a 33.000 pies sobre la superficie lunar, Armstrong comunicó por radio: "Programar alarma". Esto significaba que la computadora tenía que realizar demasiadas tareas y no podía mantener el ritmo —lo cual representaba un problema de seguridad enorme.

Un especialista en orientación de la NASA le preguntó a Bales si el aterrizaje debería proseguir o si sería mejor abortar. Bales tuvo que tomar una decisión inmediata. Si él no decía "proseguir" en menos de seis segundos, el aterrizaje sería abortado. Armstrong y Aldrin tendrían que darle la espalda a la Luna y dirigirse de regreso a casa.

Bales se comunicó por radio CAPCOM (comunicador de cápsula) con Charles Duke, diciendo: "Prosigamos". Entonces, Duke le transmitió el mensaje a Armstrong y a Aldrin: "¡Proseguiremos!".

Tres minutos y medio después, Bales y el resto del equipo de Mission Control en Houston escucharon esas palabras históricas: "Houston, Tranquility Base aquí. El *Águila* ha aterrizado"[18].

Piensa en esto: si Walt Disney no hubiera transmitido *The Man in the Moon*, el 28 de diciembre de 1955, es poco probable que Steve Bales hubiera estado en esa posición tan crítica, tomando la crucial decisión de "proseguir" aquel 20 de julio de

1969. De modo que Walt merece, al menos, una nota a pie de página en los libros de Historia, por las huellas de esas botas sobre la Luna.

Cómo ser un líder visionario

Walt explicó su liderazgo visionario de esta manera: "Yo sueño. Pongo a prueba mis sueños versus mis creencias. Entonces, me atrevo a correr riesgos y a ejecutar mi visión para hacer realidad esos sueños"[19].

El diseñador de vehículos de Disneylandia, Bob Gurr, comentó: "Cuando los imagineers estábamos enfocados en un proyecto importante, cada uno de nosotros estaba inmerso en su propio mundo. Lo único que veíamos era el monorriel —o el proyecto en el cual estuviéramos trabajando—. Una vez terminado, comparábamos notas entre nosotros y descubríamos que, durante todo el tiempo, Walt lo había visualizado así de completo. Él era el gran maestro de la visión"[20].

Hoy, es difícil imaginar un mundo sin los parques temáticos de Disney. Pero, cuando Walt estaba planeando Disneylandia, no lograba conseguir que los banqueros vieran esa misma visión que él veía. "Nunca pude convencer a los financieros de que Disneylandia era posible", decía, "porque los sueños ofrecen muy pocas garantías"[21]. ¿Qué podemos aprender sobre el ejemplo del liderazgo visionario de Walt? Estas fueron las lecciones que descubrí:

1. **Encuentra tu obsesión**. El sueño de un reino mágico limpio y de ambiente familiar se apoderó de la imaginación de Walt cuando él era un niño. Esa visión de la infancia se le convirtió en su obsesión de adulto. *Pabellón Kimball* dijo: "Una vez que le entró esta pasión por el parque, se

le convirtió en una obsesión. Eso era en lo único que él pensaba"[22].

Su obsesión le costó a Walt muchas noches de insomnio, pero él siempre hacía buen uso de eso. Cuando no podía dormir, analizaba sus problemas y les encontraba soluciones creativas. En una noche de insomnio, a principios de 1953, se le ocurrió una idea: *la televisión*. Las cadenas de televisión tenían el dinero que Walt necesitaba y él tenía la filmoteca que ellas querían. La serie de televisión de Disneylandia nació de la inquieta obsesión de Walt por construir su parque.

2. **Escucha los buenos consejos, pero ignora a tus detractores**. En julio de 1953, Walt le pidió a Stanford Research Institute (SRI) que lo aconsejara sobre cuáles serían los mejores sitios posibles para construir Disneylandia. Buzz Price, de SRI, estudió las tendencias de la población y del transporte, la infraestructura, el clima, el tiempo y otros factores; luego, le aconsejó a Walt que construyera su parque en Anaheim. Buzz Price era una de las pocas personas que compartían la visión de Walt y que creían en ella.

En noviembre de 1953, Price se unió a los ejecutivos de Disney, Dick Irvine y Nat Weinkoff, durante una convención de parques de atracciones en Chicago. Tres representantes de Disney se reunieron en privado con cuatro operadores de parques de atracciones en el Hotel Drake: William Schmitt (Riverview Park, de Chicago), Harry Batt (Pontchartrain Beach Park, de Nueva Orleans), Ed Schott (Coney Island, de Cincinnati) y George Whitney (Playland en Beach, de San Francisco). Los representantes de Walt desenrollaron una copia fotostática del mapa de

Disneyland hecho por Herb Ryman y lo pegaron con cinta adhesiva a la pared. Walt quería saber lo que los expertos de la industria pensaban acerca de su plan.

Los expertos declararon que Walt estaba haciendo todo mal. No había montañas rusas, ni ruedas de la fortuna, ni carnaval en medio de los juegos, ni tampoco venta de cerveza. Construir atracciones temáticas personalizadas costaría una fortuna en comparación con los juegos producidos en masa que se encontraban en todos los demás parques de atracciones. El parque de Walt tenía muchas atracciones (como el castillo y la plaza del pueblo) que no producirían ingresos. ¡Y olvídate de mantener limpio el parque! El parque de Walt, según los expertos, era una quiebra a punto de suceder.

Walt analizó aquellas opiniones de los expertos, sopesándolas aún a sabiendas de que iban en contra de sus propios instintos y de la investigación de SRI. Luego, procedió a construir Disneylandia y a demostrar que incluso los expertos estaban equivocados. En 1957, después de dos años y medio de funcionamiento, el parque había acogido a más de 10 millones de visitantes. Además, equivocadamente, los expertos opinaban que Walt construiría un "parque infantil" en Anaheim, pero de esos 10 millones de visitantes, la cantidad de adultos superaba tres veces la cantidad de niños[23].

Los expertos estaban 100% equivocados sobre Disneylandia, porque no entendían que Walt estaba reinventando por completo el concepto del parque de atracciones. El tiempo medio de estancia en un parque de atracciones común y corriente era de dos horas o menos. La gente se cansaba del ruido y de la suciedad y se iba. El historiador

Greg Van Gompel observó que Walt "creó un entorno con un ambiente que era tan refrescante y agradable" que la gente se quedaba allí todo el día. Como resultado lógico de esas permanencias más largas, la gente gastaba más dinero en atracciones, comida y recuerdos[24].

Ray Bradbury me dijo: "Todo lo que Walt logró en su vida fue sobre algo de lo cual le dijeron que no se podía hacer. Su padre le dijo que nunca podría ganarse la vida dibujando caricaturas. Él gastó toda su carrera demostrando que los escépticos estaban equivocados. Y se divertía haciéndolo". Así que escucha a los expertos —pero cuando estés convencido de que tu visión es correcta y que los expertos están equivocados, confía en tu visión.

3. **Delega, pero no abdiques.** Delegar significa asignarles tareas y responsabilidades a otras personas y hacerlas responsable de los resultados que ellas obtengan. Walt era un maestro delegando. Él delegaba tareas, pero no su responsabilidad del resultado final. Supervisaba cada detalle de cada caricatura y largometraje y se sabía de memoria los planos de Disneylandia.

Ward Kimball recordó que Walt "caminaba por cada centímetro de Disneylandia, diciéndoles a sus colaboradores que movieran una valla un poco más hacia a la izquierda, porque no se podía ver el barco cuando hacía el giro en la esquina. Yo solía estar con él ahí afuera y recuerdo que él decía cosas como: 'El lago está demasiado pequeño. Quizá, deberíamos hacerlo más grande. Veamos si es posible mover la carrilera del tren otros 50 pies'[25]. Kimball cuenta que, una vez, Walt le dijo: "Mi diversión es trabajar en un proyecto y resolver los problemas que se presenten durante su realización. Si me sentara en la oficina y solo hiciera buenos dibujos, ¿qué habría de divertido en eso?"[26].

Walt tenía un ejército de personas diseñando y construyendo Disneylandia. No tenía que estar allí día tras día, pero él quería estar allí, inspirando a su gente, inspeccionando su trabajo y viendo cómo su sueño tomaba forma. Estar personalmente involucrado en cada detalle de Disneyland le traía alegría a su alma. Estando en la tienda WED Enterprises, donde sus imagineers construían las atracciones de Disneylandia, le dijo al imagineer Marc Davis: "Me encanta estar aquí. WED es como solía estar el estudio Hyperion, durante los días en los que siempre estábamos trabajando en algo nuevo"[27].

4. **Comprométete el 100% con tu visión.** Walt no dejaba que nadie se interpusiera en su camino, ni siquiera su hermano Roy. Cuando Roy se negó a asignar fondos para Disneylandia, Walt vació su cuenta de ahorros, pidió prestados $100.000 dólares, respaldándolos con su seguro de vida, vendió su casa de vacaciones en Smoke Tree Ranch y dio en garantía todo lo que poseía. Eso es lo que se llama estar comprometido al 100%.

    La noche antes de la inauguración de Disneylandia, ¿qué estaba haciendo Walt? Trabajando junto al imaginnr Ken Anderson en la preparación de la exhibición de *20.000 leguas de viaje submarino*, pintando con aerosol el telón de fondo detrás del calamar gigante. Él nunca lideró desde una torre de marfil. Fue un visionario que se metió a las trincheras con sus tropas y siempre estuvo allí con ellos.

5. **Encuentra "el árbol de tus sueños".** Cuando Walt tenía cinco años, su madre no lo enviaba a la escuela y ella mis-

ma le enseñaba a leer, pues quería que Walt y su hermana pequeña, Ruth, comenzarán a estudiar al mismo tiempo; así, él podría cuidarla. Como resultado, Walt y Ruth pasaron muchos días sin preocupaciones, vagando por las colinas o tumbados a la sombra de un gigantesco árbol de álamo.

Debajo de ese árbol antiguo, Walt practicaba lo que él llamaba "botánica de vientre"[28], quedándose muy quieto, bocabajo, observando insectos, pájaros, lagartos, ardillas y otros animales que se arrastraban o se deslizaran a su alrededor. Una vez, contó: "Dibujaba todo lo que veía. Siempre había conejos y ardillas y ratones a mi alrededor. Y en un buen día, había veces en que llegaba Bambi"[29]. También soñaba despierto bajo ese árbol, creando historias sobre los animales que veía, imaginándolos vestidos con ropa, hablando y teniendo aventuras.

Walt llamó a ese álamo su "árbol de los sueños". Fue el lugar donde él absorbió la inspiración de la naturaleza y soñó despierto acerca del futuro. Como adulto, regresó varias veces a Marceline y siempre pasaba tiempo bajo aquel "árbol de sus sueños", recordando los días más felices de su vida. De ahí, salía siempre inspirado, con nuevas ideas y visiones.

El árbol de ensueño original de Walt padecía una enfermedad y recibía muchos rayos, así que, finalmente, se derrumbó durante una tormenta de viento en 2015. Sin embargo, en septiembre de 2004, se plantó uno de sus retoños en la granja, de tal modo que aquel árbol de los sueños sigue vivo.

¿Cuál es tu árbol de los sueños? ¿Dónde absorbes la inspiración y adquieres tu visión del futuro? Todo líder debería tener una banca de parque favorita, un asiento favorito en su capilla o un sembrado de hierba en su patio trasero —un lugar al cual llamar su "árbol de los sueños".

Soñar despierto no es solo para niños. También es para líderes visionarios como tú.

3
Las habilidades comunicativas de Walt

En la primavera de 1933, por la época del lanzamiento de la muy popular e infantil sinfonía de *Los tres cerditos*, Walt decidió sorprender al mundo con la primera película animada de larga duración, conocida como *Blanca Nieves y los siete enanitos*. De modo que, desde mucho antes de anunciarles su plan a sus animadores, Walt comenzó a hablar sobre la historia de Blanca Nieves en reuniones, en los pasillos y en sus conversaciones informales en Hyperion Studio. Según esto, Walt "dio a conocer su idea mediante el método de infiltración lenta. Se la presentó a todos de manera individual, en medio de conversaciones fortuitas"[1].

Una de las primeras personas con las que Walt habló sobre Blanca Nieves fue su amigo de la infancia Walter Pfeiffer, que vivía en Chicago en ese momento. Juntos, visitaron el Field

Museum of Natural History y, a medida que recorrían las exhibiciones, Walt le contaba a su amigo la historia de Blanca Nieves. Se la dramatizó con tantos ademanes y gestos, y con tanto drama en su voz, que un guardia de seguridad pensó que Walt estaba atacando a su amigo —y ambos tuvieron que salirse del museo.

El hecho es que Walt insistía en contar su historia. Se la contaba a la gente de Hyperion Studio —a las secretarias, a los asistentes y a cualquier otra persona que quisiera escucharlo—. Pero él no estaba contando la versión original de los hermanos Grimm —estaba contando su propia versión, llena de acción y suspenso, describiendo un dramático conflicto entre la inocencia y el mal—. Cada vez que la contaba, cambiaba un detalle aquí, agregaba más drama allá, lanzaba una broma o dos como para medir la situación y la reacción de su oyente. A manera de prueba, Walt iba refinando la historia frente a sus audiencias e iba recopilando en su mente la mejor versión de aquel cuento.

Esto es lo que un miembro de su equipo comercial comentó, después de una reunión que tuve con él: "Walt nos contó su idea acerca de desarrollar una historia llamada *Blanca Nieves* y, sinceramente, fue incomparable la forma en que él nos la narró aquella vez. Nos conmovió a tal punto que lloré en algunas partes de la trama, de modo que, si la película resultaba una décima parte de buena de como él la contaba, sería una maravilla"[2].

En noviembre de 1933, el animador de Disney Art Babbitt le escribió a su amigo Bill Tytla (quien estaba trabajando como animador para Terrytoons of New Rochelle, New York), diciéndole: "Es un hecho, vamos a empezar a trabajar en una película de caricaturas; será un largometraje a color. Ahora mismo, están planificando cómo hacerla... y Walt me propuso hacer parte de ella"[3]. Tytla se sintió tan intrigado con la idea de un largometraje animado que se mudó a Los Ángeles, se unió al personal de animación de Disney y se convirtió en uno de sus mejores animadores.

En 1934, Walt reunió entre 40 y 50 de sus principales animadores, le dio a cada uno algo de dinero en efectivo y les dijo que se fueran a cenar, que se relajaran y después regresaran al estudio. "Tengo una historia que contarles", les dijo. Después de la cena, todos volvieron allí, a reunirse en el estudio de grabación, sentados en semicírculo. El lugar estaba a oscuras. Walt se paró al frente de todos, en medio del resplandor de un foco de luz. Cuando el grupo ya estaba acomodado, Walt procedió a contarles la historia de Blanca Nieves. Dramatizó todas las partes, dándoles distintas voces a sus diversos personajes, actuando con expresiones faciales dramáticas y con gestos muy marcados. Es decir, le dio vida a la historia con la fuerza pura de su personalidad. Los animadores que estaban allí esa noche no tenían que *imaginarse* la historia de Blanca Nieves, pues la habían *visto* cobrar vida ante sus ojos.

Uno de ellos, me comentó: "Aquella actuación nos duró tres años. Siempre que nos sentíamos en medio de un atolladero, recordábamos lo que hizo Walt esa noche"[4]. En otras palabras, solo mediante el uso de sus habilidades de comunicación, Walt ya había creado toda la película. Todo lo que ellos tenían que hacer era animarla.

Walt fue un visionario. Él imaginó a *Blanca Nieves y los siete enanitos* de la misma manera en que más tarde imaginó Disneylandia. Pensó en todos los detalles, los ensayó y los repitió en su mente; luego, le comunicó todo el proyecto a su personal y lo hizo de manera tan precisa y emocional, que para ellos fue una experiencia inolvidable. Walt entendió que una visión no significa nada, sino hasta cuando se la comunicas a tu gente.

También entendió que la comunicación es mucho más que simplemente pronunciar palabras. La comunicación efectiva involucra la totalidad del ser de todo líder —sus expresiones faciales, su contacto visual, la pasión en su voz, sus gestos y movimientos—. Walt no te *decía* lo que él quería que tú hicieras —te lo mostraba, actuándolo.

No sé si sus habilidades de comunicación eran innatas, ni si las aprendió o si eran una combinación de estas dos posibilidades. Lo que sí sé por experiencia personal es que el arte de comunicar es una habilidad que se puede aprender. Todavía recuerdo vívidamente que sudaba y tartamudeaba cada vez que yo tenía que pronunciar un discurso frente a mis compañeros de la clase de inglés de noveno grado, cuya maestra era la Srta. Barbara Bullard. Hoy, me gano la vida pronunciando discursos y dando entrevistas frente a los medios. Así que, si aquel tartamudo de 14 años llamado Pat Williams pudo aprender la habilidad de hablar en público, entonces, créeme, *cualquiera* puede.

El liderazgo requiere que comuniquemos nuestra visión de manera poderosa, persuasiva y memorable. Walt Disney les comunicó su visión de Blanca Nieves a sus animadores y el resultado fue una de las películas más queridas de todos los tiempos. Él convirtió sus visiones en realidad a través del poder de la comunicación. Para liderar como Walt, nosotros también debemos comunicar como Walt.

Walt, el vendedor

Mucho antes de que Walt Disney aprendiera a dibujar, era actor. El biógrafo Bob Thomas relató una experiencia de su niñez relacionada con Flora, su madre. "Un día, golpearon a la puerta y Flora salió a ver de quién se trataba", escribió Thomas, "y vio que había llegado a su casa una mujer muy bien vestida. Flora comenzó a conversar con ella hasta que, poco a poco, fue reconociendo algunas de sus prendas de ropa. Resultó que el visitante era nada menos que Walt y que llevaba puesta la ropa de su madre, una peluca y maquillaje"[5].

Walt también aprendió a temprana edad el arte de vender. Cuando tenía 18 años, persuadió a su amigo Ubbe Iwerks de hacer negocios con él. Entonces, formaron su propia empresa, Iwerks-Disney Commercial Artists. Walt sugirió que Ubbe acortara su nombre a Ub y, por el resto de su vida, Iwerks siguió haciéndose llamar Ub. Walt manejaba la parte relacionada con las caricaturas y las ventas del negocio, en tanto que Ub hacía la parte más refinada de la ilustración y la rotulación.

Walter Pfeiffer, cuyo padre era un dirigente sindical, le ayudó a Iwerks-Disney a conseguir su primer contrato, diseñando el *United Leatherworkers Journal.* Luego, Walt usó muestras de ese trabajo como portafolio para persuadir al restaurador Al Carder, editor de *Kansas City's Restaurant News,* de que contratara a Iwerks-Disney, ofreciéndole una propuesta de beneficio mutuo: si Carder le daba un espacio de su oficina a Iwerks-Disney sin costo alguno, él y Ub harían todo el arte publicitario de Carder de forma gratuita. Este hecho muestra que, cualquiera que sea tan hábil en el arte de vender a los 18 años, está destinado a llegar lejos.

En una ocasión, entrevisté a Virginia Davis, la actriz que primero interpretó el papel de Alice en *Alice Comedies*, una serie de dibujos animados y acción en vivo que Walt realizó cuando vivía en Kansas City. Ella recuerda:

Yo tenía cuatro años cuando fui a trabajar por primera vez con Walt. Él tenía veintiuno. Yo, simplemente, lo adoraba. Para mí, él era como mi tío favorito. Supongo que yo fui su primera estrella, la primera actriz contratada por Disney.

Walt era un gran vendedor. Tenía la habilidad de venderle cualquier cosa a cualquiera. Además, era un hombre muy honesto —honesto hasta el extremo—. Cuando daba su palabra, podías contar con ella. Era un vendedor que cumplía lo que prometía.

Recuerdo que convenció a mi madre de hacer parte del rodaje de *Alicia en el país de las maravillas* en nuestra casa, en Kansas City. Walt no tenía dinero para construir escenarios. De modo que trajo todas las luces y cámaras a nuestra casa para así filmar la escena en la que la madre de Alicia la arropa en su cama. Más tarde, después de que terminamos de filmar *Alicia en el país de las maravillas*, Walt volvió a convencerla para que me dejara ir a California con el fin de hacer unos capítulos de *Alice Comedies* en Hollywood.

Walt tenía éxito, porque era un gran vendedor. Vender es una profesión basada en el honor. De una forma u otra, yo también he sido vendedor a lo largo de mi vida adulta. He estado en el negocio de los deportes profesionales durante 57 años y comencé mi carrera como vendedor, ofreciendo espacios publicitarios en programas de béisbol de ligas menores. Toda la riqueza que ha sido generada en el mundo se puede rastrear hasta el momento preciso en que una persona le ha vendido algo a otra persona.

Un líder es, por definición, un vendedor. Si no estás vendiendo, no eres un líder. Como líder, lo primero que tienes que vender es tu visión. Necesitas comunicarles tu visión a las personas a las que lideras con tal entusiasmo, energía y vivacidad, que *tu* visión también se convierta en la visión de *ellas*. ¿Qué necesitas para ser un vendedor al estilo Walt? Necesitas estas cinco cualidades: honestidad, entusiasmo, confianza, coraje y perseverancia. Veamos cada uno de estos rasgos:

1. **Honestidad**. Virginia Davis comentó que Walt era "un hombre muy honesto —honesto hasta el extremo—. Cuando daba su palabra, podías contar con ella". Todos los grandes vendedores cultivan su reputación de ser honestos. Sí, todos conocemos el estereotipo de los vendedores de autos usados que hablan rápido, sin pausas y con frases inexactas, pero los grandes vendedores como Walt son personas íntegras. Para él, su nombre era su marca. Walt sabía que, si alguna vez hacía algo que manchara la marca Disney, nunca más conseguiría que el público volviera a confiar en él.

   Los grandes vendedores como Walt quieren hacer negocios una y otra vez. Él solía llevar a Disneylandia una vez por semana a su decorador, Emile Kuri. (Kuri diseñó el interior del apartamento de Walt en Fire House y los escenarios de películas como *20.000 leguas de viaje submarino* y *Mary Poppins*). Kuri contaba que él y Walt se sentaban en el pórtico de City Hall, cerca de la entrada principal de Disneylandia, y observaban a la gente que entraba al parque. De alguna manera, Walt lograba saber qué personas estaban visitando el parque por primera vez y cuáles eran visitantes habituales —y los clientes habituales siempre le encantaban—. "Míralos", le decía Walt a Kuri. "¡Ellos ya habían estado aquí! Mira sus caras, ¡ellos ya habían estado aquí!"[6].

La imagineer Harriet Burns recuerda: "Walt era un gran vendedor. Su mejor técnica de ventas era su incomparable honestidad. Yo lo vi en muchas situaciones en las que necesitábamos venderle algún proyecto a una corporación o a un patrocinador financiero. Cuando se trataba de una situación crucial, su equipo de trabajo le decía: 'Walt, tendrás que ir tú'. En otras palabras, Walt tendría que ir en persona y venderlo. Y él lo lograba todo el tiempo. No usaba charlas simplistas, ni métodos de venta llamativos. Simplemente, vendía sus ideas haciendo gala de su honestidad y sinceridad. La gente podía ver que él sentía lo que decía y decía lo que sentía. Por eso, confiaban en él y fue esa relación de confianza la que lo convirtió en un gran vendedor"[7].

2. **Entusiasmo.** Ollie Johnston y Frank Thomas me comentaron que, a mediados de la década de 1930, cuando Walt se estaba preparando para producir *Blanca Nieves*, aquella fue "con toda seguridad, la época más emocionante para Disney y sus animadores"[8]. El estudio estaba creciendo, explorando y experimentando. El arte de la animación estaba mejorando a pasos agigantados. Walt hizo que sus animadores estudiaran la línea del tiempo, la puesta en escena, el movimiento natural, la acción exagerada y los puntos cruciales de la historia, convirtiendo así los dibujos en personajes con personalidades creíbles.

Durante ese tiempo, Walt contrató a Don Graham, el mejor instructor de arte de Chouinard Art Institute, para que entrenara a sus artistas en lo referente a mejorar sus habilidades de dibujo. Pronto, Graham descubrió que lo que aquel grupo de artistas lograban no estaba siendo enseñado en ninguna escuela de arte del país, ni siquiera en la misma Chouinard. Así que Graham pasaba horas y horas investigando y aprendiendo por sí mismo sobre técnicas e ideas que pudiera compartir con los artistas de Disney. Johnston y Thomas concluyeron: "Don estuvo más tiempo estudiando que enseñando, procurando mantenerse a la altura del entusiasmo de Walt"[9].

En un perfil de Walt, escrito en 1953, el periodista de AP, Bob Thomas, comentó: "Hay un elemento que caracteriza a todas las películas que llevan la marca de Walt Disney: el entusiasmo. Pero eso no es difícil de explicar. Ese es el entusiasmo que proviene de Walt mismo"[10].

Una vez, entrevisté a la leyenda de Disney, Jack Lindquist, quien pasó casi cuatro décadas con Disney, incluidos cuatro años como Presidente de Disneylandia. Jack me contó una historia sobre el contagioso entusiasmo de Walt:

> En 1955, antes de la apertura de Disneylandia, Walt asistió a una reunión de la junta de Atlantic Richfield Company (ARCO), pues quería que esa empresa patrocinara la atracción Autopia, en Tomorrowland. Allí, Walt lanzó su propuesta. Tenía ilustraciones que mostraban estos pequeños coches por Autopia Highway, pasando junto a las vallas publicitarias de Atlantic Richfield. Y dijo: "Pondremos el nombre de ARCO en todas las vallas publicitarias de esta atracción". Con ese argumento, los puso a comer en la palma de su mano —el hombre realmente sabía vender.

> Walt terminó su presentación y alguien le preguntó: "¿Cuánto nos costará patrocinar esta atracción?".

Él le respondió: "$250.000 dólares — $25.000 por año durante 10 años" —. Podía verse a los miembros de la junta contagiarse de su entusiasmo. Aquello fue algo realmente emocionante.

Por último, le pidieron que saliera un momento, mientras ellos deliberaban. Al rato, volvieron a invitarlo a seguir y le dijeron: "Creemos que este proyecto es un buen negocio para nuestra empresa y hemos decidido patrocinarlo". Walt les dijo: "¿Sería posible que me dieran hoy mismo el primer cheque?". ¡Y maldita sea! ¡Fueron y le hicieron un cheque por $25.000 dólares en el acto! Después que Walt se fue, Leonard Firestone, uno de los miembros de la junta, le dijo al resto de los allí presentes: "Tengo una pregunta: ¿Qué fue lo que acabamos de comprar?".

El imagineer Sam McKim hizo una observación similar: "Walt era un gran vendedor y realmente sabía cómo venderles sus ideas y proyectos sobre el parque temático a los patrocinadores corporativos que contactaba. Los ejecutivos de esas grandes empresas quedaban fascinados con su personalidad y les encantaba estar cerca de él. Absorbían su entusiasmo y fue su patrocinio el que hizo posible la realización de Disneylandia".

3. **Confianza.** En 1923, después de la quiebra de Laugh-O-gram, su estudio, Walt no tenía nada a su nombre más que una maleta de cartón, $40 dólares en efectivo y el film de una película —el primer episodio inconcluso de *Alice Comedies*—. No tenía un lugar donde vivir, ni un negocio, ni empleo; durante semanas, había estado comiendo frijoles enlatados todos los días. Aun así, le escribió a la distribuidora de películas Margaret Winkler y lleno de

confianza le dijo que el primer capítulo de Alice estaría "terminado muy pronto" y que iría a Nueva York y le presentaría su plan para los futuros capítulos de Alice. ¿Estaba Walt engañándola? Por supuesto que no. Le estaba hablando con el optimismo y la confianza propios de un *súper* vendedor.

En 1928, después de que Charles B. Mintz se quedara con Oswald the Lucky Rabbit y con la mayoría de sus animadores (solo Ub Iwerks, Les Clark y Johnny Cannon permanecieron con él), Walt se sentía herido, enojado y, aun así, también estaba asombrosamente confiado. Desde Nueva York, le escribió a Roy: "Aunque la situación sea un poco descorazonadora, confío mucho en que esto nos saldrán bien"[11].

Más tarde, le envió un telegrama a Roy, diciéndole:

"VIAJO ESTA NOCHE, ME DETUVE EN KC. LLEGARÉ A CASA EL DOMINGO A LAS 7:30 DE LA MAÑANA. NO TE PREOCUPES. TODO ESTÁ BIEN, TE DARÉ MÁS DETALLES CUANDO LLEGUE".

La esposa de Walt, Lillian, comentó que Walt se comportó como "un león rugiente" en el tren de Nueva York a Los Ángeles. Estaba enojado, pero también se sentía optimista sobre el futuro y confiaba en sus capacidades para trazarse su propio rumbo. "Lo único que él decía una y otra vez era que, mientras viviera, nunca volvería a trabajar para nadie y que él mismo sería siempre su propio jefe"[12]. Los grandes vendedores —al igual que los grandes líderes— rebosan de confianza, incluso en momentos de adversidad. Además, los grandes líderes tienen confianza no solo en ellos mismos, sino también en las personas a las que ellos dirigen.

Si alguna vez has estado en el parque temático de Disney en Anaheim, Orlando o en cualquiera otro del mundo, sin duda, habrás admirado la estatua llamada "Partners", que representa a Walt de pie, estrechándose la mano con Mickey Mouse. La mano derecha de Walt señala hacia el horizonte, como si Walt estuviera diciendo: "¡Mira lo que logramos juntos, Mickey!". Esa estatua fue esculpida por Blaine Gibson, quien afirmó que Walt cambió su vida gracias a su confianza en el arte de vender.

"Walt tenía la capacidad de inspirarnos, convenciéndonos a nosotros de nosotros mismos", comentó Gibson. "Walt tenía más confianza en nosotros como artistas que la que nosotros teníamos en nosotros mismos. Hoy, soy escultor, pero solía ser animador y me encantaba. No quería dejar la animación para ir a trabajar a los parques temáticos. Pero Walt me veía como un escultor y me vendió esa idea. Me hizo creer que yo podría hacerlo. Él nos daba la confianza que necesitábamos para hacer cosas que nunca imaginamos que llegaríamos a hacer".

El animador Les Clark se unió al estudio de Disney en 1927 —fue el primero de "los nueve chicos de Disney", el círculo interno de sus nueve mejores animadores—. Clark fue el único artista, además de Ub Iwerks, que trabajó en los dibujos animados originales de Mickey Mouse. "Walt tenía confianza en las personas que trabajaban para él, porque le daba a su gente tareas que ni ellos mismos creían que podrían hacer", comentó Clark[13].

La confianza es una cualidad que te da la posibilidad de salir de tu zona de comodidad y afrontar desafíos difíciles. Además, te da la motivación que necesitas para seguir vendiendo tus ideas y productos incluso cuando los tiempos son duros. La confianza es una actitud que tú eliges, no un sentimiento, ni una emoción. Incluso cuando te sientes inseguro e incómodo en una situación, también puedes adoptar una actitud de confianza.

Nunca se ha logrado nada grandioso desde una zona de confort. Así que vende como Walt y lidera como Walt, con una actitud invencible de confianza.

4. **Coraje.** La confianza está íntimamente ligada al coraje. El coraje de un líder genera confianza en los que lo siguen. Cada gran logro en la vida de Walt —la creación de Mickey Mouse, la creación de *Blanca Nieves y los siete enanitos*, la creación de Disneylandia— comenzó con una decisión valiente.

    Harper Goff era diseñador de escenarios para Warner Bros cuando tuvo la oportunidad de conocer a Walt en Bassett-Lowke, Ltd., un almacén de venta de modelos de trenes, ubicado en Londres. Bassett-Lowke era una empresa que vendía locomotoras eléctricas y de vapor. Goff quería comprar un tren antiguo, pero el comerciante le dijo que ya estaba reservado para otro cliente que no demoraba en llegar. Cuando aquel cliente entró a la tienda, Goff lo reconoció en un instante, pues se trataba de Walt Disney. Esa noche, Walt y Goff hablaron durante una cena y Walt cayó en cuenta de que él había guardado recortes de las ilustraciones de Goff en *Esquire*.

    Así las cosas, Walt invitó a Goff a unirse a su organización. Goff se desempeñó como director de arte en algunas películas de Disney (diseñó el submarino Nautilus, de *20.000 leguas de viaje submarino*) y también diseñó gran parte de Main Street USA, en Disneylandia (donde a menudo tocaba el banjo en Firehouse Five Plus Two, con la banda de Ward Kimball's Dixieland). Goff le dijo una vez a un entrevistador que Walt "tenía el coraje de su convicción propia y que era el hombre más valiente que él conocía. Y que, debido al coraje y la confianza que tenía en sí mismo, Walt inspiraba confianza en las personas que lo rodeaban"[14].

Así como vender es esencial en el liderazgo, el coraje es la clave para vender. El mayor obstáculo que enfrentan los vendedores es el miedo al rechazo. Si tú vendes algo, ya sea tu visión o un producto, necesariamente, experimentarás rechazo. Walt tenía un pellejo duro en lo que respecta al rechazo y a la crítica. Él nunca complació a sus críticos, ni dejó jamás que el rechazo lo desanimara. Más bien, se mantenía enfocado, vendiendo su visión y haciendo sus sueños realidad.

Como observó Craig Hodgkins, el escritor e historiador de Disney: "Walt estaba completamente concentrado en su producto y en sus objetivos, no en sí mismo. No le preocupaba lo que la gente pensara él. Walt tenía cosas más importantes en las que pensar y por eso fue tan eficaz en vender sus sueños"[15].

5. **Perseverancia.** Durante casi cuatro décadas, Disneylandia fue la obsesión de Walt. Estaba en su mente en 1937, la noche en que se estrenó *Blanca Nieves y los siete enanitos*, en el Carthay Circle Theatre. Como parte de la promoción de la película, los artistas de Disney crearon un dio-

rama de tamaño natural llamado Dwarfland, en Wilshire Boulevard, a unos pocos pasos del teatro. Este presentaba una cabaña del tamaño de un enano, que los niños podían atravesar; había hongos de 1 m. de altura, pintados en diferentes colores; árboles espeluznantes con ramas deformes y ojos malvados; un molino de agua con una cascada y la mina de diamantes de los siete enanitos.

El animador Wilfred Jackson se paró junto a Walt, a medida que él inspeccionaba el diorama. "Algún día", dijo Walt, "quiero construir un parque de juegos para niños, un lugar con cabañas de fantasía como estas, todas, reducidas al tamaño de un niño".

En ese momento, Walt ya había estado soñando durante unos 20 años con construir tal lugar y pasarían 18 años más, antes de que Disneylandia abriera sus puertas para darle la bienvenida al mundo. Para lograr su visión, Walt tuvo que comunicar esa visión. Una y otra vez, a banqueros, a ejecutivos de la televisión, a patrocinadores, a imagineers, y sobre todo, a su propio hermano, Roy O. Disney. Walt pudo haber sido el mejor vendedor del mundo, pero Roy también le ofreció la resistencia de ventas más dura del mundo. Walt tuvo que presentarle a Roy una y otra vez su visión de Disneylandia. Si no hubiera sido por la perseverancia de Walt como vendedor y comunicador visionario, ninguno de los parques temáticos de Disney existiría hoy.

El biógrafo de Walt, el periodista Bob Thomas, me dijo: "Walt tuvo éxito, porque fue persistente y decidido. Él no dejó que el rechazo, ni la crítica lo detuvieran. Él no escuchó a los detractores que le dijeron que no se podía hacer

esto o aquello. Walt era el más obstinado de los obstina-
dos".

No es posible detener a los grandes vendedores. Ellos
están obsesionados con su visión e insisten sonriendo, intentando, vendiendo y perseverando. Ni siquiera escuchan
a sus detractores. Ignoran el rechazo y no le prestan atención. Ellos siguen vendiendo sus sueños hasta que estos se
conviertan en una realidad.

LAS HABILIDADES COMUNICATIVAS DE WALT

Walt le contó lo siguiente a Bob Thomas: "Me quedé perplejo
un día, cuando un niño me preguntó: '¿Tú eres el que dibuja
a Mickey Mouse?'. En ese momento, tuve que admitir que yo
ya no dibujaba. 'Entonces, ¿se te ocurren todas sus pilatunas y
sus chistes?'. 'No, yo tampoco hago eso'. Finalmente, el niño me
miró y me dijo: 'Sr. Disney, ¿qué es lo que hace usted, entonces?'.
'Bueno', le respondí, 'a veces, me considero una pequeña abeja.
Voy de una zona del estudio a otra y esparzo polen y motivo a
todo el mundo. Supongo que ese es el trabajo que yo hago'"[16].

Walt estaba describiendo cómo él lideraba, comunicándose.
Él tenía en su mente la visión completa de cada proyecto que
su estudio estuviera produciendo. Visitaba a los artistas encargados de producir las historias, a los encargados de construir
el escenario, a los animadores y a los directores musicales, y
esparcía su "polen" de ideas e inspiración por todo el estudio,
donde fuera que se necesitara. Walt fue un gran líder, porque
era un comunicador bastante hábil. Se comunicaba de forma
sencilla y directa y, cuando él hablaba, la gente lo escuchaba y
le respondía. Él persuadía, motivaba y animaba a los demás a
transformar su visión en una realidad.

El compositor de Disney Richard Sherman comentó: "Walt tenía una forma de comunicar que era, simplemente, mágica. Sencilla, pero mágica. Te desafiaba, diciendo: "Sé que tú puedes hacer esto". Te hacía creer que todo era posible. Lograba que te sintieras orgulloso de estar en su equipo. Veía el potencial en personas que nunca habían hecho nada grandioso. Mi hermano Robert y yo no habíamos alcanzado ningún logro espectacular en la industria de la música, pero Walt escuchó algunas de nuestras canciones y no solo nos dio la oportunidad de trabajar con él, sino que nos inspiró a seguir superándonos a nosotros mismos. Si Walt no hubiera estado ahí para inspirarnos, no sé dónde estuviéramos hoy".

¿Qué convirtió a Walt en un comunicador tan inspirador? "Que él siempre quería que encontraras algo maravilloso en ti mismo", comentó Richard. "Él quería que encontraras algo en qué creer —el regalo de Dios para ti. Dios te da su regalo y el resto depende de ti. Walt me enseñó que aquello que hagas con ese regalo es tu propio regalo para Dios".

Walt tenía la reputación de establecer altos estándares y de ser exigente. Sin embargo, los hermanos Sherman observaban que él era comprensivo y consistente. "Walt nunca te juzgaba", afirmó Richard. "Si fallabas, él, simplemente, te guiaba en una nueva dirección. En Disney, yo asistí a la escuela de posgrado más inspiradora del mundo. Allí, aprendí algo de Walt todos los días".

Comunicarnos implica mucho más que las palabras que decimos. Walt entendió que los seres humanos estamos diseñados para enviar y recibir mensajes a través del contacto visual, de expresiones faciales como las sonrisas, frunciendo el ceño, haciendo señas con el movimiento de las manos y con nuestra postura corporal. Él había estudiado a Charlie Chaplin, el actor de la era del cine mudo que comunica significado y sentimientos a través de su expresión facial, sus gestos y sus ojos. Es decir, Walt aprendió sobre comunicación no verbal a través de un maestro del arte. Es por eso que se comunicaba de manera tan eficaz, ya fuera ante los feligreses de una iglesia o en conversaciones individuales.

La actriz Margaret Kerry recordó que una de las grandes fortalezas de Walt como comunicador era su don para contar historias: "Cuando trabajé como modelo de referencia para Tinker Bell, en *Peter Pan*, observé que Walt tenía una capacidad especial de interpretar la historia completa él mismo. Por eso, sabía mostrarte cómo encajaba tu parte con las demás partes de la trama. Era un hecho que, cuando él estaba contándote una historia, sabía cómo captar toda tu atención".

Las habilidades de comunicación de Walt fueron especialmente importantes en su relación con los reporteros. Bob Thomas comentó que sus entrevistas con Walt durante las décadas de 1950 y 1960 seguían un parámetro bastante específico. "El procedimiento era siempre el mismo", escribió él. "El reportero se encontraba al mediodía con el encargado de las relaciones públicas de Disney y la cita era en la oficina en la que estaban todos sus galardones, la cual quedaba en el tercer piso, en el área de animación. Una secretaria le servía jugo de tomate a Walt y a su visitante y Walt comenzaba a hablar". (El "jugo de tomate" era probablemente V8, su jugo favorito).

No había escritorio en su oficina, solo una mesa baja, llena de informes y guiones. Las paredes estaban llenas de recuerdos, placas, premios y figuritas de cerámica de Mickey, Blanca Nieves, los enanitos y de otros personajes de Disney. En la pared opuesta a la mesa había dos cuadros enmarcados: uno era una ampliación de la lista de las películas más taquilleras de todos los tiempos, según *Variety*, con *Mary Poppins* en la posición #4 (después de *Lo que el viento se llevó*, *Ben-Hur* y *Los diez mandamientos*). El otro cuadro era de un mapa aéreo de Disneylandia, mostrando las adiciones que Walt estaba planeando hacer allí a futuro.

Walt solía hablar un rato sobre los proyectos que había planeado desarrollar durante los próximos cuatro o cinco años. Luego, decía: "Vamos a comer" e invitaba al reportero a caminar por Dopey Drive hasta llegar al comedor del estudio. "Por el camino", escribió Thomas, "saludaba a los empleados; prácticamente, todos lo llamaban 'Walt', pero esa informalidad jamás era confundida con exceso de confianza hacia él. Siempre había una distancia respetuosa entre los empleados y el jefe".

Ya en el comedor, Walt y su invitado se sentaban en la mesa de la esquina del Coral Room, el área ejecutiva del comedor. Walt siempre pedía comida ligera. "Por lo general, estaba a dieta para perder algunas libras", explicó Thomas. Luego, reanudaba la conversación. "Como muchos hombres de gran capacidad creativa", agregó el reportero, "Walt se sentía impaciente frente a la dinámica de las preguntas y respuestas propias de una entrevista de prensa. Entonces, tomaba una idea, la analizaba, la ampliaba y la explicaba al máximo posible".

Thomas se refirió a un momento durante una entrevista en el que Walt estaba describiendo las payasadas de Baloo, el oso de *El libro de la selva:* Recuerda que "Walt movía sus cejas e inflaba sus mejillas, imitando al oso; Walt era tan buen narrador en persona como lo era en la pantalla".

Durante más de 20 años de su relación con Walt, Bob Thomas tuvo muchas de esas reuniones con él a la hora del almuerzo.

Además, lo acompañó en varias ocasiones a Disneylandia. "Hablaba de cosas presentes y futuras y, a menudo, revivía eventos de su pasado. Walt se mostraba a sí mismo como un creador de fantasías; pero, trazaba muy bien la línea y no permitía invasión alguna en su vida personal"[17].

Walt y la televisión

Walt fue el primer magnate del cine en reconocer el poder y la influencia de la televisión. En mayo de 1939, unos días antes de que la caricatura de Disney, *Donald's Cousin Gus*, debutara en las salas de cine, Walt permitió que la estación de televisión NBC ubicada en Manhattan transmitiera la caricatura, pero solo de manera experimental y a algunos televisores alrededor de esa área. Ya en octubre de ese año, Walt le envió un memorando a Roy y al departamento legal del estudio, diciendo: "Todo lo que hagamos en el futuro debería incluir los derechos de televisión. Parece que hay un enorme potencial para transmitir por ese medio todos el material que ya hemos producido"[18].

"Walt tenía voz de profeta", afirmó el artista de cuentos de Disney, Joe Grant. "Recuerdo que la televisión estaba comenzando a entrar a los hogares y en algún momento le pregunté: 'Walt, ¿por qué no vamos a la televisión?'. Su respuesta fue: "Porque llegará el momento en que será la televisión la que venga a nosotros', y así fue. Él lo supo de antemano"[19].

Y la televisión vino a Walt. Todas las cadenas principales de la época querían que él produjera contenido para ellas. En 1950, Walt contrató a una empresa de investigación, C. J. LaRoche, para que realizara un estudio de riesgo/beneficio titulado: *Television for Walt Disney Productions*. Dicho informe estuvo listo en septiembre. Poco después, Disney Studio anunció que producíría un especial de Navidad para promover el lanzamiento de *Alicia en el país de las maravillas*.

El primer especial de Disney en TV, *One Hour in Wonderland*, se emitió en NBC a las 4:00 p.m., el día de Navidad de 1950, patrocinado por Coca-Cola. Junto con Walt, el show contó con el ventrílocuo Edgar Bergen, sus coestrellas de madera cuyos nombres eran Charlie McCarthy y Mortimer Snerd, la actriz Kathryn Beaumont (la voz de Alice) y las hijas de Walt, Diane y Sharon. Aunque solo había 10.5 millones de televisores en Estados Unidos en ese momento, el programa fue visto por 20 millones de espectadores. Al año siguiente, El segundo especial de Disney, *The Walt Disney Christmas Show*, fue transmitido por CBS a las 3:00 p.m. del día de Navidad[20].

Los shows navideños de Disney marcaron una transición importante para Disney Studios. Disney ya no era simplemente un estudio cinematográfico. Estaba en camino de convertirse en un imperio multimedia. Con el tiempo, Walt dijo: "En lugar de considerar a la televisión como un rival... pensé, 'Este medio podría servirme'. La televisión es un '¡Ábrete, Sésamo!' para muchas cosas. Si la uso como debe ser, no tendré que preocuparme por ir y convencer a los dueños de los teatros para que presenten mis películas... sino que le llegaré directamente a mi público"[21].

La serie de televisión *Disneyland* se estrenó en octubre de 1954, en ABC. Los episodios de *Davy Crockett* desataron una locura en todo el país, con ventas vertiginosas de las grabaciones a 45 RPM de "The Ballad of Davy Crockett" y de las gorras de piel de mapache al estilo Crockett. Además, el programa no solo vendía entradas de cine y todos esos artículos relacionados con la serie, sino que también les comunicaría un mensaje positivo a las generaciones venideras.

Walt le dijo a Bob Thomas:

> Una de las cosas que quiero hacer es crear un imagen que muestre el lado bueno de los jóvenes. Me siento muy molesto con todas estas películas que hacen sobre temas que relacionan a la juventud con la delincuencia. Esa de Marlon Brando y las motocicletas fue una muy mala idea (refiriéndose a *The Wild One*) y con *The Blackboard Jungle* estuve molestó durante tres días después de haberla visto. Para mí, esas películas son un error... Los chicos adquieren malas ideas cuando ven tales cosas en la pantalla.

> Además, no creo que estas películas muestren una imagen real de los jóvenes de hoy. Después de todo, yo sí creo que los jóvenes son buenos. Sí, hay algunos malos, pero siempre los ha habido. Recuerdo que, cuando yo era niño y vivía en Kansas City, un grupo de jóvenes se metía a robar a las casas y guardaba su botín en el sótano de una iglesia abandonada.

Walt también creía que era un error darles cantaleta a los jóvenes. "Yo no quiero hacer nada que se trate de insistirles a los chicos, repitiéndoles una y otra vez sobre cómo ser buenos", manifestó. "Por eso, pedí que sacáramos ese tipo de contenido de *Mickey Mouse Club,* excepto por cosas muy sutiles, como emplear 'palabras que los inviten a madurar'. De resto, ese estilo de regañar a los jóvenes no logrará mantenerlos alejados de los problemas. En cambio, si mantenemos sus mentes ocupadas, la ocupación sí les servirá".

"La mejor manera de mantener a la juventud alejada de problemas", dijo, "es inspirándola a que sienta fascinación por el mundo que la rodea". Walt produjo muchas películas documentales que fueron proyectadas en las escuelas públicas, como *Our Friend the Atom*, además de episodios relacionados con "hechos científicos", los cuales hacían parte de su serie de televisión *Disneyland* (*Man in Space* y *Mars and Beyond*).

"Creo que podemos hacer muchas más cosas como las que hemos hecho con el átomo y el espacio", decía Walt. "Me gustaría abordar un área de conocimiento como las matemáticas e intentar que estas se conviertan en un tema interesante para los jóvenes"[22]. (En 1959, Disney lanzó *Donald in Mathmagic Land*, una película educativa de media hora, ampliamente distribuida en las escuelas y nominada a un Academy Award).

Durante 13 temporadas, Walt mismo fue el anfitrión de la serie de televisión *Disneyland* (en 1958, el título fue cambiado por *Walt Disney Presents;* luego, pasó a llamarse *Walt Disney's Wonderful World of Color,* cuando el programa pasó de ABC a NBC, en 1961). Pronto, su personalidad cálida y afable lo hizo merecedor del apodo de "Tío Walt". Aunque al principio Walt se sentía inseguro en su papel de presentador de televisión, no tardó mucho en asumir ese papel —un papel en el que él encajaba a la perfección.

La mayoría de las presentaciones fue filmada en un set de Disney Studio, en Burbank. El set era una réplica de la oficina del tercer piso de Walt en el edificio de animación y se le veía a gusto y como en casa cuando estaba frente a las cámaras. Por lo general, filmaba varias presentaciones diarias para así cubrir distintos programas en un solo día (a veces, grababa hasta una docena o más en cuestión de tres días).

El primer productor de la serie *Disneyland,* Bill Walsh, recordó: "Cuando Walt comenzó a grabar cada semana, le gustó lo que hacía. Se le veía motivado y cómodo en su papel". Otro productor de la antología de la serie de Disney, Winston Hibler, dijo: "Durante los primeros días, Walt ayudaba a escribir su propio guion. Nunca le gustó que lo que dijera sonara forzado, ni tampoco demasiado formal. Decía: 'Me gusta hablar como habla la gente'"[23]. Esa era un detalle importante para él. La comunicación más efectiva es aquella que es simple, informal — sin oratoria, mediante una conversación animada y amistosa con el espectador.

A Walt también le gustaba usar trajes y accesorios que causaran impresión en su audiencia —y en los ejecutivos de las cadenas de televisión—. En la década de 1950, la programación de la televisión estaba dominada por series del Oeste, como *Wagon Train, El Llanero Solitario, Wyatt Earp* y *Gunsmoke,* de modo que los ejecutivos de ABC presionaban a Walt para que él también presentara ese tipo de contenido en *Disneyland* —pero Walt era un creador de tendencias, no un seguidor de ellas—. Solo produciría series del Oeste si lo dejaban hacerlas en sus propios términos.

Donn Tatum, un ejecutivo de ABC en la década de 1950 que luego se convirtió en Presidente de Walt Disney Productions, comentó al respecto: "Teníamos una reunión con Walt y él llegó con un traje de vaquero puesto y con dos pistolas amarradas a la cintura. Tiró las armas sobre la mesa y dijo: 'Está bien, ¿quieren contenido del Oeste? Pues, lo tendrán'. Acto seguido, procedió a contar la historia completa de John Slaughter, de Texas; luego, contó la historia de Elfego Baca, un sheriff autonombrado en el viejo Nuevo México. Las miradas de los ejecutivos de la cadena de televisión dejaban ver su molestia, así que Walt les dijo: "¡Presentaremos a los verdaderos héroes y al verdadero Oeste!'"[24]. Y cada vez que Walt presentaba esos shows como anfitrión de *Disneyland,* siempre llevaba puesto un traje de vaquero con todos y las armas.

Walt era un mago de la comunicación y su efecto en su audiencia era magia pura. El historiador de Disney Jim Korkis recuerda el impacto de Walt como comunicador: "Cada semana, cuando el locutor fuera de cámara, Dick Wesson, decía con su inconfundible voz: 'Y ahora, con ustedes, su anfitrión... Walt Disney, era como si Ali Babá hubiera pronunciado las palabras '¡Ábrete, Sésamo!' y la cueva de los tesoros resplandecientes se abriera de un momento a otro"[25].

¿Qué podemos aprender sobre el ejemplo de la habilidad comunicativa en el liderazgo de Walt? Estas son las lecciones que yo he aprendido:

1. **Conviértete en vendedor.** Para liderar como Walt, aprende a vender como Walt. Vende tu visión, tus ideas, tu confianza, tu liderazgo. Construye una reputación de integridad y confiabilidad, de modo que siempre sepas cómo venderles tus ideas a tus clientes y hacer negocios con ellos una y otra vez. Recuerda: si no vendes, no lideras.

2. **Conviértete en actor.** Para comunicarte como Walt, con poder y persuasión, conviértete en actor. Comunícate no solo con tus palabras, sino también con tus ojos, con tu rostro, con tus brazos, con todo tu cuerpo. Entra en acción, siente tu papel y créelo; luego, véndeselo a tus oyentes.

3. **Cuida tu integridad.** Cultiva una reputación de absoluta honestidad. Después, vende tu visión, vende tu organización y vende tu habilidad de liderazgo. Vende con entu-

siasmo, energía y convicción. Pero sobre todo, vende con integridad.

Cualquier vendedor ambulante puede hacerle una venta única a un cliente. Pero la clave para repetir negocios con un mismo cliente es la confianza construida sobre una base de integridad. Un gran vendedor hace menos promesas y entrega al máximo. Si tú eres reconocido por tu honestidad, siempre tendrás clientes leales y disfrutarás de tu éxito como vendedor.

4. **Comunica tu entusiasmo.** El entusiasmo es contagioso. El entusiasmo persuade. El entusiasmo motiva. Todos los grandes vendedores están llenos de entusiasmo por su producto. Todo buen líder rebosa de entusiasmo por su visión.

5. **Comunica tu optimismo.** Habla con las personas a las que diriges tanto en entornos masivos como una a una. Anímalas y diles que crees en ellas. Comunica confianza. Comunica coraje. Comunica la voluntad de perseverar frente a la crítica o a la adversidad.

¿Perdiste tu propio Oswald the Lucky Rabbit? No pierdas tu actitud positiva. Tienes lo que se necesita para pensar en construir tu propio Mickey Mouse, tu propia idea ganadora. Cuando Walt perdido a Oswald, le escribió a Roy: "Me siento muy confiado en que todo saldrá bien", y le envió aquel telegrama, diciéndole: "NO TE PREOCUPES, TODO ESTÁ BIEN".

Para liderar como Walt, comunícale tu optimismo a todos los que están a tu alrededor. Demuestra confianza en ti mismo y en tu gente. Inspira a tu equipo de trabajo con optimismo y una actitud positiva. Si comunicas coraje en tiempos de crisis, inspirarás lealtad y perseverancia en aquellos a quienes lideras.

6. **Conviértete en un narrador.** Las historias no solo captan la atención de los oyentes —también captan sus *emociones*—. Las historias instruyen y hacen que tu mensaje sea inolvidable. La gente terminará olvidando esos tres puntos que expusiste en tu brillante presentación, pero recordará tus historias y nunca olvidará las lecciones que estas les enseñaron. Por lo tanto, cuenta tus historias de la forma en que Walt contaba las suyas —vívidamente, con energía y expresión, con gestos y acción, con emoción y una mirada que comunicaba profundamente—. Haz lo que necesites para que tus historias cobren vida en la imaginación de tus oyentes.

Walt lideró comunicándose. Hizo *Blanca Nieves y los siete enanitos* al comunicarles su visión sobre ella a sus artistas. Construyó Disneylandia, comunicándoles a las distintas audiencias la visión que él tenía acerca de sus programas de televisión. ¿Cuál es tu visión? ¿Cómo vas a hacer para convertir tus sueños en realidad como lo hizo Walt? Lidera, comunicándote —luego, ve a construir tus propios castillos y reinos.

Walt y sus habilidades interpersonales

4

En 1920, WALT DISNEY, CON 19 AÑOS DE EDAD, aceptó un trabajo en Kansas City Film Ad Company. En su anterior empleo, Pesmen-Rubin Commercial Art Studio, no existía el sistema de marcar tarjeta de ingreso y salida de los trabajadores, así que Walt se sintió consternado al saber que su nuevo empleador le exigía que lo usara. El simple hecho de ver aquel reloj era un insulto a su dignidad de artista, de modo que Walt se negó a obedecer.

Durante sus primeros dos días de trabajo, Walt ignoró por completo su tarjeta de ingreso y salida. Al tercer día, el cronometrador de la empresa se le acercó y le preguntó: "¿Cuál es el gran problema que usted le ve a marcar su hora de entrada y salida?".

Walt le respondió que ese era un método deshumanizante y que se negaba a usarlo. Simplemente, llegaría a tiempo y se iría cuando terminara de hacer su trabajo, pero no marcaría sus horas de trabajo en un cronómetro.

Al oírlo, el cronometrador le advirtió que, si no quería quedar desempleado, sería mejor que marcara su tarjeta. Walt fue inflexible en su decisión y le respondió que, si no hacer eso le costaba su trabajo, aun así, se negaba a ser el esclavo de un cronómetro.

Así las cosas, el cronometrador esperó hasta el final de la primera semana de trabajo de Walt para llevarle al director de la empresa las tarjetas en blanco de Walt. Como era obvio, el jefe lo llamó a su oficina. Walt llegó, esperando ser despedido en el acto, pero se encontró con que el jefe estaba siendo sorprendentemente comprensivo con él.

"Walter, entiendo tu punto de vista", le dijo el hombre. "Pero lo que estás haciendo es malo para la ética de la empresa. ¿No entiendes eso?".

Ese llamado del jefe a la ética empresarial tuvo sentido para Walt. El cronometrador se había limitado a exigirle que se sometiera a las políticas de la compañía, lo cual hizo que él se sintiera degradado. Sin embargo, el jefe le había explicado la situación en términos de respeto por los sentimientos y el buen ejemplo hacia sus compañeros, así que Walt aceptó cumplir la norma[1].

Cuando Walt fundó sus propios estudios —primero en Kansas City; luego, en Kingswell Avenue, en Los Ángeles; luego, en Hyperion Street, y finalmente, en Burbank—, se negó rotundamente a instalar un sistema de reloj de esos. Él no les impondría a sus empleados una carga que él mismo odió cuando era un joven artista en Kansas City Film Ad Company. Lo que él quería era que el ambiente de sus estudios se sintiera como el de una familia, no como el de una fábrica.

El artista de cuentos Carl Barks tiene muy presente cómo era de amistosa y abierta la atmósfera en aquellos primeros días del estudio de Burbank. "Los estudios de Disney eran un lugar donde no había relojes", comentó. "Podíamos llegar a trabajar cuando quisiéramos. Si ibas a trabajar, hacías un buen trabajo y tenías algo que mostrar como resultado de tus esfuerzos, te pagaban bastante bien"[2].

Además de su política de no usar el sistema de reloj para marcar la entrada y la salida, Walt mantuvo una generosa política de licencia por enfermedad en el estudio Hyperion y también durante los primeros días en el estudio de Burbank. Cualquiera podía tomar tres días de enfermedad en una semana y recibir su sueldo completo sin que le hicieran ninguna clase de preguntas. Se otorgaban licencias por enfermedad pagadas más largas si había de por medio una certificación médica. Además, Walt cerraba el estudio durante dos semanas a finales de agosto o a principios de septiembre con el único fin de darle a todo el personal unas vacaciones remuneradas. Se publicó en un artículo del *Oakland Tribune* (del 14 de septiembre de 1932) que: "Ben Sharpsteen, quien trabajó como ilustrador en este periódico y luego como dibujante de Mickey Mouse, nos visitó la semana pasada, debido a que Walt Disney cerró el estudio durante dos semanas para darles vacaciones a todos sus colaboradores"[3].

Desafortunadamente, su política con respecto a trabajar sin necesidad de usar ese reloj, junto con otros generosos beneficios, quedó asfixiada en 1941, ante la amarga huelga de sus animadores. "Yo estaba en contra de esa huelga", recordó Carl Barks. "Tenía la sensación de que algo se estaba destruyendo...

y que aquellos vagabundos y quejosos de la organizaron eran quienes lo estaban consiguiendo. Disney era un hombre justo —por supuesto, podría haber sido más considerado y humano con sus empleados, pero esos fueron tiempos muy difíciles"[4].

El 11 de agosto de 1941, a medida que la huelga se prolongaba, Walt, Lillian y 15 empleados de Disney viajaron por toda Latinoamérica durante tres meses, en una gira de buena voluntad estadounidense. En su ausencia, Roy y el asesor legal, Gunther Lessing, se ocuparon de todas las cuestiones sindicales y federales. Cuando la huelga terminó oficialmente y los animadores volvieron a trabajar a mediados de septiembre, descubrieron que el estudio había instalado relojes que marcarían sus horas de entrada y salida[5].

Cuando Walt regresó de América Latina, permitió que aquellos relojes permanecieran allí —aquel fue un símbolo tangible de la confianza rota entre Walt y su personal—. La huelga había alejado a Walt de sus animadores, así que no le veía sentido al hecho de tratar a ninguno de sus colaboradores como una familia si ellos iban a tratarlo como a un enemigo.

Walt siempre había pensado en su estudio como en una comunidad creativa, casi como en una familia. Con un sentido de orgullo paterno y cariño, solía llamar "mis chicos" a sus artistas. Desde sus primeros años como jefe de Disney Studio, él había intentado crear un entorno que fuera divertido, relajado y considerado frente a las necesidades de sus empleados.

Innegablemente, esa huelga fue un triste punto de inflexión en su carrera de liderazgo.

Conoce a las personas como individuos

El imagineer Rolly Crump, que se unió al estudio en 1952, manifestó que Walt conectaba de manera diferente con cada persona en el estudio. Él hacía el esfuerzo por conocer a cada uno como individuo y, al conocerlos tan bien a todos, sabía cómo motivarlos a alcanzar logros de alturas nunca soñadas. Rolly concluyó:

> "Walt sabía cómo llegar a tu interior y sacar a la superficie una parte de ti que ni siquiera tú sabías que existía. Él sacaba lo mejor de quienes había a su alrededor.
>
> Walt sacó a relucir lo mejor de mí"[6].

En octubre de 2018, mi amiga Peggy Matthews Rose asistió a un evento en el cual el diseñador de vehículos principal de Walt, Bob Gurr, habló sobre la capacidad de Walt para sacar a relucir lo mejor de las personas —incluyendo al amigo de Bob, el increíblemente creativo imagineer Rolly Crump—. Peggy compartió conmigo algunas de las ideas de Bob Gurr.

Me dijo que, cuando alguien en la audiencia le preguntó a Bob qué necesita Disneylandia más al día de hoy, Bob respondió: "Necesita más polvo del duendes que Rolly Crump sabía poner justo debajo de las narices de Walt". Bob señaló que Walt solía ser severo con aquellos que él consideraba que necesitaban enfocarse, pero con Rolly era un caso especial.

"Walt toleraba a Rolly", comentó Bob. Rolly Crump no era un "hombre que le decía sí a todo" y Walt parecía apreciar ese estilo franco y directo en él. "Rolly siempre tenía su propia opinión", agregó Bob, "y bien fuera que se la pidieras o no, de todos modos, él te decía lo que opinaba. Y su opinión no necesariamente era para que todos la supiéramos, pero todos sabíamos que, si Rolly decía: 'Eso está bien', era porque eso estaba bien. Me gustaría ver más de ese tipo de honestidad y más creaciones tan encantadoras y parecidas a las de un duende como las que Rolly hizo para Enchanted Tiki Room".

Bob anotó que Disneylandia opera hoy con el modelo convencional de gestión empresarial que va de los altos mandos hacia abajo, con un director ejecutivo en la parte superior del organigrama y luego siguen los demás niveles de cargos. Y cada vez que un líder empresarial quiere saber por qué algo no funciona en un nivel inferior, envía un memo o un correo electrónico a través de la cadena de mando hasta que, semanas o meses después, le llega una respuesta y él dice algo así como: "Esto no está bien. Esto no era lo que yo quería". Acto seguido, vuelve a enviar otro memo o correo electrónico y así sigue y sigue este proceso de comunicación de nunca acabar.

No era así como Walt hacía las cosas. Al respecto, opina Gurr: "Walt se levantaba de su silla, salía de su oficina y andaba, particularmente, por todas las tiendas —la tienda de modelos, la tienda de máquinas en el estudio—. Si había algo que él quería ver, si quería asegurarse de que un proyecto estuviera funcionando bien, iba él mismo y lo veía en persona".

Gurr recuerda que Walt tenía una forma especial de transmitir sus deseos y de dar una orden sin necesidad de reprimir la creatividad de ningún empleado. Por ejemplo, Walt no diría: "¡Eso está mal, eso no fue lo que te dije que hicieras!". Más bien, miraba el trabajo de cada persona y le decía: "Tengo otra idea que creo que podría funcionar bien. ¿Podrías pensar un poco en ella?".

"Adivina qué estaba haciendo Walt con esa actitud", prosiguió Gurr. "En otras palabras, él te había contratado para mejorar algo en ti que no era de muy buena calidad; sin embargo, ¡nunca te decía que lo que hacías no servía! ¡Piense en eso! Te contrataba, sabía que eras una persona creativa y luego él se aseguraba de que te sintieras libre de crear sin guardar resentimiento alguno ante sus observaciones. Walt no pretendía intimidarte, ni asustarte de tal modo que sintieras miedo de hablarle cuando él estuviera a tu alrededor. Nunca te daba una orden. Siempre te hacía preguntas y, después de escucharte, te dejaba en libertad de usar tu propia creatividad".

Gurr recuerda: "Walt se me acercaba y me decía: 'Bobby, estamos empezando algo y me gustaría que comenzaras a trabajar en eso de inmediato'. Luego, se marchaba y me dejaba empezar. Una semana después, venía y me decía: 'Sí, eso está interesante, pero, ¿y si...?'. Y así, me sugería esto nuevo que él quería que yo le agregara a lo que estaba haciendo. Esa era su arma secreta: que nunca era intimidante. Siempre estaba haciéndote preguntas que detonaban tu creatividad. Y cuando tienes un tipo creativo como Rolly Crump, que estaba listo para surgir con una idea o con un boceto en cualquier momento, el enfoque de Walt realmente se disparaba. Por eso, tenemos Tili Room y 'it's a small world'"[7].

Earl Williams, miembro del equipo durante mucho tiempo, comenzó a trabajar en Disneylandia en 1964. Uno de sus primeros trabajos fue hacer el mantenimiento de Jungle Cruise y su trabajo incluía sacar las hojas que caían en el agua del río. Una noche, estaba trabajando en los botes de Jungle Cruise, cuando vio a Walt cruzando la pasarela que había detrás de Carnation Café, rumbo hacia su apartamento de Fire House. Esa fue la primera vez que Earl vio a Walt en persona.

"Buenas noches, Sr. Disney", le dijo Earl.

Walt se acercó a él y le preguntó su nombre.

"Soy Earl".

"Hola, Earl. Ya sabes, por aquí, todos somos familia y nos llamamos unos a otros por nuestro nombre. Y mi nombre es Walt. Así que, la próxima vez que me veas, solo di, 'Hola, Walt'".

Tres días después, Earl volvió a bajar a los botes de Jungle Cruise y vio a Walt nuevamente de camino a su apartamento. Y esta vez, le dijo: "¡Hola, Walt!".

Y Walt le respondió: "¡Hola, Earl!".

Al recordar ese encuentro, Earl Williams dice: "Nunca lo he olvidado". Earl continuó trabajando en Disneylandia durante 40 años más[8].

Conocer a su gente por su nombre y tratar a todos y cada uno de los miembros de su equipo como individuos es una de las habilidades más importantes de un líder. Cualquiera tiene la capacidad de aprender a desarrollar sus habilidades interpersonales —y todo líder debe poseerlas.

El café durante la conversación

A Walt le encantaba el café. Su esposa Lillian contó en una ocasión: "Walt comía de manera muy sencilla. El almuerzo solía consistir solo en un sándwich, leche y café. Siempre quería que el café hiciera parte de su almuerzo"[9]. Para él, el café era la bebida que hacía parte de toda conversación. Una taza de café humeante siempre marcaba la pauta para que la conversación fuera relajada. Una de las formas en que Walt demostró sus habilidades interpersonales, y que le sirvió para conocer a sus empleados, fue compartiendo con ellos una buena taza de café.

El ingeniero de sonido de Disney, Gary Carlson, se refirió al respecto: "Un día, bien avanzado el año 1965, yo estaba trabajando en mi oficina y Walt llamó a la puerta. Llevaba dos tazas de café, así que me ofreció una y se sentó a conversar conmigo. Pasamos las siguientes dos horas y media hablando. Me contó de su vida y me preguntó por la mía. Hablamos de todo tipo de cosas. Ojalá hubiera tenido una grabadora. Walt era una persona cálida, amistosa y normal. Por supuesto, siempre sabías que él era el jefe, pero no era un tipo imponente e intimidante. Más bien, era muy accesible".

Dick May fue un veterano de la Segunda Guerra Mundial y también fue profesor y consejero en las escuelas públicas de Anaheim. A partir de 1956, también trabajó a tiempo parcial como miembro del equipo de trabajo de Disneylandia. May les contó a David Koenig y a Craig Hodgkins que, cuando Walt pasaba la noche en su apartamento de Fire House, solía preparar café y luego pasear por Main Street, llevando consigo una cafetera y vasos desechables. Algunas veces, iba vestido con su bata de baño y sus pantuflas. Entonces, se dedicaba a conversar con los empleados encargados de la limpieza en el turno de noche, les hacía preguntas, los motivaba, les daba ánimo y además les contaba sobre los planes que tenía con respecto al parque[10].

Renie Bardeau, el jefe de fotografía de Disneyland durante mucho tiempo, tenía una historia favorita sobre Walt que, una vez más, estaba relacionada con el café. Cuenta él que, un sábado por la mañana, casi media hora antes de la apertura de Disneylandia, se encontraba sentado en una mesa del patio de Hills Brothers Coffee Garden (que se convirtió en Town Square

Café en 1976 y cerró en 1992). Disfrutaba de una taza de café y del periódico de la mañana cuando Walt entró y se sentó junto con él.

Al rato, una camarera vino a atenderlos, reconoció a Walt y se puso tan nerviosa que su voz le salía temblorosa y sus manos también le temblaban. "¿Hay algo en que pueda servirle, Sr. Disney?", le dijo ella.

Walt trató de calmar su nerviosismo. "Llámame Walt", le dijo en un tono suave. "Hay solo dos 'señores' en Disneylandia y son el Sr. Lincoln y el Sr. Toad". La camarera, aun visiblemente nerviosa, le llevó una taza de café y Walt se sentó y habló con Bardeau sobre Disneylandia, queriendo conocer su opinión sobre varios asuntos. Cuando llegó el momento de abrir las puertas del parque al público, Walt se disculpó y desapareció al instante.

"Era muy fácil hablar con él", afirmó Bardeau, refiriéndose a Walt. "Él amaba Disneylandia y le encantaba hablar contigo sobre ella y preguntarte qué pensabas al respecto"[11].

Una de sus mayores habilidades con las personas era su capacidad para involucrarlas en la conversación, su habilidad para sacar a flote sus ideas, opiniones y reacciones. Desde sus inicios al frente de Disney Brothers Studio hasta el final de su vida, Walt cultivó la cultura de la informalidad. Siempre insistió en que la gente lo llamara Walt y corregía a cualquiera que lo llamara "Sr. Disney" o "señor". Walt entendió que las conversaciones suelen ser más sinceras en medio de un ambiente relajado e informal.

Y nada promueve una conversación relajada como una taza de café bien caliente.

Walt y sus fans

Un domingo por la mañana, al final de la década de 1950, Walt caminaba por Frontierland con Herb Ryman, el artista que dibujó el primer mapa de Disneylandia. Mientras caminaban, Walt le describió sus planes acerca de un nuevo espacio de carácter temático que sería tallado en Frontierland —un lugar al que Walt llamó New Orleans Square—. Esa mañana, la asistencia al parque fue poca, así que Walt pudo pasear por Frontierland sin que lo acosaran.

A medida que Walt iba señalando aquí y allá, describiendo su visión de New Orleans Square, Ryman notó que se les acercaron cuatro mujeres. Uno de ellas tocó el hombro de Walt y le dijo con voz temerosa: "Discúlpeme, pero usted es Walt Disney".

Ryman esperaba que Walt se molestara. En cambio, Walt sonrió cálidamente, estrechando la mano de cada dama. "¿Cómo estás?", les dijo como si él las conociera de toda la vida.

La dama que se dirigió a él se sonrojó y le dijo: "Bueno, usted no me conoce".

"Pues, ahora sí".

Luego, ella le preguntó si les autografiaría sus libros.

"Estaría encantado". Walt le autografió a cada dama su libro y ellas se despidieron completamente encantadas. Por su parte, él se había asegurado de que este evento sería tema de conversación del cual ellas comentarían durante años[12].

Por esa misma época —finales de la década de 1950—, Dick May trabajaba en la taquilla de Casey Jr. Circus Train. En una ocasión, una mujer que estaba en la fila se acercó a la ventanilla y le preguntó:

"¿El Sr. Disney viene por aquí alguna vez?".

Antes de que May pudiera responder, Walt se paró detrás de ella y le dijo: "Sí". Como era su costumbre, él también había estado esperando en la fila, escuchando y observando al mismo tiempo que pasaba desapercibido. La mujer había estado parada al lado de Walt sin darse cuenta. Entonces, Walt procedió a preguntarle sobre su opinión acerca de su parque.

En otra ocasión, Dick May estaba probando el nuevo y mejorado Skyway entre Fantasyland y Tomorrowland. Walt se acercó y le preguntó cómo le parecían las nuevas cabinas de Skyway con respecto a las antiguas.

May le respondió que la nueva versión era mucho mejor y que la línea de espera que hacía la gente ahora se movía más rápido. Walt se alegró de escucharlo. "Fue por esa razón que invertí ese dinero extra", afirmó —luego, se fue.

"La mayoría de las veces", recordó May, "Walt caminaba solo por el parque, sin necesidad de seguridad, ni de que alguien estuviera con él, cuidándolo; paseaba con las manos en los bolsillos y el ala de su sombrero hacia abajo. Esa era su forma de tener una idea de cómo estaba reaccionando la gente a su parque y de descubrir qué más podría hacer para mejorar el espectáculo".

Los miembros del equipo que trabajaban en Main Street siempre se enteraban primero que todos de su presencia en el parque. De camino a Main Street, tenían que pasar por la parte trasera de Fire House. Si Walt estaba allí, su enorme Lincoln gris estaría estacionado en la parte de atrás, cerca de las escaleras de la casa.

Dick May afirma que Walt solía ser muy paciente y caritativo, incluso cuando sus invitados eran groseros. Un día, May estaba en Tom Sawyer Island, revisando las balsas de esa área. Entonces, vio a Walt caminando por la isla, realizando una de sus giras de inspección. De repente, un hombre lo reconoció y lo agarró bruscamente del brazo, arrastrándolo hacia donde su esposa y su niño lo esperaban. "Walt", le dijo el hombre, "quiero que mi hijo te conozca".

Ignorando el maltrato que acababa de recibir de su invitado, Walt se arrodilló frente al niño y lo trató con gran gentileza. Le preguntó su nombre, de dónde venía, cuál había sido su atracción favorita y esto y lo otro. Las habilidades de Walt con las personas, sobre todo, para relacionarse con sus invitados, eran sin par. Walt convirtió un momento potencialmente tenso en un día inolvidable en Disneylandia[13].

Bob Gurr trabajó con Walt durante 12 años, diseñando los carros de las atracciones de Disneylandia. Para él, Walt era "tan abierto y tan normal como cualquier otra persona con la que te hayas cruzado". Así que le parecía fascinante estar con Walt cuando los ejecutivos corporativos lo conocían, se sorprendían y se ponían nerviosos de estar frente a él.

Gurr recordó una reunión de negocios a la que él asistió con Walt y otros ejecutivos de Disney en la sede de Westinghouse Electric Corporation, en Pittsburgh. Después de la reunión, hubo una fiesta en un bar y el CEO de Westinghouse, Don Burnham, estaba hablando con Walt y, se veía tan nervioso en presencia de él, que le temblaba su labio inferior. Fue entonces cuando Gurr comprendió que la gente en el mundo, incluidos los ejecutivos de alto poder, veía a Walt de manera diferente a él. Para ellos, Walt era una leyenda viviente, el creador de Mickey Mouse, Blanca Nieves y Disneylandia.

A partir de entonces, Bob Gurr les prestó mucha atención a las habilidades interpersonales. Walt solía bajarse del pedestal en el que la gente lo colocaba. "Para que Walt llegara a tener una conversación con alguien", según Gurr, "tenía que sentirse al mismo nivel de su interlocutor". A veces, yo veía que, deliberadamente, él se aflojaba la corbata y se la dejaba ligeramente torcida. En otras ocasiones, si estábamos en algún lugar y él decidía ponerse un pequeño sombrero de aspecto un tanto ridículo, entonces, simplemente, lo sacaba de su bolsillo, lo desdoblaba, se lo lanzaba a la cabeza y ni siquiera se tomaba el trabajo de acomodárselo. Mejor dicho, como le cayera, así se lo dejaba"[14]. ¿Por qué? Porque Walt estaba enviando un mensaje subliminal: *"No te pongas nervioso cuando estás frente a mí. Yo tan solo soy un tipo normal".*

Muchos famosos se deleitan ante las manifestaciones de adoración de sus fanáticos y cuando ellos los tratan como si fueran héroes. Walt nunca quiso ese tipo de adoración. Él prefería conversar con la gente, acortar la distancia que hubiera entre él y otras personas. Así que inventaba estrategias para hacerse más accesible.

La habilidad interpersonal para detectar el talento

Salvador "Tutti" Camarata fue compositor, arreglista y productor discográfico. Estudió música en Juilliard y tocó la trompeta con las bandas de Jimmy y Tommy Dorsey y Benny Goodman. También produjo grabaciones clásicas para London

Records. En 1956, Walt lo contrató para que conformara Disneyland Records y fuera el director musical de ese sello (ahora, llamado Walt Disney Records). Él me dijo: "Cuando Walt hablaba contigo, te desafiaba y te inspiraba. No te daba instrucciones detalladas. Más bien, simplemente, te indicaba la dirección en la que él quería que fueras y luego dejaba el resto en tus manos. Te ayudaba a empezar el proceso creativo y te inspiraba confianza. Como resultado, lograbas mucho más de lo que pensabas que eras capaz de lograr".

En 1950, cuando la televisión estaba en su etapa inicial, Walt decidió producir un especial de televisión de Navidad para NBC, así que contactó a Bill Walsh, el guionista encargado de los cómics de Mickey Mouse en los periódicos, para que él escribiera y produjera el show. Walsh protestó, diciéndole: "¡Yo no tengo ninguna experiencia en el mundo de la televisión!". Walt le respondió: "Acaso, ¿quién la tiene?"[15].

El primer programa de Walsh como guionista y productor de televisión fue un gran éxito. Al año siguiente, produjo el segundo especial de *The Walt Disney Christmas Show*, el programa navideño de Walt Disney que se transmitió por CBS —otro de sus grandes éxitos—. De la noche a la mañana, Bill Walsh se convirtió en productor de televisión y continuó produciendo la serie de televisión *Disneyland*, que se estrenó en ABC el miércoles 27 de octubre de 1954.

Después de que esta serie estuvo en funcionamiento, Walt se acercó una vez más a Bill Walsh y le dijo: "Te sacaré del programa de televisión semanal y te pondré en un nuevo programa. Se llamará *The Mickey Mouse Club* y será un programa de una hora, cinco días a la semana"[16].

Walsh gruñó. Walt acababa de multiplicar su ritmo de trabajo por cinco. Aun así, tuvo éxito como productor de la nueva serie y pronto se graduó para escribir y producir una serie de exitosos largometrajes de acción en vivo de Disney, incluyendo *The Absent-Minded Professor, Son of Flubber, The Misadventures of Merlin Jones, That Darn Cat!,* y *Mary Poppins* (que le valió a Walsh dos nominaciones al Oscar en las categorías de mejor película y mejor guion).

X Atencio fue uno de los talentos más asombrosos descubiertos por Walt. Su nombre de pila era Francis Xavier Atencio. En 1938, X comenzó su carrera en Disney, contratado como aprendiz de animador. Pasó casi tres décadas ejerciendo esa función y su trabajo llegó a ser tan magnífico que aparece en clásicos de Disney como *Pinocho* y *Dumbo.*

"Fui animador todos esos años", comentó X. "Un día, Walt me dijo: 'X, ya es hora de que avances'. Entonces, me envió a WED Enterprises, donde estaban construyendo las atracciones que harían parte de Disneylandia. Cuando llegué allí, dije: 'Walt me envió. ¿Qué tengo que hacer?'. Y nadie tenía ni la menor idea de lo que se suponía que yo debía hacer allí. Walt no se lo había explicado a nadie, así que estuve allí unos días sin ningún trabajo exacto que hacer.

X continuó contándome: "Finalmente, Walt me llamó y me dijo: 'X, quiero que escribas el guion que servirá para la atracción de Piratas del Caribe. Piensa en escenas con piratas y gente del pueblo y en cosas así por el estilo. Quiero que tú escribas esos diálogos'. De inmediato, comencé a preguntarme si Walt estaría hablando con el tipo adecuado para hacer eso. Yo nunca antes había escrito alguna cosa, pero Walt me dijo: 'Yo sé que tú tienes todo lo que se necesita para hacer esto'. Fue así como me convertí en escritor".

X se puso a trabajar, haciendo algo que nunca antes había hecho. Produjo un guion y se lo mostró a Walt. "Eso está bueno", le dijo Walt. "Continúa".

"Creo que deberíamos componer una canción que suene durante toda la atracción", le propuso X. "Algo como esto". Acto seguido, X cantó algunos compases de "Yo Ho, Yo Ho, a Pirate's Life for Me".

"¡Oh, esto está muy bueno!", le respondió Walt, y agregó que, si necesitaba alguna ayuda musical, George Bruns, el compositor de Disney, le ayudaría.

Piratas del Caribe abrió sus puertas al público en 1967 y se convirtió instantáneamente en uno de las atracciones más populares de Disneylandia, en gran parte, debido al guion y a la canción original de X, quien pasó a escribir el guion y las canciones para Disneyland's Haunted Mansion, que se inauguró en 1969. Más de 50 años después, estas siguen siendo dos de las atracciones más populares de Disneylandia —prueba tangible de que Walt sabía lo que estaba haciendo cuando convirtió a un animador llamado X en guionista y compositor.

El 14 de agosto de 1954, apareció un artículo en la página de TV-Radio de *Los Angeles Times*, titulado: "Desconocido obtiene papel de Disney en una serie para la televisión. Decía:

> Fess Parker, un actor relativamente desconocido, fue contratado ayer por Walt Disney para hacer el papel principal de Davy Crockett en la trilogía de estilo folklórico que se lanzará el 27 de octubre en el programa de televisión *Disneyland*.

Uno de los aspectos que hizo que Parker fuera elegido es su sorprendente semejanza física con los auténticos primeros patriotas: mide 6 pies y 5 pulgadas de alto, pesa 210 libras, tiene ojos verdes, cabello castaño y habla con auténtico acento folklórico bastante natural[17].

El humilde y modesto Fess Parker le dijo a un entrevistador en 1955: "Creo que soy la persona más afortunada del negocio del entretenimiento". Fess Parker nació en Fort Worth y sirvió en la Marina durante la Segunda Guerra Mundial. Después de la guerra, reanudó sus estudios. Estaba en el campus de la Universidad de Texas, en Austin, cuando el actor Adolphe Menjou vino a narrar una obra de Sergei Prokofiev titulada *Peter and the Wolf*. Menjou vio a Parker y le dijo que debería intentar actuar. Parker nunca había pensado en el mundo del espectáculo, pero Menjou lo persuadió de que lo intentara.

Parker llegó a Hollywood en 1949 y se inscribió en una clase de teatro en la Universidad del Sur de California. Allí, fue seleccionado para interpretar un breve papel en una producción teatral de Joshua Logan conocida como *Mister Roberts*. A veces, Parker hacía autostop entre Los Ángeles y San Francisco, de modo que, en una ocasión, lo recogió el director de cine Walter Huston. Aquella conversación con Huston aumentó en él su pasión por la actuación.

Sin embargo, ya en Hollywood, se encontró con un sólido muro de rechazos. En algunas agencias le dijeron que él no tenía lo que se necesitaba para ser un buen actor. Natasha Lytess, la entrenadora de actuación de Marilyn Monroe, lo rechazó, llamándolo "prácticamente, inservible como actor". Obtuvo papeles muy cortos en algunas películas, incluida *Them!*, una película de ciencia ficción sobre unas hormigas mutantes gigantes, realizada de un momento a otro en 1954. Walt la vio durante el proceso de búsqueda de su estrella principal, James Arness, para que hiciera el papel de Crockett. Pero al ver la breve aparición de Fess Parker en el papel del piloto del avión que vio las hormigas gigantes en el cielo, Walt supo que había encontrado a su "King of the Wild Frontier"[18].

En una ocasión, entrevisté a Fess Parker y me dijo: "Walt me vio haciendo un papel que era tan corto que, si apartabas la mirada para ponerle crema a tu café, no me verías ni por un solo segundo. Entonces, Walt preguntó: '¿Quién es ese chico?'. Nadie sabía. Así que Tom Blackburn, uno de sus productores, contactó a Warner Brothers y consiguió mi nombre. Fue así como me llamaron al estudio para hacerme una entrevista".

Fess Parker tenía 29 años cuando Walt Disney lo citó en el estudio de Burbank y le hizo una prueba para ver cómo le iba en aquel papel. "Traje conmigo mi pequeña guitarra, aunque no era muy buen cantante. Después de que Walt y yo hablamos un rato, él me dijo: '¿Por qué no tocas una corta melodía?'. Yo había escrito una canción llamada 'Lonely', sobre un chico que había roto con su novia e iba viajando en un tren. Yo hacía el sonido del silbato de un tren en la canción. Más tarde, descubrí que la otra pasión en la vida de Walt eran los trenes. Supongo que aquel detalle del silbato aumentó mis posibilidades de que me eligieran para ese papel".

Fess prosiguió su relato: "Walt me vio, me sacó del anonimato y me abrió la puerta al mundo. Recuerdo que él estaba inmensamente feliz con su éxito de *Davy Crockett*, pero no más feliz que yo. Siempre estaré agradecido con Walt. Él me dio algo en la vida que nadie más podría haberme dado".

COLECCIONISTA DE PERSONAS
y CONSTRUCTOR DE EQUIPOS

Cuando Walt estaba planeando Disneylandia y visitando parques de diversiones conoció a George Whitney Jr., cuyo padre era copropietario de San Francisco Playland on the Beach. Walt lo contrató para que le ayudara a construir Disneylandia. Whitney era el empleado de Disneylandia #7 y se desempeñó como director de operaciones de transporte desde 1954 hasta 1958. A él se le atribuye la cartografía de los lugares más acertados tanto de entrada como de salida para mejorar la fluidez del tráfico en Disneylandia. Cuando su padre murió, en 1958, Whitney regresó a San Francisco para administrar Playland on the Beach. Sin embargo, sus primeras contribuciones a Disneylandia no quedaron en el olvido. Su nombre está puesto en una ventana sobre Market House, en Main Street.

El primer diseñador de los carros de Disneyland, Bob Gurr, llamaba a Walt "un coleccionista de personas". Walt tenía la capacidad de reconocer y desbloquear el potencial oculto en las personas. Pero ¿cómo lo hacía? ¿Cómo supo que el escritor de la tira cómica de Mickey Mouse podría convertirse en productor de televisión? ¿Cómo hizo para detectar que un animador llamado X sería capaz de escribir guiones y canciones? ¿Cómo descubrió Walt que un sencillo actor de una película de hormigas gigantes se convertiría en una estrella?

Algunos han dicho que la capacidad de Walt para detectar talentos era un "don" o una "habilidad". Yo estoy en desacuerdo con esa afirmación. Creo que esa fue una habilidad que Walt desarrolló de manera consciente. No podemos adquirir una "habilidad" de un momento a otro, pero lo que sí podemos hacer es desarrollarla. ¿Qué hizo Walt de manera diferente a otros líderes para llegar a convertirse en un juez de talento tan efectivo?

Permíteme sugerir cuatro enfoques que Walt usó para detectar talentos ocultos en su organización:

1. **Walt se negaba a encasillar a la gente.** Él no creía que la gente se definía por el tipo de trabajo que realizara. Estaba convencido de que alguien que fuera creativo en su labor de animación también sería creativo como narrador, como músico, escultor o imagineer.

    Cuando Walt decidió hacer de *Mary Poppins* un musical, decidió poner la música en primer lugar, dejando el proyecto en manos de Richard Sherman y Robert Sherman, sus compositores de cabecera. Les dio una copia del libro original de P. L. Travers y les dijo que encontraran allí una historia que fuera filmable. Los hermanos Sherman leyeron el libro y fueron marcando con un círculo en la tabla de contenido los seis de los 12 capítulos del libro que más les gustaron. Cuando se los mostraron a Walt, él abrió su propia copia del libro y resultó que él también había marcado esos mismos seis capítulos.

    Después, Walt unió a los hermanos Sherman con el animador de cuentos Don DaGradi. El resultado fue una obra maestra de sinergia. La música de los hermanos Sherman inspiró a DaGradi a medida que él iba creando los guiones gráficos y estos a su vez inspiraron la creatividad de los hermanos compositores. Por ejemplo, cuando DaGradi les mostró a Richard y Robert su dibujo de un deshollinador bailando con su escoba, Robert dijo: "¡Esta es una canción!". El resultado fue la canción ganadora del Oscar conocida como "Chim-Chim-Cher-ee".

Richard Sherman me contó: "Walt creía en el trabajo en equipo. Todos contribuíamos y sentíamos que éramos parte de algo especial. Estábamos orgullosos de hacer parte del equipo de Walt y ese sentimiento fue el que nos hizo querer hacer que *Mary Poppins* funcionara. Todos teníamos nuestras propias áreas de experticia, pero nos sentíamos libres de hacernos sugerencias y aprender los unos de los otros".

El imagineer Rolly Crump cuenta una historia acerca de sus días con Walt. Él fue uno de los diseñadores clave en las atracciones que Walt construyó para la Feria Mundial de Nueva York, en 1964 (cabe decir que allí surgió la atracción conocida como "it´s a small world", posteriormente instalada en Disneylandia). Walt amaba la desinhibida creatividad de Rolly. Después de que él regresó de la Feria Mundial, Walt lo detuvo en un pasillo y le preguntó dónde se había formado como artista.

"Bueno", le dijo Rolly, "tomé arte en la escuela secundaria...".

"No, no. Me refiero a tu entrenamiento formal. ¿A qué escuela de arte fuiste?".

"Cuando tenía 16 años, asistí a clases en un estudio local durante seis sábados consecutivos".

"¿Eso fue todo?".

"Eso fue todo".

"Entonces, ¿dónde aprendiste a hacer todo lo que has estado haciendo?".

"Lo aprendí de ti".

"¿De mí?".

"Tú tienes una política de puertas abiertas en el estudio. Cualquiera puede ir a cualquier departamento y aprender, viendo cómo otros animadores y artistas hacen su trabajo. Yo hice eso, mientras trabajé en el área de animación".

Walt se sintió muy complacido al escucharlo. "Roland", le dijo, "sigue trabajando así de bien!"[19].

Debido a que Walt derribó los muros existentes entre departamentos, su estudio era una comunidad creativa donde artistas, escritores, músicos, actores, bailarines y cineastas se animaban unos a otros y era así como alcanzaban logros de alturas asombrosas. Para liderar como Walt, necesitamos saber cómo formar equipos, fomentar nuevos enfoques y permitir que nuestros colaboradores cambien de actividad y se inspiren unos a otros. No solo te sorprenderán, sino que ellos también se sorprenderán a sí mismos.

2. **Walt conocía bien a su gente.** Walt caminaba a su alrededor constantemente, participaba en conversaciones informales y conocía como individuos a los miembros de su equipo de trabajo. Les hacía preguntas. ¿Cuáles son tus metas? ¿Tus pasiones? ¿Tus pasatiempos? ¿Qué libros lees? De modo que, mostrando interés en tu gente, aprenderás qué ideas tienen ellos, cuáles son sus intereses y qué talentos contribuirán al éxito de tu organización.

Walt tomaba nota de quiénes eran sus mejores jugadores de equipo y los relacionaba con gente creativa que pudiera complementarlos, motivarlos e inspirarlos. El artista de maquetación de Disney, Frank Armitage, me dijo: "La forma en que Walt relacionaba a la gente era asombrosa. La mezclaba de la misma forma en que nosotros mezclamos los colores en un proyecto. Él sabía cómo conformar un grupo perfecto con las personas precisas para así producir los mejores resultados. En sus comienzos, Walt tenía escritores, artistas y animadores todos juntos durante las sesiones de trabajo, así que ellos se basaban en las ideas de todos y producían resultados asombrosos".

¿Cómo hacía Walt sus equipos? Uniendo conjuntos de habilidades que contrastaran entre sí, personalidades y estilos contrastantes, siempre esperando que surgiera algo sorprendente de esos encuentros entre opuestos. Rara vez, se sentía decepcionado. En cierta ocasión, dijo: "De todas las cosas que he hecho, la más importante ha sido coordinar los talentos de quienes trabajan para nosotros y dirigirlos hacia un objetivo determinado"[20].

¿Recuerdas cómo Walt describía su papel en el estudio? "Voy de un área del estudio a otra, esparciendo polen y motivando a todo el mundo". Él no vagaba sin rumbo fijo, sino que tenía un propósito en todas sus interacciones. Analizaba a su gente y llegaba a entender a cada uno, en cierto modo, mejor de lo que ellos se entendían a sí mismos. Esta es una habilidad de liderazgo que tú puedes aprender, pues es una excelente manera de descubrir talentos ocultos en tu organización.

3. **Walt buscaba pasión y entusiasmo**. Walt no solo reconocía la pasión en otras personas, sino que él mismo la inspiraba. Su propia pasión era contagiosa. Como Walt, tú también puedes inspirar ese tipo de pasión y entusiasmo a través de tu propio ejemplo, hablando de tu propio com-

promiso con el aprendizaje y el crecimiento a lo largo de toda la vida, ofreciéndole oportunidades educativas y de formación a tu equipo y construyendo una mentalidad de crecer tanto a nivel personal como en medio de la cultura de tu equipo u organización.

¿Quién en tu organización está realmente interesado en estar allí? ¿A quién percibes apasionado por lograr grandes objetivos y comprometido con la excelencia? ¿Quién hace un esfuerzo adicional y aprovecha cada oportunidad para su crecimiento personal y profesional? La pasión es un signo seguro de toda persona que posee algo extra en su interior y que quiere darlo a conocer al exterior.

En 1934, mientras Disney Studio se preparaba para lanzar el proyecto de *Blanca Nieves,* Walt conformó su grupo mágico de animadores —eligió a los más talentosos, apasionados y comprometidos de todos— y los sometió a un programa intensivo de formación en arte, trayéndoles instructores de Chouinard Art Institute. Esas clases de arte para su personal le costaban $100.000 dólares al año, tanto era el gasto que los productores de los estudios rivales se burlaban de Walt, porque estaban convencidos de que él estaba malgastando su dinero en esa capacitación. Sin embargo, dejaron de burlarse cuando se estrenó *Blanca Nieves* en 1937.

Walt había creado una cultura organizacional apasionada, basada en excelencia y superación. Buscó personas entusiastas y las inspiró con su propia pasión creativa y, en ese proceso, elevó su estudio a un plano mucho más alto que el del resto de la industria de la animación.

4.   **Walt buscaba combinar diversidad de habilidades e intereses.** Él nunca veía a ningún colaborador como "un

simple animador", ni como "solo un compositor", ni incluso como "solo una enfermera". Walt contrató a Hazel Gil-
man George para que fuera la enfermera de turno de su
estudio en Burbank, pero, a medida que fue conociéndola,
vio que ella era una mujer polifacética y con una variedad
de habilidades valiosas. Tenía excelentes habilidades orga-
nizativas, así que Walt le pidió que dirigiera el grupo de
inversores informales, Disneyland Backers and Boosters.

Hazel George también tenía formación musical y
gran interés en escribir canciones, especialmente, como
letrista, así que la conectó con los compositores Paul J.
Smith, George Bruns y Jimmy Dodd y ella coescribió más
de 90 canciones para los programas de televisión y las
películas de Disney. Bajo el nombre de Gil George, escribió
canciones para *The Mickey Mouse Club* entre las cuales
están *Talent Roundup*, *Mickey Mouse Club Newsreel* y
todas las canciones de la serie *Corky and White Shadow*.
Hazel también escribió canciones para las películas *The
Light in the Forest*, *Perri* y *Old Yeller*. Sin embargo, a lo largo
de sus años de compositora, Hazel continuó trabajando de
tiempo completo como la enfermera de Disney Studio.

Otro ejemplo de la capacidad de Walt para utilizar las
diversas habilidades de cada individuo es Firehouse Five
Plus Two, una banda de estilo Dixieland extraída en gran
parte del personal creativo de Disney Studio. Fue formada
por el animador Ward Kimball, en 1949, y actuó y grabó
hasta 1972. Aunque los miembros de la banda mantuvieron sus trabajos diarios en el estudio, tenían un calendario
muy activo de actuaciones en vivo y de sesiones de grabación. La banda actuó en 1950, durante el primer especial
de televisión de Walt, conocido bajo el nombre de *One*

Hour in Wonderland. También actuó varias veces en *The Mickey Mouse Club.*

La parte de "Firehouse Five" del nombre de la banda estaba conformada por Ward Kimball (director de orquesta, trombonista y especialista en efectos de sonido), el animador Frank Thomas (pianista), el director de arte cinematográfico Harper Goff (en el banjo), el narrador Ed Penner (tocaba la tuba) y el animador Clarke Mallery (clarinetista). La parte "Plus Two" de la banda estaba compuesta por los músicos profesionales Danny Alguire (en la corneta) y Monte Mountjoy (en la batería). El editor de sonido y quien hacía la voz de Mickey Mouse, Jimmy MacDonald, tocaba a veces la batería con la banda; además, el compositor de Disney, George Bruns, sustituía de vez en cuando en el trombón a Kimball.

The Firehouse Five Plus Two actuó en vivo el día de la inauguración de Disneyland en la televisión, el 17 de julio de 1955. La banda tocaba frente a Fire House en Main Street y también frente a Rivers of America. Ward Kimball comentó al respecto: "Walt nos dijo que paseáramos por el parque y tocáramos dondequiera que hubiera mucha gente. Nosotros fuimos la primera banda móvil en Disneyland"[21].

Otro ejemplo más: Pinto Colvig era intérprete de clarinete y ocarina en el departamento de música de Hyperion Studio. Además, tenía una hermosa voz de barítono. Un día, Walt entró al estudio de música y lo escuchó haciendo su versión de un perro aullando —y al instante, Walt supo que había encontrado lo que había estado buscando: la voz de Plutó, el amigo de Mickey[22]. Colvig también se convirtió en la voz de Goofy y en la de Grumpy, en *Blanca Nieves y los siete enanitos*.

Hoy en día, existe una tendencia a aislar a las personas entre sí por medio de cubículos y departamentos. Cada empleado tiene un trabajo claramente definido, mediante ciertas descripciones y se espera que todos y cada uno de ellos "permanezcan en su carril". De ese modo, las organizaciones se pierden del beneficio de todos los talentos y las habilidades que la gente posee. Las reglas exactas y el control estricto inhiben la creatividad. En cambio, un ambiente de libertad, interacción y trabajo en equipo le da rienda suelta a la creatividad y revela el talento oculto de todos y cada uno de los miembros del equipo.

Walt generó un entorno en el que cualquiera podía convertirse en escritor, compositor, músico o imagineer. Todos sus colaboradores le aportaban ideas e inspiración al resto del equipo. No había cubículos en sus estudios, solo creatividad desinhibida y sinergia. La capacidad de detectar el talento y utilizarlo al máximo fue quizá la mayor habilidad de Walt con las personas. Incluso podría decirse que en eso consistió el superpoder de su liderazgo.

LIDERA CON GENTILEZA

Walt fue una paradoja. Entrevisté a cientos de personas que lo conocieron y algunos lo describieron como un capataz duro e insensible. La mayoría lo describió como el hombre más amable que jamás habían conocido. A algunos les pareció que era encantador un día y severo y distante al día siguiente. La mayoría vivía asombrada de él. ¿Cómo puede ser recordado un hombre de manera tan diferente por la infinidad de personas que lo conocieron?

En los primeros años de Disney Studio, había ocasiones en que Walt era sarcástico y ruin con sus animadores aun en frente de sus compañeros —una práctica que aborrezco en cualquier líder—. Un historiador de Disney sugirió que Walt humillaba en público a sus empleados como una táctica deliberada para "doblegarlos a su voluntad más fácilmente". No lo creo. Walt sabía que tenía un temperamento de corto aguante y una lengua bastante afilada —y se lamentaba de ello—. "Fui un esclavista", dijo en sus últimos años. "A veces, me siento como un tirano que no hace más que exigir y exigir y exigir"[23].

Sus arrebatos solían ser provocados por la presión que sentía en el estudio. En los primeros años, antes del éxito de B*lanca Nieves*, y más tarde, durante la época de la huelga y la Segunda Guerra Mundial, el estudio se tambaleaba muy a menudo, al borde del colapso financiero. Hubo momentos en que Walt y Roy se sentaban frente a una mesa de jugar cartas y allí hacían lo mejor posible por repartir entre sus trabajadores el dinero en efectivo que entrara al estudio; lo hacían de tal modo que la repartición fuera lo más equitativa posible. Walt se sentía profundamente humillado cada vez que tenía que pararse frente a sus empleados con los bolsillos al revés. En ocasiones, esas presiones y las emociones lo volvían volátil, sobre todo, cuando los resultados se derrumbaban por debajo de sus expectativas.

Creo que a Walt no le gustaba ese rasgo de su personalidad y quería cambiarlo. Al final, lo hizo. La mayoría de las historias sobre su poca paciencia proviene de aquellos que lo conocieron en sus primeros años en los estudios de Hyperion y Burbank. Su temperamento era, creo, un reflejo de su padre irascible. Cuando Walt hería a uno de sus empleados en público, estaba ejerciendo el mismo tipo de disciplina severa que su padre infligió sobre él. Como joven emprendedor, asumiendo grandes riesgos y acosado por preocupaciones multimillonarias, Walt respondía de la única manera que él conocía.

Bill Peet fue artista de los cuentos de Disney desde 1937 hasta 1964. En su autobiografía, Peet afirma que Walt "nunca era el mismo durante dos días seguidos" Un día, entraba a la oficina de Peep y se desplomaba en una silla con un profundo suspiro.

Al verlo así, Peet le preguntaba: "¿Qué te pasa, Walt?".

"Que este lugar me hace sentir solitario. Lo único que quiero es hablar con alguien".

Entonces, Walt le contaba sobre su niñez y hasta se refería a sus años entregando periódicos sin sueldo, bajo el mando de su exigente padre. Walt le recordaba a Peet la imagen de "un niño herido".

En ocasiones, Peet estaba a punto de compartirle sobre su propia infancia "y así hacerle saber a Walt que los dos tenían algo en común" —pero Walt saltaba bruscamente de su silla, murmurando: "Me tengo que ir, me tengo que ir"[24]. Era como si de repente Walt, que era notoriamente cauteloso con respecto a su vida privada, sintiera que había revelado demasiado.

A mediados de la década de 1950, cuando los problemas financieros del estudio disminuyeron, sus arrebatos de mal humor se volvieron cada vez más escasos, aunque no desaparecieron por completo. Bob Gurr me dijo: "Si Walt se enojaba contigo, conseguías que su dedo índice se clavara en tu plexo solar. Se ponía furioso —pero un minuto después, se calmaba".

A pesar de que a muchos de sus primeros empleados les parecía difícil trabajar para él, muchos de quienes trabajaron en Disney, y que he entrevistado, lo admiraban y lo respetaban por su carácter recio y por sus altos estándares de calidad. Bob Kredel fue empleado de Disney durante largos años y era amigo de Ward Kimball (Bob y Ward compartían la fascinación por los trenes de vapor antiguos). Bob me dijo: "La crítica dirigida con más frecuencia a Walt Disney era que él era un tirano. ¡Bueno, lo era! En una ocasión, Ward Kimball comentó: 'No hay duda de que Walt nos hizo trabajar muy duro. Nos dirigió, hizo que nos esforzáramos y nos obligó a alcanzar niveles de perfección'. ¿Y sabes qué? ¡Ward *admiraba* a Walt por eso!".

Su nieto, Walter Disney Miller, compartió conmigo una perspectiva equilibrada sobre la personalidad voluble de Walt: 'No siempre fue fácil trabajar con mi abuelo'. Tenía mal carácter y hacer grandes elogios no era su estilo. Sin embargo, la gente se sentía atraída por él y quería complacerlo. Muchas personas que hicieron parte de su equipo de trabajo se quedaron con él durante 20, 30, 40 años y hasta más. Mi abuelo inspiraba lealtad".

Es cierto. Tan difícil como podía ser Walt, inspiraba lealtad —en parte, porque siempre salía en defensa de su equipo—. Como le dijo un animador de Disney a la columnista Hedda Hopper: "Walt puede ser duro, pero ten la seguridad de que él no permite que nadie se meta con sus artistas. La mayoría de ellos fue entrenada aquí, así que, para él, ellos son sus chicos y sus chicas"[25].

En 1952, Rolly Crump se unió al personal de animación de Disney como intermediario y llegó a convertirse en uno de los principales animadores de *La dama y el vagabundo*, *La bella durmiente* y *Los 101 dálmatas*. En 1959, Walt envió a Rolly a

WED Enterprises para que ayudara a diseñar algunas atracciones e hiciera parte de Walt Disney's Enchanted Tiki Room y de
Haunted Mansión.

"Walt tenía un lado infantil", comentó Rolly, "una gran bondad, que hacía que te sintieras acogido por él. En gran parte, eso
era lo que le daba tanto éxito". Rolly agregó que Walt "reconocía
las habilidades y los talentos más esenciales de las personas que
él elegía para trabajar en sus proyectos. Siempre escogía a las
personas adecuadas. Y, una vez que te elegía para un proyecto, y
que observaba que tú lo entendías bien, te respaldaba hasta las
últimas consecuencias sin importar lo que otros dijeran. Walt
parecía estar siempre de mi lado a pesar de que había veces en
que sus ejecutivos no compartían mis opiniones"[26].

Para ejemplificar el respaldo de Walt hacia él, Rolly se refirió a un incidente que tuvo durante la fase de diseño de "it's a
Small World" en el que él diseñó un reloj para la fachada de esa
atracción. Se trataba de un reloj con una cara muy simpática
en forma circular que, en el lugar de ojos, tenía unas ruedas;
sus cejas eran bastante arqueadas; su nariz era aguileña y en
sus labios se dibujaba una sonrisa semicircular. Una vez listo,
Rolly se lo mostró a Dick Irvine, el ejecutivo de planificación de
atracciones, y a él le disgustaron las facciones del reloj, así que
le dijo a Rolly que mejor le diría a Marc Davis que lo rediseñara.

Ante esto, Rolly llamó a Walt y le mostró el diseño. "¡Está
muy bueno!", exclamó Walt.

"No, no tiene ese aspecto europeo que yo busco", respondió
Irvine. "Estoy llamando a Marc para que él lo rediseñe".

Walt miró fijamente a Irvine y le dijo: "El reloj me gusta así
tal y como está". Rolly siempre supo que Walt lo respaldaría[27].

La mayoría de las historias acerca de la bondad y el altruismo de Walt proceden de sus últimos años, después de que abrió Disneylandia. Sus remordimientos lo volvieron más afable y se convirtió en una persona mucho más encantadora y solidaria. Ya no humillaba a sus empleados como a veces solía hacerlo en las décadas de 1930 y 1940. Para liderar como Walt, aprende de sus remordimientos y emula esas excelentes habilidades con las personas que él manifestó al final de su vida, siendo un líder ya maduro.

En cierta ocasión, Walt afirmó: "Podrás diseñar, crear y construir el lugar más maravilloso del mundo, pero necesitarás personas para hacer ese sueño una realidad"[28]. Todo lo que Walt logró, lo logró a través de *las personas*. Eso es el liderazgo: lograr resultados asombrosos a través de *las personas*. Un líder debe tener habilidades con las personas: la habilidad de delegar, la habilidad para motivar a otros a hacer un mayor esfuerzo, la habilidad de inspirar lealtad, la habilidad de crear una atmósfera que propicie la creatividad y la informalidad, la habilidad de reconocer el talento y desarrollarlo y la habilidad de convertir a una colección de individuos talentosos en un equipo compacto.

Delegar requiere de tu habilidad para confiar en tu gente así como Walt confiaba en la de él. No hay la menor duda de que Walt era el visionario, el motivador, el constructor de equipos —pero era su gente la que pintaba el arte de fondo, producía los hermosos dibujos de animación, escribía aquellas canciones inolvidables y construía cada espacio de sus parques temáticos—. Su labor era contratar gente talentosa y confiar en que cada persona haría el mejor trabajo —sin embargo, también se mantenía al tanto de los resultados—. Los líderes son responsables de los éxitos y también de los fracasos de aquellos a quienes dirigen.

La prueba de las habilidades sociales y de la genialidad del liderazgo de Walt es el hecho de que, sin importar cuántos artistas llegaran a trabajar con él, ni cuántos se fueran, la calidad de los productos de entretenimiento de Disney siempre se mantuvo al máximo. Algunos han dicho que Walt no era un artista, porque, después de 1923, ya no continuó dibujando, ni animando. Quienes dicen eso no entienden la singularidad de su tipo de creatividad. El medio artístico de Walt eran *las personas*. Él expresaba su visión creativa a través de *las personas*. Así que Walt usó sus habilidades con *las personas* para convertir su visión en realidad.

¿Qué podemos aprender acerca de las habilidades sociales con el ejemplo de Walt? Estas son las lecciones que yo he identificado:

1. **Conoce a los miembros de tu equipo de trabajo como** individuos únicos. Involúcrate con cada uno de ellos en conversaciones informales. Muéstrales interés genuino por sus familias, sus metas, sus esperanzas y sus sueños. Pregúntales sobre sus pasatiempos, intereses y talentos ocultos. Averigua quiénes son y qué es lo que más les importa en la vida. Conociendo a quienes lo rodeaban como individuos únicos, Walt descubrió y utilizó talentos y habilidades que su gente ni siquiera sabía que tenía.

   No todas las personas responden a los mismos incentivos, ni a las mismas motivaciones. Hay quienes se sienten motivados por el dinero. Otros anhelan ser reconocidos. Otros solo quieren una simple palmada en la espalda. Rolly Crump afirma que Walt sacaba lo mejor de sí de todos los que lo rodeaban y lo hacía tratando a cada persona como un individuo único. Su hija Diane recuerda: "Papá quería cuidar a todos. Quería saber si alguno de sus empleados estaba enfermo o si necesitaba alguna cosa. Él conocía la vida personal de todos"[29].

2. **Gánate a las personas con encanto y amabilidad —incluso cuando ellas se entrometan o te interrumpan—.** Walt siempre trataba a quienes buscaban su autógrafo como invitados de honor, no como intrusos. Él entendió que "Walt Disney" no era simplemente una persona —era el logo de una empresa ambulante y se aseguraba de representar los valores de Disney en todo momento, incluso en momentos inconvenientes.

3. **Gánate a la gente, haciéndola sentir cómoda.** Walt sabía que mucha gente se sentía nerviosa y deslumbrada en su presencia, de modo que encontraba formas de tranquilizarla. Tú no tienes que aflojarte y torcerte tu corbata, ni lanzarte un sombrero llamativo a la cabeza como hacía Walt. Más bien, encuentra una forma natural de tratar a los demás como lo hace una persona normal, amigable y accesible.

4. **Construye equipos, conectando a personas que se complementen unas a otras.** Se genera una química de equipo excelente cuando mezclas a las personas en combinaciones de tipo yin-y-yang: a un introvertido con un extrovertido, a un pensador cerebral con alguien de espíritu libre y desinhibido, a un inventor mecánico con un pintor abstracto. Procura poner en un mismo contexto a personas que tengan personalidades, habilidades, estilos y antecedentes complementarios— luego, observa cómo vuelan las chispas de la creatividad—. Pero asegúrate de que todos en el equipo estén llenos de pasión y entusiasmo por la visión que lideras.

5.   **Lidera con amabilidad.** Incluso cuando te sientas presionado y estresado, asegúrate de no desquitarse con tu gente. Trata a tus colaboradores con amabilidad en todo momento. Sé firme con ellos, estábleceles estándares óptimos y responsabilízalos, pero hazlo todo con gentileza. Nunca humilles o critiques a nadie frente a sus compañeros, ni en ninguna otra circunstancia. Y si alguien ataca o critica a tu equipo, conviértete en su máximo defensor. Hazles saber que los respaldas y ellos sabrán recompensarte con lealtad y esfuerzo extra.

En 1929, poco antes del vigésimo octavo cumpleaños de Walt, la reportera Florabel Muir, de *New York Daily News*, lo entrevistó. En ese momento, Mickey Mouse era una sensación y Disney Studio disfrutaba de éxito internacional. Muir comentó que el estudio de Hyperion Street de Disney era "una empresa decapitada". Ella escribió:

"¿Quién es el presidente o el jefe de esa empresa?", le pregunté.

"No tenemos ningún presidente, ni ningún ejecutivo", le explicó Walt. "De hecho, ni siquiera somos una corporación. Creo que no podrías decir que somos una empresa constituida. Mi grupo y yo solo nos juntamos y creamos cosas. Expresamos nuestras opiniones y tratamos de hacer buenos bocetos, y al final, después de todas las ideas que aportamos entre todos, obtenemos un resultado del que todos nos sintamos orgullosos"[30].

Si bien no es estrictamente cierto que el estudio de Disney no tuviera "cabeza" —pues Walt estaba a cargo y todo el mundo lo sabía—, sí era cierto que el estudio no era dirigido mediante una jerarquía, ni una escala corporativa. Walt no estaba en la cima de la que pudiera considerarse una pirámide organizativa, dictando notas desde una oficina enorme y esquinera. El estudio funcionaba más bien como una comunidad de relaciones. Walt estaba en el medio de esta comunidad creativa, siempre utilizando las habilidades de su gente, siempre hablando con todos, siempre haciendo preguntas y sugerencias y generando ideas. En 1928, Neal Gabler le describió a Charles Mintz la lección que Walt aprendió al perder a la mayor parte de su personal de animación —y cómo las habilidades interpersonales de su nuevo equipo de trabajo mejoraron la moral en el estudio Hyperion:

> "Habiendo aprendido de su experiencia con los amotinados que lo detestaban, ahora Walt se acercaba a sus animadores y se detenía en sus escritorios para hablar con ellos no solo sobre su trabajo, sino también sobre sus intereses y para hacerles sugerencias sin parecer autoritario. 'A ellos les encantaba esta actitud de Walt', afirmó el animador Ub Iwerks, 'y todos le respondían'"[31].

En 2005, para el quincuagésimo aniversario de Disneylandia, la primera imagen que apareció fue una ventana con una inscripción en honor a Walt y a los muchos miembros del personal que han trabajado en Disneylandia a lo largo de los años. Situada en una puerta a la izquierda de Main Street Cinema, en el cristal de la ventana decía: "Abierto desde el 55 —DisneylandCasting Agency— 'Se necesitan personas para hacer los sueños realidad' —Walter Elias Disney, fundador y director emérito".

Ese es un tributo bastante apropiado a las habilidades de Walt con las personas. Walt agitaba la varita mágica y su gente hacía que la magia de Disney cobrara vida.

5

El buen carácter de Walt

En 1929, los dibujos animados de Mickey Mouse eran muy populares, pero el estudio de Disney apenas llegaba a fin de mes. Pat Powers, el distribuidor con base en Nueva York de Walt, parecía estar embolsándose la mayor parte de las ganancias. Los cheques que él les enviaba a Walt y Roy apenas cubrían sus gastos y se negaba a mostrar sus libros de contabilidad y a que le hicieran una auditoría. Fue así como los hermanos Disney contrataron al abogado Gunther Lessing para que protegiera sus derechos. Lessing, quien había negociado un contrato cinematográfico entre el bandido mexicano Pancho Villa y Mutual Film Corporation, era conocido como un negociador difícil de rebatir.

El 17 de enero de 1930, Walt y Lillian abordaron un tren rumbo a Nueva York. Walt creía que Pat Powers había escondido un aproximado de $150.000 dólares en regalías (en la actualidad, equivalente a $1.5 millones) y ya era hora de enfrentarlo. Walt fue a su oficina en Manhattan y le exigió que le mostrara la contabilidad. Powers argumentó que solo abriría los libros si Walt le firmaba un contrato de distribución por cinco años. Cuando Walt le rechazó la oferta, Powers le dijo que había contratado a Ub Iwerks para que animara una nueva serie de dibujos animados que no tuviera nada que ver con Disney.

Walt no lo podía creer. Él y Ub habían sido amigos durante más más de 10 años, desde que fundaron Iwerks-Disney Commercial Artists, en Kansas City. Walt había llevado a Ub a Hollywood y, dos años atrás, Ub había permanecido leal a Disney cuando Charles Mintz se llevó y contrató a muchos de sus animadores. Walt y Roy le habían dado a Ub una quinta parte del estudio. ¿Cómo Ub podía hacer esto?

Al parecer, Walt había ignorado el resquebrajamiento de su amistad con Iwerks. Ub estaba resentido ante el hecho de que Walt lo presionara para que usara intermediarios (animadores aprendices) con el fin de aumentar su productividad, así que Ub prefería hacer cada dibujo él mismo. Además, hubo una ocasión en que Walt lo vio tratando de arreglar su auto frente al estudio en el horario de trabajo de la empresa. Entonces, le gritó: "¡Ub, contrata un mecánico y vuelve ya a la mesa de dibujo!". Ub no dijo nada y continuó trabajando en el arreglo de su auto el resto del día.

Ub sentía que merecía más crédito que el de "una historieta de Walt Disney animada por Ub Iwerks". Una noche, Walt y Ub estaban en una fiesta y un niño le pidió a Walt que le dibujara a Mickey Mouse. Entonces, Walt le dijo a Ub que dibujara a Mickey y que él lo firmaría. Ub se negó y le dijo: "Dibuja tú tu propio Mickey"[1].

El hecho es que, a pesar de todas estas señales de alarma, Walt no se dio cuenta de que Ub se sentía infeliz y estaba listo para abandonar el barco.

En septiembre de 1929, Charles Giegerich se acercó en secreto a Ub Iwerks, ofreciéndole un estudio propio y total libertad creativa. ¿Quién era Giegerich? Supuestamente, él era alguien que estaba trabajando como negociador representante de Walt en diversos asuntos de distribución. En un claro conflicto de intereses, Giegerich fue a espaldas de Walt y contrató a su mejor animador. Iwerks acordó firmar con Giegerich sin saber que Giegerich representaba en secreto a quien fuera la némesis de Walt, Pat Powers.

El 21 de enero de 1930, mientras Walt se reunía con Pat Powers en Nueva York, Ub Iwerks fue a hablar con Roy Disney y le dijo que se iba del estudio, con efecto inmediato. Roy se sorprendió. Igual que Walt, él tampoco tenía ni la menor idea de que Iwerks no estaba contento. Roy acordó comprarle su participación en la empresa y que se la pagaría a plazos (si Ub no hubiera dejado el estudio, su participación del 20% le habría producido millones durante toda su vida).

Más tarde ese mismo día, Walt telegrafió a Roy con la noticia: Pat Powers había contratado a Ub Iwerks. Roy estaba lívido cuando se enteró de que Ub se había ido a trabajar con el enemigo.

El 24 de enero, tres días después de su renuncia, Ub Iwerks regresó a la oficina de Roy. Le dijo que había firmado un contrato con Charles Giegerich y que acababa de enterarse de que Giegerich le había vendido el contrato a Pat Powers. Ub le dijo que ahora lamentaba su decisión y que no habría firmado si hubiera sabido que Powers estaba detrás de todo eso. Roy se sintió aliviado al saber que Ub no había desertado a sabiendas de que Powers estaba involucrado en el asunto. Cuando Walt regresó al estudio, difícilmente, podía dejar de hablar de la "deslealtad" de Ub Iwerks.

Respaldado por Pat Powers, Ub abrió Iwerks Studio en 1930. Pero Powers había calculado mal. Pensó que la razón del éxito de Disney era Ub Iwerks. No se dio cuenta de que la fuerza creativa detrás Mickey and *The Silly Symphonies* era el propio Walt. Iwerks creó dos personajes, Flip the Frog y Willie Whopper, pero ninguno de los dos tuvo éxito. Iwerks Studio se cerró en 1936 y Ub produjo varios cortos de Porky Pig para Leon Schlesinger.

En 1940, Ub enseñaba animación en una escuela de formación profesional. Ben Sharpsteen, el director de animación de Disney, se enteró de su situación y le ofreció un trabajo en Disney, sujeto a la aprobación de Walt. Pero primero, Sharpsteen tuvo que propiciar una reconciliación entre Walt y Ub. El 9 de agosto de 1940, Ub almorzó con Walt en el estudio. Walt no solo lo perdonó por lo ocurrido con Pat Powers, sino que ni siquiera mencionó el asunto.

Walt fue generoso, permitiéndole a Ub que fuera su propio jefe, trabajando en el estudio y retocando y experimentando como mejor le pareciera. Ub había perdido su interés en la animación y quería desarrollar nuevas tecnologías de creación de películas. Sus ideas creativas contribuyeron enormemente a las películas de Disney. Aunque Walt y Ub no llegaron a ser tan cercanos como antes, Walt estaba feliz de tener a Ub de vuelta en Disney Studio —el lugar al que pertenecía.

El líder que perdona

La capacidad de perdonar es una cualidad de liderazgo esencial y un rasgo de buen carácter. A lo largo de su carrera de liderazgo, Walt ejemplificó el perdón una y otra vez. Uno de los ejemplos más importantes fue una crisis causada por un conflicto entre él y Roy a fines de la década de 1950.

Walt había creado dos compañías separadas de Walt Disney Productions: WED Enterprises (que construía las atracciones de Disneyland) y Retlaw Enterprises (una sociedad de inversión que autorizaba el uso del nombre de Walt). WED era propietaria del ferrocarril de Santa Fe y Disneylandia y del monorriel, y Walt Disney Productions le pagaba a WED para que operara las atracciones. Walt Disney Productions también tenía que pagarle a Retlaw para usar el nombre de Walt Disney.

Roy pensaba que las demandas de Walt podrían conducir a una revuelta de accionistas y dañar la marca Disney, de modo que le pidió a Walt una reunión en Smoke Tree Ranch, el lugar de retiro de Walt, para así resolver sus diferencias. La reunión se volvió amarga. Sus esposas, Lillian y Edna, se alejaron hacia un extremo de la casa y Walt y Roy se enfrascaron en medio de gritos del uno hacia el otro. La batalla duró tres días y terminó en un punto muerto. Durante todo un año, después de esa fallida conferencia de paz, los hermanos Disney se comunicaron solo a través de intermediarios.

Finalmente, Roy envió a una delegación de abogados para que negociara con Walt y su agente. La reunión fue un desastre y terminó con Walt amenazando con hacer películas para uno de sus competidores, al tiempo que los abogados lo amenazaban con tomar acción legal. Roy escuchó el alboroto desde su oficina al final del pasillo. Él siempre había defendido a su hermano menor de los matones y lo hacía sin excepción alguna. Entonces, irrumpió en la sala de conferencias y se enfrentó los abogados de la empresa.

"Un momento, me parece que ustedes están olvidando lo importante que ha sido Walt Disney para sus carreras", les dijo. "Ninguno de nosotros estaría aquí en este estudio si no hubiera sido por Walt. Sus trabajos, sus ganancias, todo lo que ustedes tienen es el resultado de los sacrificios que él ha hecho. Por lo tanto, se merece un trato mucho mejor del que ustedes le están dando aquí hoy".

Ante eso, el tono de la conversación cambió por completo. Walt cedió un poco y los abogados cedieron bastante, así que él obtuvo la mayor parte de lo que les estaba pidiendo. El estudio compró WED Enterprises y los derechos del nombre de Walt Disney por $60 millones de dólares. Por su parte, Walt se quedó con Retlaw.

Unos días después, Walt entró en la oficina de Roy con un regalo de cumpleaños —una pipa de la paz de las que usaban los nativos americanos—. Roy se echó a reír, la llenó de tabaco y la fumaron juntos. Más tarde, Walt le envió una nota escrita a mano, diciéndole:

Fue maravilloso fumar la pipa de la paz contigo de nuevo —ver que las nubes despejan en el cielo es muy hermoso.

Creo que, a lo largo de los años, hemos logrado cosas entre juntos —hubo un momento en que no teníamos cómo pedir prestados $1.000 dólares ¡y hoy veo que debemos $24 millones!

Pero, con toda sinceridad, feliz cumpleaños y que cumplas muchos más —y te amo.

Walt[2]

• • •

Esa pipa permaneció colgada en la pared de la oficina de Roy por el resto de su vida y fue un símbolo del amor fraternal y de la capacidad de perdón de Walt.

El perdón es un rasgo que hace parte de una variedad de cualidades que conforman el buen carácter. Todos los logros exitosos se construyen sobre la base de un buen carácter. Walt necesitó de toda la fortaleza de carácter que pudo reunir para superar los reveses (como la pérdida de Oswald the Lucky Rabbit), las adversidades (sus estudios vivían crónicamente subfinanciados) y los detractores (tanto *Blanca Nieves* como Disneylandia alguna vez fueron etiquetados como "la locura de Disney"). En el ejercicio de su liderazgo, Walt ejemplificó muchos otros rasgos propios del buen carácter, incluyendo humildad, generosidad, integridad, perseverancia, una firme ética de trabajo, tolerancia y optimismo. Echémosle un vistazo más de cerca a la importancia del buen carácter en el liderazgo.

La humildad de Walt

En 1934, la columnista de Hollywood Willa Okker visitó Hyperion Studio y publicó sus impresiones acerca de Walt y su lugar de trabajo. Le pareció que él era un hombre con una gran humildad —y con una energía increíblemente creativa—. En su escrito, afirmó: "A sus 32 años de edad, Disney es moderado, modesto, propenso a no recibir el crédito, ni la importancia de su papel en el mundo, sin embargo, el artista que hay en él es un rayo de fuego—. Su candente entusiasmo es incendiario —tan pronto pisas la entrada de su estudio, quedas atrapado en medio del fuego que predomina en el ambiente"[3].

Luego de más de 30 años de la muerte de Walt, el columnista de cine Bob Foster lo recordó en términos similares: increíblemente creativo, pero profundamente humilde. En la década de 1950, Foster formó parte de un grupo de periodistas y columnistas que visitaron el estudio de Burbank con el fin de ver una proyección previa de *The Mickey Mouse Club*. Él escribió:

> La puerta se abrió en silencio y un caballero delgado con cabello canoso se deslizó hacia el primer asiento de la última fila.
>
> Hubo un susurro repentino cuando todos los allí reunidos, sobre todo, los empleados de los estudios, volvieron la cabeza en dirección al recién llegado. Era el propio maestro, Walt Disney, visitando la sala de observación.
>
> Walt hizo una señal con la mano, indicando que comenzaran a proyectar y vimos una parte de la magia que ha hecho famosos a nivel mundial no solo a él, sino también a su estudio.
>
> Justo antes de que terminara la proyección, miré hacia atrás de nuevo y el asiento ya estaba vacío. Eso fue lo más cerca que estuvimos de él ese día. Lo conocí después. Era un hombre tímido y no se sentía cómodo con la prensa. La apreciaba y estaba más que dispuesto a hablar con un columnista en su oficina, a solas... pero, para él, era demasiado reunirse con 30 o 40 periodistas a la vez[4].

Una señal de su humildad era su disposición a servirles a los demás. En 1942, sus amigos Spencer y Louise Tracy fundaron una guardería para niños sordos en un bungaló en el campus de USC. Al año siguiente, los Tracy transformaron la guardería en John Tracy Clinic, un centro de educación privada sin fines de lucro para niños en edad preescolar con pérdida auditiva. En 1943, Walt se unió a la junta directiva y también fue un generoso donante. La clínica lleva el nombre del hijo de los Tracy, John, quien era sordo, debido al Síndrome de Usher, una enfermedad genética.

Cada año, la clínica realizaba un almuerzo de recaudación de fondos y Walt a menudo servía la comida y lavaba los platos —un magnate de su calibre en el papel de ayudante de camarero y en actitud de servicio a los demás—. Walt se interesaba en la labor que John Tracy Clinic hacía en beneficio de los niños sordos y era lo suficientemente humilde como para arremangarse y contribuir, haciendo su parte.

John Tracy, quien falleció en 2007, asistió al California Institute of Arts, cofundado por Walt. Posteriormente, John trabajó en el departamento de arte, en la sección de utilería del estudio de Disney, en Burbank.

Aunque Walt era humilde, tenía un ego fuerte. ¿Te suena contradictorio? No lo es. Hay una diferencia entre tener un ego *fuerte* y tener un ego *inflado*. La palabra ego en latín significa "yo". Walt tenía una fuerte conciencia de sí mismo, de su propósito, de sus fortalezas y habilidades, de sus talentos y limitaciones. No tenía un ego inflado, sino que sabía lo que quería lograr en el mundo.

Una vez, durante un almuerzo en el estudio de Burbank, Ray Bradbury le dijo a Walt: "Escuché que estás planeando rediseñar Tomorrowland. Tú sabes, acabo de ayudar a diseñar el Pabellón de Estados Unidos en la Feria Mundial de Nueva

York. Tengo muchas ideas. ¿Me contratarías como consultor de Tomorrowland?".

Walt le respondió: "Ray, no hay caso. Nunca funcionaría".

"¿Por qué no?".

"Porque tú eres un genio y yo también soy un genio. Nos mataríamos el uno al otro antes de que finalizara la primera semana".

Walt había aprendido que solo había espacio para un genio en su Reino Mágico. Dos genios significaban dos visiones en competencia. Él tenía la firmeza de ego necesaria para creer en su propia visión. No era arrogante, ni narcisista. Simplemente, se sentía seguro de lo que era capaz de lograr.

Un líder humilde con un ego sano suele ser decidido, emprendedor y fuerte, sin ser arrogante. Un líder con un ego sano puede decir con toda humildad: "Soy bueno en lo que hago" e incluso, "Soy un genio". Walt no se jactaba. Solo estaba diciendo lo obvio.

Walt era exigente, pero quienes trabajaban para él a menudo permanecían a su lado durante décadas. ¿Cómo inspiraba tal lealtad? Yo creo que se debía a su gran humildad. Debajo de su ego fuerte y de su deseo intenso por tener éxito, Walt poseía una humildad de granjero que la gente encontraba irresistible. Aquellos que lo conocían mejor sabían que él no era ningún egoísta. Era un genio humilde que amaba genuinamente ser compasivo. Un líder así es fácil de amar.

La generosidad de (Walt

El 28 de diciembre de 1930, apareció este titular en *Los Ángeles Times*: "Huérfanos asisten a un festival de teatro". El texto decía:

> Doscientos niños de Los Ángeles Orphan's Home fueron invitados ayer a un festival de teatro ofrecido en Filmarte Theatre por Walt Disney, en cooperación con Hollywood Theatres, Inc.
>
> Por primera vez en este país, se presentó un programa de tres caricaturas sonoras de Mickey Mouse. Además, los niños vieron *The Lone Rider*, una producción de largometrajes del Oeste. Cada niño recibió de regalo una pelota de juego de Mickey Mouse, diseñada por los estudios de Walt Disney, junto con otros juguetes proporcionados por Hollywood Theaters[5].

Desde sus primeros días en el negocio del cine, y a través de sus años como empresario de parques temáticos, Walt usó sus creaciones para beneficiar a otros. Su decorador de escenarios, Emile Kuri, recordó que, durante una de sus visitas a Disneylandia con Walt, estaban sentados en el pórtico de City Hall cuando Walt se sorprendió y le señaló a un par de monjas católicas entrando al parque, liderando a un grupo de huérfanos. Walt contó a todos los niños y dijo: "¡Míralos! ¡Son 22!".

En seguida, Walt se incorporó de un salto y corrió hacia las monjas. Se presentó y les dijo: "Esperen aquí". Después, corrió hacia City Hall. Momentos más tarde, regresó con el dinero que las monjas habían pagado por las entradas de admisión al parque y con una pila de entradas gratuitas a todas las atracciones. "¡Diviértanse!", les dijo. "Les hice reservaciones para que almuercen en Plaza Inn y tendrán a su disposición perros calientes, hamburguesas, malteadas y tarta de manzana. Ustedes son mis invitados".

A medida que las monjas y los niños se dirigían felices hacia Main Street, Walt se sentó junto a Emile y le dijo: "Ellos no deberían tener que pagar por venir aquí"[6]. Ese era Walt, de principio a fin. Siempre fue generoso, siempre dispuesto a bendecir la vida de los demás con el producto de su ingenio.

En 1961, Walt y Roy hicieron una generosa donación para establecer el que se conoce como California Institute of the Arts (CalArts), en Valencia, California —la primera institución estadounidense de educación superior que otorga títulos en el área de artes visuales y escénicas—. Además, los hermanos Disney condujeron la formación de CalArts por medio de la fusión de Los Ángeles Conservatory of Music (fundado en 1883) con Chouinard Art Institute (fundado en 1921). Desde 1934, los instructores de Chouinard habían ayudado a capacitar a los animadores de Walt para afrontar los desafíos de proyectos como *Blanca Nieves y los siete enanitos*, *Pinocho* y *Bambi*. Los Ángeles Conservatory of Music había formado a muchos músicos y compositores que contribuyeron a las películas de Disney. Fue así como estas dos instituciones se fusionaron oficialmente en 1963.

La visión de Walt con respecto a CalArts era muy parecida a la visión original de su estudio de animación —una comunidad al servicio de las artes, donde gente talentosa de muchas disciplinas —artistas, escultores, escritores, músicos, compositores, bailarines y actores— pudiera conocerse, aprender unos de otros e interactuar de forma sinérgica. Walt explicó su visión en una entrevista realizada en 1966:

"Algunos de nuestros descubrimientos más importantes han provenido de científicos que estaban en busca de adquirir más conocimientos. Esa es la dirección que me gustaría que CalArts tomara. Los estudiantes deben poder estudiar todo el espectro de las artes. Quizá, de ese modo, un músico llegaría a descubrir que tiene más talento como escultor y viceversa"[7].

Walt estaba tan orgulloso de CalArts como de cualquiera de sus otros logros, incluyendo *Blanca Nieves* y Disneylandia. ¿Por qué? Porque él tenía un corazón grande y generoso para ayudarles a las generaciones futuras. Una vez, dijo que CalArts era "lo principal que espero dejar cuando me traslade a pastos más verdes. Si puedo contribuir a proveer un lugar apto para desarrollar el talento del futuro, creo que habré logrado algo que valga la pena"[8].

La integridad de Walt

John Hench trabajó para Walt Disney Company durante más de 65 años. Comenzó su carrera como animador de cuentos en 1939. Luego, pasó a trabajar en casi todas las áreas de la animación, incluidas fondos, dirección de arte, efectos de animación y más. Él era el retratista oficial de Mickey Mouse, el encargado de pintar los portarretratos de los cumpleaños conmemorativos de Mickey. También trabajó en películas de acción y fue el destacado diseñador del calamar gigante de *20.000 leguas de viaje submarino*. Además, ayudó a diseñar muchas de las atracciones de Disneylandia.

Durante la construcción de Disneylandia, Hench ayudó a diseñar las diligencias de Frontierland. Walt especificó que las diligencias debían ser 100% originales, hechas de los mismos materiales que las diligencias del Viejo Oeste. Hench sabía que el proyecto de Disneylandia estaba por encima del presupuesto y que se acercaba la fecha límite de apertura, el 17 de julio de 1955. Entonces, sugirió ahorrar tiempo y dinero, omitiendo las correas de cuero de la suspensión de las cabinas de las diligencias. "La gente no se va a dar cuenta de esto", argumentó Hench.

"Claro que sí, la gente sí se va a dar cuenta de ese detalle", le dijo Walt en un tono cortante. "Y se sentirán felices de verlo. Y comprenderán que todo esto se hizo para ellos... y responderán, porque la gente responde cuando se siente feliz" [9].

Hench entendió el punto. Walt no solo estaba construyendo un parque de atracciones. También estaba contando la historia sobre los inicios del Oeste americano e iba a contarla honestamente. Hacer algo menos que eso comprometería su integridad.

El escritor de Disney Charles Shows trabajó en la serie documental *True-Life Adventures* y, filmando una escena sobre leones africanos, imaginó cuál sería la toma de apertura perfecta —un primer plano de la boca abierta de un león rugiente—. Problema: los camarógrafos de Disney nunca habían hecho este tipo de tomas en África.

Shows habló con Walt y le dijo que era posible hacer esa toma que él quería al llevar a un equipo de camarógrafos al zoológico de Griffith Park y obtener "un primer plano de las amígdalas de un viejo león".

Walt respondió: "Haces eso y no estarás aquí mañana".

Shows pensó que Walt estaba bromeando, pero la expresión de su rostro era demasiado seria como para que se tratara de una broma. Walt le explicó: "Les decimos a los cinéfilos que estas películas se ruedan en África. De modo que ni un milímetro de filmación falsa hará parte de mis películas sobre la naturaleza".

Charles Shows concluyó: "Fue este nivel de honestidad el que hizo que las películas de Disney fueran las favoritas en el mundo entero"[10].

Tener un fuerte sentido de integridad moral fue fundamental en las películas de Walt, como observó el historiador de cine John G. West:

> "Walt Disney no era ni un filósofo, ni un dramaturgo clásico, pero entendió a la perfección que la ética es una parte invariable del buen drama. 'El bien y el mal' son 'los antagonistas de todo gran drama', observó él una vez. 'Ambos deben estar personalizados de forma creíble y reflejando la ética común a toda la humanidad', dijo Walt.
>
> Y en sus historias, así era"[11].

Walt no estaba moralmente sincronizado con la cultura de Hollywood —y él lo sabía—. Los dibujos animados y los largometrajes de Disney ganaron muchos Academy Awards en muchas categorías, pero solo una de sus producciones, *Mary Poppins*, fue nominada a mejor película (perdió ante *My Fair Lady*). Walt opinó al respecto: "Conociendo Hollywood, nunca tuve la menor esperanza de que la película [*Mary Poppins*] consiguiera ganar. De hecho, Disney nunca ha sido parte de Hollywood, eso ya lo sabes. Creo que se refieren a nosotros como si estuviéramos en un campo de maíz en Burbank"[12]. Walt se enorgullecía —con justa razón— de no ser parte de Hollywood. Su estudio siempre reflejó la integridad moral de Walt Disney mismo.

La persistencia de Walt

Mientras que el público pensaba en Walt como un cineasta millonario, la verdad es que el estudio de Disney se enfrentó a la ruina financiera una y otra vez, desde su fundación hasta la apertura de Disneylandia. Después de su muerte, el periodista Bob Thomas presentó una retrospectiva sobre la carrera de Walt, enfocándose en su persistencia. Thomas escribió:

> En el momento de su muerte, el jueves pasado, el imperio del entretenimiento de Walt Disney era tan extenso y próspero que parecería imposible pensar que hubo épocas en que su estudio se enfrentó casi a la extinción.

> Sin embargo, hasta la última década de su vida, Disney fue despreciado por muchas mentes financieras que lo consideraban un riesgo latente, un visionario capaz de llevar a su empresa al borde de la insolvencia con tal de cumplir sus sueños.

> Durante los primeros 30 años de funcionamiento de sus empresas cinematográficas, su patrón fue siempre el mismo: él aportaba las ideas y su hermano Roy se encargaba de conseguir el dinero para financiarlas. Sin embargo, más de una vez, ocurrió que sus ideas significaron una pérdida de dinero[13].

Estafados repetidamente por los distribuidores durante el apogeo de Mickey Mouse, Walt y el estudio operaban al borde de la bancarrota incluso cuando Mickey estaba comenzando a conquistar el mundo. Se requirió de cada onza de su perseverancia y de la magia financiera de Roy para finalizar *Blanca Nieves*, pues su costo fue de $ 1.7 millones de dólares. Después del asombroso éxito de la película, el estudio estuvo inundado de efectivo, pero solo por corto tiempo, dado que sus recién ganados millones no se quedaron en el banco por mucho tiempo. Walt construyó un estudio lujoso en Burbank y lanzó una serie de largometrajes costosos, como cuenta Thomas:

> La euforia que siguió al éxito de *Blanca Nieves* hizo que Walt decidiera gastar más dinero: *Bambi* costó $1.7 millones, *Fantasía* costó $2.2 millones, *Pinocho* costó $2.6 millones. Entonces, Roy le dijo que había que hacer un alto.

> "No hay más dinero, Walt", le dijo a su hermano. "Esas nuevas películas acabaron con todas las ganancias que generó *Blanca Nieves* y nuestro mercado en el extranjero está siendo golpeado por la guerra. Tenemos que apretarnos el cinturón".

> El estudio de Disney tambaleó durante la guerra y solo hacía películas de entrenamiento y propaganda. Walt tuvo dificultades para preparar el estudio para el mercado en tiempos de paz. Experimentó con películas en formato de comedias musicales y con otras que combinaban animación con acción real, pero ninguna pareció hacer clic[14].

La lucha del estudio de Disney por sobrevivir fue casi continua desde su fundación en 1923, hasta mediados de la década de 1950, cuando Walt apostó todo —su estudio, su casa, su póliza de seguro de vida— en su sueño de Disneylandia. Su parque temático fue probablemente la apuesta más importante en la historia de los negocios estadounidenses. Valió la pena, pero no porque Walt tuvo suerte o porque le pidió a una estrella que le concediera ese deseo, sino porque él se negó a renunciar. Como concluyó Bob Thomas, después de que Disneylandia tuvo éxito:

"Roy Disney no tenía mayores dificultades para encontrar el dinero que habría de financiar los sueños de Walt"[15].

Todo lo que Walt logró es un monumento a su obstinada persistencia ante la adversidad y la oposición. Roy E. Disney, sobrino de Walt e hijo de Roy O. Disney, me dijo: "Si Walt tenía un gran don, ese era que mantenía la cabeza gacha y seguía intentándolo. A lo largo de los años, le dijeron que sus ideas eran imprácticas, imposibles y que nunca funcionarían: 'Walt, perderás hasta tu camisa con *Blanca Nieves*', '¡Walt, olvida esa loca obsesión que tienes por construir un parque de diversiones!'. Walt sabía que sus ideas eran buenas y que sus detractores estaban equivocados. Así que demostró que la única forma de hacer las cosas era apegándose a sus ideas y creencias".

Como dijo el propio Walt: "Funciono mejor cuando las cosas van peor que cuando son tan suaves como la crema batida"[16]. Esa es el carácter persistente de un gran líder.

La ética laboral de Walt

Una vez, durante la década de 1950, Walt dejó el estudio de Burbank y se dirigió a su escondite de Smoke Tree Ranch, cerca de Palm Springs. Unas pocas horas después, uno de sus empleados del estudio miró hacia la puerta y Walt estaba allí, parado en la entrada. "Walt, ¿qué estás haciendo aquí?", le preguntó el empleado. "Se supone que estabas descansando en Palm Springs".

Walt sonrió y le dijo: "Sabes, la hierba es terriblemente verde por aquí"[17].

Rara vez, Walt era más feliz que cuando estaba en su elemento, yendo de un departamento al otro de su bullicioso estudio, inspeccionando, inspirando, motivando y trabajando. O como otro asociado de Disney le dijo a Hedda Hopper: "Este estudio es el palacio que alberga sus fantasías. Walt no puede mantenerse lejos de aquí"[18].

En 1957, el columnista Charles Denton, de International News Service, siguió a Walt por todo el estudio durante un día entero con el fin de hacerle una entrevista. La experiencia fue agotadora. Denton escribió:

"Podría decirse que Walt Disney es un dínamo relajado. Trabaja 14 o más horas al día, parece estar en todas partes de su estudio cinematográfico y rara vez se va de vacaciones. Durante una jornada laboral normal, se las ingenia para pasar de una conferencia a un set de sonido con rapidez, reajustando su mente sin esfuerzo para manejar cada uno de los que parecen ser una serie interminable de problemas y va solucionándolos a medida que estos surgen. Además, anda por todas partes sin un séquito de asistentes, ni de secretarias, ni de acompañantes, sin dar la impresión de que corre y sin olvidar detenerse para charlar brevemente con sus empleados"[19].

En 1966, en una de las últimas entrevistas que dio antes de su muerte, Walt habló sobre la importancia del trabajo duro para lograr nuestros objetivos de liderazgo:

Formé mi concepto acerca de lo que es el trabajo duro desde temprano en la vida. Al principio, trabajé en la granja de mi padre; luego, entregué periódicos en Kansas City para él también, que era distribuidor. A los 15 años, era anunciante de noticias en los trenes que iban a Colorado y por todas partes. A los 16, era vigilante nocturno en una fábrica de gelatinas en Chicago.

En la actualidad, los chicos viven demasiado inactivos. Sus padres no creen que sea bueno que ellos trabajen cuando son jóvenes, pero eso es un error. Ellos tienen mucho tiempo libre y no saben qué hacer con él.

Trabajé duro cuando era joven, pero también sabía cómo divertirme. Cada vez que tenía algo de tiempo libre, lo disfrutaba al máximo.

Si te mantienes ocupado, tu trabajo podría llevarte por caminos que tal vez no esperes conocer. Siempre he operado como la princesa de Serendip, que emprendía labores sin saber qué resultaría de ellas[20].

Para liderar como Walt, no basta con soñar. Debes construir —y construir sueños es un trabajo duro—. Pero, si trabajas duro y lideras como Walt, lograrás convertir tus sueños de cuentos de hadas en reinos reales.

Tom Connellan, autor de *Inside the Magic Kingdom,* me dijo: "Algunas personas son soñadoras; otras son constructoras. Walt era ambas cosas —una combinación única—. No solo soñaba. También ejecutaba sus sueños. Por eso, las lecciones de su vida son tan importantes para nosotros hoy. Necesitamos personas que tengan la visión de soñar como él, además de las habilidades y la energía que se requieren para llevar a cabo y hacer realidad esos sueños".

El cantante y actor Thurl Ravenscroft, cuya voz se escucha en muchas películas de Disney y en las atracciones de sus parques temáticos, me dijo: "Walt fue el mejor soñador de todos los tiempos, pero lo que lo hizo tan creativo fue que él vivía sus sueños, realizándolos. Cualquiera puede imaginar un ratón hablante o un castillo en un parque, pero se necesita mucho trabajo para hacer esos sueños realidad. Walt hizo realidad sus sueños y nunca se sentía satisfecho hasta que los construía de la manera correcta y exacta a como él los imaginaba".

Thurl les prestó su voz a muchos de los bribones en Piratas del Caribe. Thurl recuerda:

> Un día, Walt me acompañó por todas partes del estudio de grabación y me mostró dónde estaría todo —la cascada, el barco pirata, la ciudad en llamas—. Lo había soñado con todo lujo de detalles y estaba emocionado de ver cómo su sueño tomaba forma.
>
> Hay mucho que podemos aprender de la vida de Walt, pero una de las lecciones más importantes que él nos enseña es la de soñar en grande —luego, persigue tus sueños, analízalos, constrúyelos, conviértelos en realidad—. Walt es recordado hasta el día de hoy, no porque haya soñado, sino porque construyó lo que soñó. Cuando entras a Disneylandia, estás penetrando en su mundo de sueños. El mundo imaginario de Walt está ahí para que lo disfrutemos, porque, trabajando duro, él lo hizo realidad".

¿Cuáles son tus sueños y metas de liderazgo? ¿Qué tan duro estás dispuesto a trabajar para hacerlos realidad? Walt nos inspira a emular su fenomenal ética de trabajo.

La tolerancia de Walt

Cuando Walt eligió a Richard Fleischer para que dirigiera *20.000 leguas de viaje submarino*, le preguntó si podría recomendarle a un guionista para que colaborara en el proyecto.

Fleischer le respondió sin dudarlo: "Earl Felton". Fleischer y Felton habían trabajado juntos como director y escritor en proyectos cinematográficos anteriores, incluyendo *Armored Car Robbery* (1950), *The Narrow Margin* (1952) y *The Happy Time* (1952). Felton había perdido el movimiento de sus piernas, debido a un polio infantil, pero se desplazaba muy bien con una muleta y un bastón.

Aparentemente, Earl Felton se había hecho enemigo de alguien en Disney Studio, porque (como el animador imagineer de Disney Herb Ryman comentó) alguien intentó dañarle su reputación, diciéndole a Walt que él era comunista. Esto, por supuesto, fue durante el apogeo de la era de Red Scare y McCarthy. "Todos sabían que Walt era un comprometido anticomunista", afirmó Ryman. "Muy patriota y todo eso".

El hecho es que "el acusador de Felton", agregó Ryman, "pensó que Walt lo despediría o lo investigaría o lo echaría de la película (por ser comunista). Bueno, la respuesta de Walt fue: 'Me alegra saber eso. Es un alivio que sea un comunista. Pensé que me iba a decir que era un alcohólico'"[21].

Walt odiaba el comunismo y culpaba a los agitadores comunistas de la huelga que paralizó su estudio en 1941. Su actitud tolerante hacia Earl Felton no significaba que se había ablandado con respecto al comunismo. Simplemente, Walt sabía que muchos inocentes estaban siendo difamados con la acusación de ser "rojos". Además había visto su propia reputación arrastrada por el fango durante la huelga, de modo que no iba a dejarse influir por un rumor malintencionado.

(Resultó que Felton pudo haber sido un agente de la CIA. En 1962, el conocido Escándalo Profumo sacudió a Gran Bretaña y terminó la carrera del funcionario del gobierno británico John

Profumo, debido a su relación con la modelo de 19 años Christine Keeler.

El hecho es que Earl Felton salió a relucir en medio del escándalo. En su autobiografía de 2001, *The Truth at Last*, Keeler afirmó que Felton trabajaba para la CIA[22]).

La tolerancia y la compasión por los demás eran fundamentales en el carácter de Walt. Sí, podía ser de mal genio, pero siempre trataba de ser justo incluso con aquellos con quienes no estaba de acuerdo. Walt inculcó esas mismas cualidades de tolerancia y compasión en sus dos hijas. En enero de 1943, le dijo a su hermana Ruth:

"La pequeña Diane va ahora a una escuela católica que ella parece disfrutar mucho. La noto bastante cautivada con todas esas creencias y está estudiando catecismo. Todavía no ha decidido si quiere ser católica o protestante. Creo que ella es lo suficientemente inteligente como para saber lo que quiere hacer y siento que, cualquiera que sea su decisión, será su privilegio. Le he explicado que los católicos son personas como nosotros y que, básicamente, no hay diferencia. Al darle esta visión amplia, creo que mi hija tenderá a cultivar un sentimiento de tolerancia dentro de ella"[23].

La hija menor de Walt, Sharon, manifestó que su padre era "un hombre muy religioso" y agregó: "Pero él no creía que tuvieras que ir a una iglesia para ser religioso... Mi padre respetaba todas las religiones. No había nada que él criticara alguna vez. Ni siquiera contaba chistes religiosos"[24].

Walt tenía un amor genuino por la raza humana y transmitió sus valores de amor y tolerancia a través de sus películas, de sus programas de televisión y de Disneylandia.

El optimismo de Walt

Ray Bradbury escribió en una ocasión: "Walt Disney fue más importante que todos los políticos que hemos tenido. Ellos fingen ser optimistas. Walt lo *era*. Él hizo más para cambiar el mundo y hacer un mejor lugar de él que casi cualquier político"[25].

Su optimismo le permitió lidiar de forma constructiva con sus recuerdos de una infancia dolorosa. Aunque hablaba con franqueza sobre lo duro de su niñez en Kansas City, nunca dejó que el dolor de su infancia oscureciera su optimismo. Más bien, le dio forma a sus recuerdos en torno a sus idílicos años en la granja de Marceline, atesorando la emoción que sintió la primera vez que vio un desfile de circo o su alegría al ver la versión cinematográfica muda de *Blanca Nieves* cuando él era apenas un chico. Walt eligió emular y honrar los rasgos positivos de su padre sin vivir recordando su mal carácter, su comportamiento severo y su falta de comprensión.

Pollyanna, la película de Disney estrenada en 1960, es un derroche del optimismo de Walt. La gente suele usar "Pollyanna" como un término burlón para alguien que es ingenuo e infantilmente optimista ("¡Oh, no seas tan Pollyanna!"). Pero si has visto la película, sabes que el personaje principal, interpretado por Hayley Mills en su primer papel de Disney, es todo menos ingenua e infantil. La Pollyanna de Walt es una joven madura y bien fundamentada que ha soportado una adversidad increíble, incluida la muerte de sus padres. Sin embargo, su fe en el amor y en la bondad de Dios permanece intacta. Su optimismo transforma a todos los que la rodean, incluida su infeliz tía Polly (Jane Wyman).

Pollyanna es una representación simbólica del viaje de Walt desde su infancia dolorosa hasta su optimismo contagioso. Walt le ofreció su optimismo al mundo a través de sus dibujos animados, sus largometrajes, sus shows de televisión y con Disneylandia.

Si había un defecto evidente en el carácter de Walt, ese era su adicción a los cigarrillos. No estoy seguro de que sea justo llamar a su tabaquismo un "defecto de su carácter", pero sí era un hábito que lo controlaba —un hábito que él no logró controlar—. Lo adquirió en Francia, cuando fue conductor de ambulancia de la Cruz Roja, a sus 17 años de edad. Por lo general, fumaba Chesterfields o Camels sin filtro. Me han dicho que, para algunas personas, la adicción al tabaco es tan difícil de dejar como la adicción a la heroína. Para Walt, fumar se convirtió en una maldición de tres paquetes al día que le causó su muerte prematura.

A lo largo de los años, los miembros de su familia y sus colaboradores en el estudio (incluida Hazel George, la enfermera del estudio) lo instaron a dejar de fumar. En una Navidad, su hija Diane le regaló dos cartones de cigarrillos con filtro, esperando que los filtros le ayudaran a no empeorar su tos crónica. Walt se los fumó, pero les quitaba los filtros antes de encenderlos.

"Yo era amigo de Walt", me dijo Art Linkletter, "pero le fallé en un área. Muchas veces, le dije: 'Walt, tienes que dejar de fumar'. Él me respondía: 'Sí, Art, voy a dejar el cigarrillo'. Pero nunca lo hizo".

Jim Haught, empleado de Disneylandia, me contó que una vez Walt entró a un almacén del estudio de Burbank. Uno de sus trabajadores no lo reconoció y le dijo:

"Señor, no se puede fumar en este almacén".

Walt arqueó una ceja y le preguntó: "¿Quién dijo eso?".

"El propio Walt Disney".

Walt apagó su cigarrillo y dijo: "Bueno, si él lo dijo, eso es suficiente para mí".

En sus últimos años, Walt trató repetidamente de dejar de fumar, pero no tuvo éxito. De vez en cuando, Hazel George traía médicos para que hablaran con el personal de Disney sobre los peligros de fumar. Lo más probable es que ella esperaba que ellos pudieran hablar con Walt y con los demás fumadores del estudio, pero Walt nunca asistió a las conferencias. Una vez, le dijo a Hazel: "Tienes razón en una cosa: fumar y beber son pecado. Somos criaturas de Dios y, si no cuidamos el cuerpo que Él nos dio, estamos cometiendo un pecado"[26].

Walt era consciente de su posición como modelo a seguir de las próximas generaciones. Nunca fumó frente a sus invitados en Disneylandia y se negó rotundamente a permitir que se publicaran fotos donde él apareciera fumando. El historiador de Disney Jim Korkis visitó una vez los archivos de Disney y conversó con el archivero Dave Smith. Allí, notó varias fotos de Walt en las que él parece señalar con dos dedos y hay además una mancha blanca borrosa formándose en el aire en cada una de ellas, junto a él. Cuando Korkis le preguntó a Smith qué causó esas manchas, él le explicó que eran bocanadas de humo de cigarrillo. Los cigarrillos habían sido borrados de las fotos, pero no el humo. Walt parecía estar señalando con dos dedos, pero en realidad estaba sosteniendo un cigarrillo. Algunos creen que esas fotos manipuladas inspiraron a Disney Company para capacitar a los miembros de su equipo para que apuntaran siempre con dos dedos, nunca con el solo dedo índice[27].

Lo cierto es que los cigarrillos le robaron a Walt los que prometían ser sus años más creativos y productivos —y le robaron al mundo una utópica visión.

Un carácter bajo fuego

En enero de 2014, la actriz Emma Thompson recibió un premio durante la cena de National Board of Review por su trabajo en la película de Disney *Saving Mr. Banks*, en la cual ella interpretó el personaje de la autora de *Mary Poppins*, P. L. Travers, junto a Tom Hanks, como Walt Disney. Desafortunadamente, la actriz Meryl Streep, quien le entregó el premio a Thompson, eligió preciso aquel momento para destrozar la reputación de Walt.

Streep dijo que Walt, "quien trajo alegría, posiblemente, a miles de millones de personas… tenía algunas inclinaciones racistas y formó y apoyó un lobby antisemita al interior de la industria del cine".

Eso es sencillamente falso. El "lobby" al que ella se refirió fue la entidad Moción Picture Alliance for the Preservation of American Ideals (MPA). Esta se formó en febrero de 1944, con el fin de defender la industria cinematográfica de los fascistas y de la infiltración comunista. Otros miembros de la MPA incluyeron a John Wayne, Clark Gable, Gary Cooper, Ronald Reagan, Ginger Rogers, Barbara Stanwyck, Robert Montgomery, Victor Fleming y John Ford. La lista de los pertenecientes a esta organización supuestamente "antisemita" también incluía a notables judíos como Ayn Rand, Morrie Ryskind, Bert Kalmar, Norman Taurog y Cecil B. DeMille.

Walt se unió a la MPA por la misma razón que hizo películas como *Johnny Tremain* y *Davy Crockett* y por la misma razón que construyó atracciones como Great Moments with Mr. Lincoln: patriotismo. La MPA era una organización patriótica, pro Estados Unidos, a favor de la libertad y nunca ha tomado medidas antisemitas.

La MPA fue falsamente acusada de antisemitismo por una organización rival, Council of Hollywood Guilds and Unions, conformada en junio de 1944, con el fin esencial de contrarrestar la influencia de la AMP[28]. Tanto el Consejo como la MPA promovían los valores estadounidenses, pero desde diferentes perspectivas. La MPA era políticamente conservadora, mientras que el Consejo era políticamente liberal. Los miembros del Concejo, de tendencia izquierdista, incluían a Humphrey Bogart, Lauren Bacall, Danny Kaye, Walter Wanger y Clifford Odets. Ellos apoyaban la libertad de expresión de la Primera Enmienda y temían que la MPA quisiera imponerle censura a Hollywood. Desafortunadamente, el Concejo fue demasiado lejos, difamando a Walt y a otros miembros de la MPA, acusándolos de antisemitismo.

Yo desmentí a fondo esas afirmaciones de antisemitismo en *How to Be Like Walt* (2004). Además, en su biografía de Disney, publicada en 2007, Neal Gabler también rebatió esos cargos, manifestando:

"Entre los judíos que trabajaban en el estudio de Disney era difícil hallar a alguien que pensara que Walt era antisemita. Joe Grant, quien fue uno de sus animadores, el jefe del departamento de modelos y el narrador responsable de *Dumbo*... declaró enfáticamente que Walt no era antisemita. 'Algunas de las personas más influyentes en el estudio eran judías', afirmó él, pensando en sí mismo

—sin lugar a dudas— y en el director de producción Harry Tytle, así como en Kay Kamen, quien una vez bromeó, diciendo que en la oficina de Disney en Nueva York había más judíos que en el libro de Levítico. Maurice Rapf también estaba de acuerdo en que Walt no era antisemita; simplemente, era un 'tipo muy conservador', manifestó él. Aun así, cuando Tytle se unió al equipo de trabajo en el estudio, se sintió obligado a decirle a Walt que era mitad judío. Ante esto, lo que Walt le respondió enfáticamente fue que habría sido mejor si hubiera sido 100% judío"[29].

En otras palabras, no hay evidencia de que Walt fuera un fanático y en cambio sí hay una avalancha de testimonios de que no lo era. Sin embargo, estas acusaciones falsas continúan circulando, pero las personas influyentes como Meryl Streep tienen la obligación de verificar los hechos antes de dañar la reputación de otra persona, sobre todo, de alguien que ya no puede defenderse.

Meryl Streep también llamó a Walt "un fanático en contra del género". Ella citó "una carta escrita en 1938, en la que él le explica la política de su empresa a una joven llamada Mary Ford, de Arkansas, quien le presentó a Disney una solicitud para hacer parte del programa de formación en dibujos animados". La carta decía, en parte:

"Las mujeres no realizan ningún trabajo creativo en relación con la preparación de los dibujos animados de las películas, ya que esa tarea es realizada 100% por jóvenes caballeros. Por esta razón, no hay cupos para chicas en la escuela de formación. El único trabajo disponible para ellas consiste en trazar personajes con tinta china en láminas de celuloide transparente para luego rellenarlos por el reverso con pintura, de acuerdo con las instrucciones"[30].

La carta, firmada por la empleada de Disney Mary Cleave, es auténtica. El texto proviene del manual de políticas de la empresa de 1938. En esa era preliminar al feminismo, la mayoría de las empresas discriminaba a las mujeres. Los empleadores opinaban que perderían la inversión que ellos hicieran en las empleadas cuando ellas dejaran su trabajo para formar una familia. No estoy defendiendo esa política. Estoy diciendo que esa era la norma cultural de la época. Incluso Mary Cleave, la mujer que firmó la carta, no parecía creer que dicha política fuera injusta.

Lo más probable es que Walt no estuviera al tanto de esa política. Él estaba enfocado en los aspectos creativos y dejaba los asuntos del personal y las políticas empresariales en manos de Roy o de Ben Sharpsteen. De hecho, esa política va en contra de la posición de Walt con respecto a las mujeres en Disney Studio. En un discurso a sus empleados, el 10 de febrero de 1941, Walt declaró con orgullo que "estamos entrenando chicas" en la escuela de animación, y agregó: "Si una mujer también puede hacer el trabajo, este vale tanto como el de un hombre. Las chicas que trabajan como animadoras también tienen derecho a esperar las mismas oportunidades para avanzar que los hombres y creo honestamente que, en determinado momento, contribuirán a este negocio desde una perspectiva que los hombres nunca tendrán, ni podrán tener". Walt elogió a tres animadoras femeninas por sus destacadas contribuciones: a Ethel Kulsar y a Sylvia Holland, por *Fantasía*, y a Retta Scott, una animadora clave de *Bambi*.

Resulta evidente que Walt se *adelantó* décadas a su tiempo con su perspectiva acerca del trabajo realizado por las mujeres. Él citó el principio de igual remuneración por un mismo trabajo ("Si una mujer también puede hacer el trabajo, este vale tanto como el de un hombre..."), igualdad de oportunidades ("las mismas oportunidades para avanzar") y la idea de que las mujeres que trabajaran en el campo de la animación contribuirían con una perspectiva "que los hombres nunca tendrán, ni podrán tener". Había muchas mujeres animadoras, artistas de cuentos y pintoras de fondo en el estudio de Disney en las décadas de 1930 y 1940, incluida Mary Blair, directora de arte de *Saludos Amigos, The Three Caballeros, Cenicienta, Alicia en el país de las maravillas* y *Peter Pan*. Otras artistas prominentes que trabajaron para Disney durante esa época incluían a Mildred Rossi, Thelma Witmer, Sterling Sturtevant, Bee Selck, Lorna Soderstrom, Fini Rudiger y Gyo Fujikawa.

Después de que las declaraciones de Meryl Streep fueran publicadas en la prensa, el animador que trabajó durante mucho tiempo en Disney, Floyd Norman, publicó una reflexiva y equilibrada respuesta en su blog. Norman, un afroamericano, presentó una lista de muchos de los empleados pertenecientes a las minorías y de las mujeres que trabajaban en el estudio de Disney durante la época de Walt, incluida Phyllis Hurrell, que dirigía el departamento que producía comerciales de televisión en la década de 1950. Norman escribió:

> Ya sabemos que, allá por la década de 1930, las mujeres no recibieron las oportunidades que ellas merecían. Esta no era una política empresarial que se practicara solo en Walt Disney Productions, sino en las empresas estadounidenses en general. Aun así, las mujeres que trabajaron en el departamento de tinta y pintura de Disney me han dicho que nunca tuvieron un mejor trabajo que ese. ¿Se les negaba la oportunidad de competir con los chicos en el área de animación? Apuesto a que sí. Y, a pesar de eso, durante los años de la guerra, las mujeres jóvenes demostraron que tenían lo que se necesitaba para competir con los grandes.

Walt Disney tenía sus defectos, como el resto de nosotros, como la mayoría de nosotros, pero él continuó creciendo a medida que avanzaba por la vida y con el tiempo reconoció que las mujeres podían competir a la par con los hombres. Él sabía que el talento no tiene color, ni etnia y juzgaba a las personas por su capacidad para hacer su trabajo y por la calidad de este. Walt Disney era un hombre de su época, pero estaba decidido a no ser prisionero de ella. Por eso, soñó con un mundo mejor e incluso tuvo la audacia para intentar construirlo.

En mi carrera de más de cincuenta años, él fue sin duda el mejor jefe que he tenido[31].

Espero que algún día Meryl Streep se dé cuenta de que el hombre al que ella condenó como un "intolerante" fue verdaderamente uno de los líderes más ilustrados del siglo XX. Asegurarnos de nuestros propios actos es una cuestión crucial que implica honestidad, integridad y buen carácter, tal y como hemos visto en la vida de Walt. Si Meryl Streep alguna vez lee estas palabras, espero que investigue sobre el carácter de Walt con una mente abierta, que reconsidere sus palabras dañinas y que se retracte de ellas públicamente.

¿Qué podemos aprender sobre el ejemplo del carácter de Walt? Estas son las lecciones que he observado:

1. **La capacidad de perdonar es esencial en el ejercicio de un liderazgo eficaz.** Pocas personas hirieron a Walt más profundamente que Charles Mintz, el distribuidor de películas que tomó el control de la caricatura de Walt, *Oswald the Lucky Rabbit*. Unos meses después de perder a Oswald a causa de Mintz, Walt fue a Universal Studios a reunirse con un ejecutivo para hablar sobre un posible acuerdo de distribución de su nueva serie de Mickey Mouse. Entran-

do a la sala de espera, Walt se sorprendió al encontrar a Charles Mintz sentado allí, sombrero en mano, luciendo nervioso e incómodo.

Walt le sonrió con una sonrisa amplia, le extendió la mano y lo saludó cálidamente, como si el pasado reciente estuviera olvidado por completo. Intercambiaron bromas y ni Walt, ni Mintz mencionaron el asunto de Oswald. Más tarde, Walt le escribió a Roy y le contó sobre su encuentro con Mintz. "Pobre Charlie", escribió Walt. "Fue triste verlo así"[32]. Walt no solo lo perdonó, sino que se compadeció del hombre que le había robado a Oswald.

El empresario David K. Williams (autor de *The 7 Non-Negotiables of Winning*) escribiendo en Forbes, definió el perdón como: "El rasgo de liderazgo menos entendido en el lugar de trabajo". En su empresa de software, Fishbowl, "la capacidad innata de perdonar" está entretejida en la cultura empresarial. El perdón, afirmó, "impregna todo lo que hacemos y es reconocido por todos los que trabajamos allí. Tenemos claro que, cuando alguien comete errores, le ayudamos a superarlos y a aprender nuevas habilidades y formas de hacerlo"[33]. Así que sé un líder de buen carácter, sé un líder que perdona.

2. **Necesitas autoconfianza. Cree en tus habilidades y tu visión —pero al mismo tiempo, sé humilde.** El animador conservacionista Ron Stark me dijo: "Walt era un tipo sencillo y humilde. Él nunca tuvo la actitud de 'yo soy Walt Disney y puedo hacer lo que quiera'. Su genuina humildad lo hacía accesible para todos y no sufría de ínfulas de grandeza. Era un simple chico normal que jugaba en su patio trasero con sus trenes grasientos. Trabajó en Hollywood, pero nunca 'se volvió al estilo de Hollywood'". Walt tenía

un ego fuerte, pero no un ego inflado. Su humildad le impidió que su confianza en sí mismo se le convirtiera en una arrogancia insufrible.

3. **Sé generoso con tu tiempo y tus recursos.** Para Walt, el dinero no valía nada a menos que sirviera para generarles felicidad y beneficios a otras personas. Para liderar como Walt, debes apoyar a otros y a las causas en las que ellos creen. Utiliza el producto de tu trabajo y tu ingenio para bendecir a los demás. Todos los días, intenta ayudarle a alguien que nunca podrá reembolsarte, ni devolverte el favor. Haz de la generosidad un hábito diario.

4. **Cuida tu integridad.** Walt se negó a comprometer su integridad. Nadie hubiera sabido que una breve toma de su documental sobre los leones africanos había sido filmada en Griffith Park, pero Walt sí lo hubiera sabido. Él sabía que la integridad es una propuesta de un todo o nada, así que se negó a comprometer la verdad, incluso en un asunto tan aparentemente intrascendente como ese. La honestidad y la integridad son esenciales en el ejercicio del buen carácter —y el buen carácter es esencial para desarrollar un gran liderazgo.

5. **Nunca te rindas.** La perseverancia es esencial en el liderazgo. Rendirse no es una opción en un líder de carácter fuerte. Mickey Mouse, *Blanca Nieves* y los siete enanitos y Disneylandia son todos monumentos a la persistencia sólida como una roca de Walt Disney.

6. **Trabaja más duro que nadie.** Walt era un soñador —pero ninguno de sus sueños se habría hecho realidad sin trabajar duro—. Los sueños son tan insustanciales como el

polvo de duendes. Es el trabajo duro el que convierte los sueños en realidad.

7. **Lidera con tolerancia.** Contrario a ciertas difamaciones que se extendieron sobre Walt en boca de algunos revisionistas, la tolerancia era una de sus virtudes fundamentales. Walt creía en la tolerancia religiosa, en la tolerancia racial y en la tolerancia política. Celebraba la diversidad y pensaba que era un beneficio para la humanidad que no todos nos parezcamos, ni pensemos igual, ni creamos lo mismo. Para él, la gente de distintas personalidades, de diferentes puntos de vistas y de diversos trasfondos se complementa entre sí y multiplica sus contribuciones a la sociedad. Si lideras tu equipo u organización con una actitud tolerante, cosecharás las recompensas propias de las diferentes formas de pensar, de trabajar y de los diferentes estilos de creatividad. La tolerancia a las diferencias es un rasgo clave para el éxito.

8. **Lidera con optimismo.** Tener una perspectiva positiva fue esencial en el éxito de Walt. Él imprimió su propio optimismo en la personalidad de Mickey Mouse. Al mismo tiempo, nunca dejó que su optimismo afectara su realismo. Una vez, dijo: "Siempre me gusta mirar el lado optimista de la vida, pero soy lo suficientemente realista para saber que la vida es un asunto complejo. Con la risa vienen las lágrimas y, en el desarrollo de películas o de programas de televisión, debes combinar todos los hechos de la vida — drama, tragedia y humor—"[34]. Una actitud optimista y positiva es contagiosa. Cuando lideras con optimismo, inspiras confianza y entusiasmo en aquellos a quienes lideras.

Walt fue un gran líder, porque era un buen hombre que cuidaba su buen carácter. Para liderar como Walt, necesitas cuidar tu buen carácter. Los oponentes y los críticos mal informados llegarán a atacarte y propagar falsos rumores sobre ti. Pero si, como Walt, tú vives bien, conservas tu integridad y les haces el bien a los demás, tus logros y tu buen nombre perdurarán.

El espíritu competitivo de Walt

6

En su primer lanzamiento, la película de *Blanca Nieves y los siete enanitos* ganó $8.5 millones de dólares —equivalentes a más de $150 millones de hoy—. En 1944, con los mercados extranjeros cerrados por la Segunda Guerra Mundial, el estudio de Disney luchaba por sobrevivir, de modo que Walt decidió relanzarla en un intento por generar más ingresos —tan necesarios en ese momento—. El estudio gastó cientos de miles de dólares en publicidad, en nuevas imágenes en Tecnicolor y en una gira publicitaria con Adriana Caselotti (la voz de Blanca Nieves), Clarence "Ducky" Nash (la voz de Pato Donald) y siete enanos disfrazados. Aunque su relanzamiento no fue un éxito tan grande como el lanzamiento inicial, el hecho es que el estudio de Disney obtuvo un ingreso bastante importante (y muy necesario) de $1.41 millones[1].

Siete años después, Walt decidió promocionar *Blanca Nieves* una vez más. El lanzamiento estuvo precedido por *The Walt Disney Christmas Show,* transmitido en CBS el día de la Navidad de 1951[2]. Durante el programa, se emitieron clips de *Blanca Nieves,* entre ellos, uno del espejo mágico de *Blanca Nieves,* con la voz de Hans Conried. Los expertos en la industria del entretenimiento pensaron que Walt había perdido la cabeza. Según la sabiduría convencional, la transmisión de secuencias de películas en la televisión dañaba su valor en las salas de cine. Nadie compraría una entrada para ver una película cuyas escenas ya había visto en televisión (aunque solo fuera en clips cortos). Pero Walt veía la televisión como su aliada de marketing. Para él, darle a probar a la gente una entrada de una película en la televisión significaba que habría quienes quisieran pagar para disfrutar de la cena completa en las taquillas de los teatros.

El público demostró que Walt tenía razón. Esa promoción televisiva hizo que aquel relanzamiento de *Blanca Nieves y los siete enanitos* en 1952 fuera un gran éxito. La demanda del público por una película que había sido lanzada hacía 15 años fue tan alta que, en una ciudad de Australia, hubo que llamar a la Policía para controlar a las multitudes que llenaban las calles frente al teatro donde la estaban presentando. (Al otro lado de la calle, la taquilla de un teatro que presentaba una película en 3D estaba, prácticamente, vacía.)[3].

Walt usó las ganancias de ese relanzamiento de *Blanca Nieves* en 1952 para establecer su propia empresa de distribución, Buena Vista, y así lanzar una línea de documentales en largometraje conocida como *True-Life Adventures,* comenzando en 1953, con *The Living Desert*[4].

En síntesis, la compañía Disney promovió *Blanca Nieves* un total de nueve veces en las salas de cine: 1937, 1944, 1952, 1958, 1967, 1975, 1983, 1987 y en 1993. Según Guinness World Records, esos nueve lanzamientos recibieron un total de $184.925.486 millones de dólares solo en los EE. UU. —un ingreso equivalente a $1.2 mil millones de hoy, ajustándolos a la inflación[5].

La popularidad de *Blanca Nieves* complació y molestó a Walt. Po una parte, se sentía feliz de haber realizado en 1937 una de las películas más populares y exitosas de todos los tiempos. Por otra parte, le molestaba que, durante años, hasta él mismo fuera incapaz de superar esa producción. En 1953, uno de sus colaboradores en el estudio de Disney le dijo a Hedda Hopper: "Creo que el éxito perenne de *Blanca Nieves* molesta a Walt. Lo veo decidido a superarla, pero, cada vez que esta película se reedita tiene más éxito que nunca"[6].

De hecho, no fue sino hasta 1964, con el lanzamiento de *Mary Poppins*, que Walt al fin pudo superar a *Blanca Nieves*.

Un gran líder debe comenzar con una *visión*. Si esta es clara, el líder deberá tener las *habilidades comunicativas* que le permitan transmitirle esa visión a su equipo de trabajo. Además, necesitará las *habilidades interpersonales* que se requieren para motivar y dinamizar a sus colaboradores, junto con el *buen carácter* que se necesita para construir un vínculo de confianza con todos y cada uno de ellos. Pero estos primeros cuatro rasgos del liderazgo no le servirán de mucho a un líder que carezca de este quinto rasgo: *competencia*. Defino competencia como la capacidad de lucha, el deseo de batallar hasta conseguir la excelencia, tener el impulso necesario para perseguir y alcanzar grandes metas.

Walt tenía un impulso competitivo intenso, una necesidad obsesiva por continuar superando sus logros anteriores. Walt no competía contra otros cineastas. Ningún otro estaba en su liga. Más bien, competía sin cesar contra sí mismo. Perseguía implacablemente su meta de lograr excelencia en todo lo que hiciera, ya fuera una caricatura de siete minutos, una película de largometraje o el primer parque temático del mundo.

LA CAPACIDAD DE WALT PARA LOGRAR UNA MAGNÍFICA INTERPRETACIÓN

Además de su larga carrera en Disney, Thurl Ravenscroft fue quien hizo la voz de la mascota Tony the Tiger, de Kellogg's Frosted Flakes. Además, siendo él el bajo del cuarteto Mellomen, su bajo se escucha en *Alicia en el país de las maravillas*, *La dama y el vagabundo*, *Cenicienta* y en otros clásicos de Disney. Thurl habló del intenso compromiso de Walt con la excelencia y señaló que Walt participó, personalmente, en cada sesión de grabación.

"Él sabía qué estaba bien y qué estaba mal. Así que se aseguraba de estar presente en todas nuestras sesiones de grabación y le gustaba mi trabajo. Cada vez que se le ocurría una idea, decía: 'Veamos qué hace Thurl con respecto a esto'".

Desde el día de la inauguración de Disneylandia, la voz de Thurl se escuchaba por todo el parque. "¡Oh, hice tantas cosas en Disneylandia!", manifestó él. "Estuve en el tren que daba la vuelta al parque. Yo era el que decía: 'Hola amigos, bienvenidos a bordo del Disneyland Railroad!'. Y en Bear Country Jamboree. Allí, yo era la cabeza de búfalo en la pared... En Piratas del Caribe, yo solía ser la voz de muchos de los piratas borrachos". El cuarteto Mellomen también canta en la secuencia del cementerio de la Mansión Encantada, con la cara de Thurl apareciendo como una de las estatuas cantantes.

Thurl and the Mellomen interpretaron la música de la que se convirtió en una experiencia inolvidable en *La dama y el vagabundo*. Se trata de la escena de la perrera en la que un cuarteto de perros canta una triste interpretación de *There´s No Place Like Home*. Esa fue una escena conmovedora que, de alguna manera, se las arregla para ser divertidísima y desgarradora al mismo tiempo. Las sombras de los barrotes de la perrera aparecen sobre los perros, haciéndolos ver como si los cuatro llevaran uniformes a rayas. La escena fue idea de Walt y Thurl recuerda cómo él le describió cuál era la interpretación que quería que la banda hiciera:

> Walt nos dijo: "Voy a hacer una película con una escena en una prisión. Pero la escena va a ser de perros. Y los perros tienen que aullar en cuatro partes armónicas. ¿Pueden hacerlo?". Entonces, le dijimos: "Lo que podemos hacer es intentarlo, Walt". Así que nos dimos a la tarea de ver qué lográbamos y Walt estuvo allí durante toda la sesión.

> Al fin, nos dijo: "Suenan maravilloso, muchachos, pero aun así, suenan como seres humanos queriendo aullar como perros". Entonces, le dijimos: "Walt, ¿por qué no subes a tu oficina y almuerzas? Nosotros también almorzaremos y luego lo intentaremos una vez más. Te avisaremos cuando creamos que ya tenemos algo más concreto que mostrarte". Así que nos quedamos en el estudio, él subió a su oficina y nosotros ensayamos y ensayamos y grabamos varios intentos. Finalmente, dijimos: "¡Oigan, eso sonó a perros de verdad!".

Así que llamamos a Walt y él se sentó en ese gran escenario de sonido con tres altavoces del teatro a su alrededor, mientras nosotros tocábamos. Miré a Walt y había lágrimas corriendo por sus mejillas, y me dijo: "¡No le arreglen nada! ¡Lo lograron!". Y eso era típico en Walt. Él sabía lo que quería y no estaba feliz hasta que lo lograra. Walt supo que ahora sí sonábamos como perros aullando[7].

Una de las habilidades de liderazgo más importantes de Walt Disney fue su capacidad para extraer de un artista o de un actor o de un músico la interpretación que se necesitaba. ¿Cómo adquirió Walt esta habilidad? Respuesta: a través de años y años de práctica.

Sus primeros intentos por lograr una magnífica interpretación tuvieron lugar a principios de 1920, cuando estaba haciendo *Alice Comedies*, combinando las imágenes en vivo de una actriz infantil con las imágenes de las bromas de algunos personajes animados. Virginia Davis, la primera actriz que interpretó a Alice en *Alice Comedies*, compartió conmigo un punto de vista fascinante: Walt logró que ella consiguiera hacer esa actuación, representando él mismo el papel.

"Walt era un narrador y actor excelente", dijo ella. "Él mismo interpretaba el personaje para que yo pudiera ver el tipo de actuación que él deseaba que yo hiciera. Me decía: 'Supongamos que hay un león persiguiéndote. ¡Aquí viene! ¡Estás asustada! ¡Ahora, grita!'. O fingía ser un lobo y rugía, ¡Arrgghh! Como eran películas mudas, él podía dirigirme en voz alta mientras la cámara estaba grabando".

Cuando Disney estaba construyendo atracciones para la Feria Mundial de Nueva York, en 1964, Walt volvió a demostrar su capacidad para conseguir una gran actuación. El tema de exhibición del Estado de Illinois en la feria se llamaría "Grandes momentos con Mr. Lincoln", con una versión en audio-animatronics del Presidente Abraham Lincoln. Walt se arriesgó mucho al aceptar ese reto. La tecnología de audio-animatronics estaba en su etapa inicial y solo se había utilizado en Disneyland's Enchanted Tiki Room para animar pájaros de tal modo que ellos parecieran estar hablando. Sin embargo, Walt les había prometido a sus patrocinadores que Lincoln hablaría y se movería de manera convincente.

Para programar el robot, uno de los imagineers de Walt filmó al actor Royal Dano, pronunciando un discurso de Lincoln, utilizando los gestos y expresiones del actor como una referencia. En la primera toma, Dano hizo una lectura excelente —pero Walt gritó: "¡No, no! ¡Eso no es lo que yo quiero!" —. El actor hizo unas cuantas lecturas y, cada vez que las hacía, Walt se disgustaba. Finalmente, cansado y desanimado, Dano pareció incapaz de continuar.

En ese momento, Walt se puso de pie y dirigió a todo el equipo del estudio a cantar *The Battle Hymn of the Republic*. Aquel fue un momento electrizante. Mientras los miembros del equipo se secaban las lágrimas, Walt le hizo una señal a Royal Dano y el fantasma de Lincoln habló a través de él. Cuando la gente visitaba "Grandes momentos con Mr. Lincoln", todo el mundo se asombraba y se conmovía ante la fuerza emocional de la actuación de Mr. Lincoln. Después de aquella Feria Mundial de Nueva York, Walt llevó a Mr. Lincoln a la Opera House de Main Street, en Disneylandia, donde se celebraba el décimo aniversario del parque, en julio 17 de 1965.

La capacidad de Walt para inspirar y motivar a sus actores, escritores, compositores y artistas hasta conseguir la interpretación que él quería de ellos es un vívido ejemplo de su idoneidad para liderar. ¿Cómo adquirió él esta habilidad? Nunca fue a la escuela de negocios. De hecho, nunca terminó la escuela secundaria. Walt fue 100% autodidacta. Aprendió todo lo que necesitaba para ser un líder de la misma manera que tú y yo podemos aprender: a través de la lectura, hablando con la gente, adquiriendo experiencia, mediante la práctica y siguiendo la curiosidad a donde fuera que esta lo condujera.

El compromiso de Walt con el aprendizaje continuo

Los logros de Walt Disney como líder empresarial y magnate del entretenimiento nunca han sido igualados. Walt probó ser uno de los mayores innovadores del siglo XX, pues produjo las primeras caricaturas que hablaban, los primeros dibujos animados en Tecnicolor, la primera película animada en largometraje *(Blanca Nieves)*, la primera película con sonido multicanal *(Fantasía* en Fantasound) y los primeros dibujos animados en pantalla ancha. Walt tiene el récord de todos los tiempos con más premios de la Academia —59 nominaciones y 26 Premios Oscar (22 premios competitivos y cuatro premios honoríficos). Además, creó el primer infomercial en televisor con su documental de Disneylandia, a través de la realización de *20.000 leguas de viaje submarino.*

Walt inventó un nuevo tipo de entretenimiento —el parque temático— cuando abrió Disneylandia en 1955. Poco después de su inauguración, Disneylandia se convirtió en el principal destino turístico de América. Walt inventó y patentó la tecnología conocida como audio-animatronics, que les dio vida a los pájaros en Enchanted Tiki Room, repobló el Caribe con piratas y resucitó a un amado presidente estadounidense. Obtuvo patentes de una serie de invenciones y revolucionó el transporte con sus sistemas de Disneyland Monorail y PeopleMover.

Walt cofundó una universidad privada, California Institute of the Arts (CalArts). Desempeñó un papel destacado como líder en los Juegos Olímpicos de Invierno de 1960 y en la Feria Mundial de Nueva York de 1964. Antes de su muerte, comenzó a desarrollar otro parque innovador en Florida, Walt Disney World, presentando un nuevo tipo de ciudad: EPCOT, la Comunidad de Prototipos Experimentales del Mañana.

Esta es una lista asombrosa de logros en la vida de un granjero autodidacta de Missouri. ¿Cómo lo explicas? Su amigo Art Linkletter nos ofrece esta simple explicación: "Walt tenía la mente de un niño. Era muy curioso"[8]. En una entrevista unos meses antes de su muerte, Walt habló sobre su curiosidad innata y de su compromiso con el aprendizaje permanente:

> Siempre he tenido una gran curiosidad innata. Siempre que sentía curiosidad sobre algo, iba a la biblioteca y pedía todos los libros que hubiera allí sobre ese tema. Leía sobre todo lo que me interesara y luego les hacía preguntas a personas que fueran expertas en ese campo.

> Cuando comencé con las películas de dibujos animados, les preguntaba a artistas mayores cómo hacían ellos las cosas. Algunos no quisieron darme ningún secreto acerca de su oficio, pero la mayoría me brindó toda la ayuda que yo necesitaba.

> Hoy, sigo haciendo lo mismo. Si tengo curiosidad de algo, tomo el teléfono y llamo a alguien que sepa al respecto. Siempre obtengo una respuesta. Te sorprendería lo agradable que puede ser la gente cuando les demuestras que estás realmente interesado en aprender[9].

Walt absorbía el conocimiento, las ideas y la inspiración de quienes él tuviera a su alrededor. Durante la construcción de Piratas del Caribe, que comenzó durante la construcción de un pantano simulado, ubicado en Luisiana, Walt se enteró de que uno de sus constructores nació y se crio en aquel pantano, así que decidió caminar con él a lo largo y ancho de la atracción y le preguntó: "¿Sí es esto realista? ¿Si eran así los detalles?". "Está bien", dijo el hombre. Sin embargo, faltaba algo, pero él no lograba identificar qué era.

Caminaron por toda la atracción una vez más y esta vez el hombre dijo: "¡Luciérnagas! ¡Debería haber luciérnagas en el pantano!". Unos pocos días más tarde, el pantano se llenó de luciérnagas eléctricas.

Algunas de sus mejores ideas se le ocurrían a Walt durante sus viajes por el país o en el extranjero. Cuando viajaba, no hacía turismo, sino que investigaba, buscaba nuevas ideas y nuevos proyectos. Después de unas vacaciones europeas en 1957, regresó al estudio de Burbank lleno de energía e ideas. Entonces, le confesó al periodista Bob Thomas: "Soy un pésimo turista"[10].

Walt vivía fascinado con los aparatos mecánicos. A mediados de 1949, él, Lillian y sus hijas Diane y Sharon estaban de vacaciones en Europa. De modo que, durante los días de su estadía en París, Walt salía solo, dejando a su esposa e hijas en el hotel. Una vez, regresó con dos bolsas de compra repletas de animales de juguete mecánicos. Walt y las chicas les dieron cuerda y los pusieron a funcionar, rodando y haciendo ruido en el piso. Las niñas estaban entretenidas, pero Walt estaba estudiando los juguetes. Al rato, le dijo a Lillian: "Es asombroso que puedas conseguir un movimiento tan interesante con un mecanismo tan simple"[11].

Un año después, Walt y Lillian visitaron una de sus ciudades favoritas, Nueva Orleans. Estando allí, entraron a una tienda de antigüedades y Walt quedó cautivado instantáneamente con un pájaro mecánico que había en una jaula. Silbaba y gorjeaba, movía la cabeza y las alas, y abría el pico en sincronía con el sonido de los trinos de un pájaro. Walt compró aquel pájaro mecánico y se lo llevó a su casa en California. Allá, se los mostró al maquinista de su estudio Roger Broggie y al escultor Wathel Rogers (que más tarde, se convertiría en su primer imagineer) y les pidió a ambos que lo desmontaran y averiguaran cómo funcionaba.

Después de analizarlo, ellos descubrieron que el pájaro operaba por medio de un resorte de cuerda que hacía girar una serie de levas y engranajes. Una leva hacía que las alas aletearan, otra accionaba el pico, otra le hacía mover la cabeza, otra producía los trinos y demás sonidos. Aquel resultó ser un mecanismo bastante ingenioso. Cuando Broggie y Rogers le mostraron cómo funcionaban las entrañas del pájaro y lo compacto que era todo el sistema, al instante, Walt vio que ahí había posibilidades de hacer algo más grande. Si un fabricante de juguetes anónimo pudo construir tal pájaro tan convincentemente real por medio de levas, engranajes y un resorte de cuerda, ¿cómo no iban los ingenieros de su estudio a construir un hombre mecánico?

En 1951, Walt contrató al actor y bailarín Buddy Ebsen para que realizara una rutina de baile frente a una pantalla blanca marcada con líneas de cuadrícula negras espaciadas a 12 pulgadas de distancia. Walt representó los movimientos que él quería que Ebsen hiciera y Ebsen siguió cada instrucción, realizando una rutina de baile a medida que las cámaras de cine de 35 mm grababan sus movimientos desde tres ángulos a una velocidad de 24 fotogramas por segundo. Después de la sesión, cada fotograma fue ampliado, estudiado, medido y analizado matemáticamente para que Broggie y Rogers pudieran construir un bailarín mecánico de nueve pulgadas, usando la misma tecnología de engranajes y levas del pájaro mecánico.

Este esfuerzo, conocido como Proyecto Little Man, fue el precursor de la técnica de los audio-animatronics[12]. Con el tiempo, Walt decidió poner en espera este Proyecto Little Man con el fin de asignar a sus imagineers a comenzar con la construcción de Disneylandia[13].

El entusiasmo de Walt con las ideas y la imaginación

La mayor área de competencia en el liderazgo de Walt era su capacidad para entrenar y magnificar la creatividad de los demás. Walt fue un espontáneo generador de ideas y una esponja para absorber las ideas creativas de los demás. El veterano editor de películas de Disney, Stormy Palmer, relató: "Walt nos escuchaba a todos en las reuniones y nos lo dejaba saber si pensaba que alguno de nosotros estaba equivocado, pero se quedaba pensando en lo que le decíamos. Más tarde, te lo encontrabas en el pasillo y te decía: 'Bueno, tal vez estás en lo cierto. ¿Por qué no volvemos y le echamos otro vistazo a tu idea?'. Él tenía sus propias ideas, pero siempre estaba dispuesto a escuchar nuevas ideas. Walt era un buen oyente".

Nada despertaba más su entusiasmo que una gran idea para la cual fuera el momento de convertirla en realidad. "Pasas por etapas con cada idea", le dijo Walt al entrevistador Charles Denton. "Primero, no estás seguro. Después, te emocionas y luego te preocupas. Cuando empiezas a hacer compromisos con respecto a realizarla, te entra pánico. A ese punto, ya habrás contratado personas y ellas ya estarán listas para comenzar a trabajar en ella. Sin embargo, no sabes si tú mismo estarás listo para convertir esa idea en realidad. Es muy emocionante"[14].

Una vez que Walt se comprometía con una idea, como *Blanca Nieves* o Disneylandia, se dedicaba a luchar por ella hasta hacerla realidad. Le dijo a Denton ("con una voz teñida de entusiasmo", comentó el periodista): "Tienes una idea y, simplemente, no ves la hora de comenzar a ejecutarla. Y, una vez que has comenzado a trabajar en ella, estás ahí, luchando hasta hacerla realidad. Surgen muchos problemas, pero los afrontas. Ya no puedes echarte atrás. Te deprimes de vez en cuando, pero es emocionante. Creo que todo el proceso en sí mismo es emocionante". Denton agregó: "Con este espíritu entusiasta que lo caracteriza, Disney ha arriesgado millones, ha alterado el curso de la historia del cine, ha ayudado a generar la competencia entre tres cadenas de la televisión y ha ganado una influencia de talla internacional"[15].

Un líder creativo está constantemente observando y nunca desperdicia una experiencia. *Traffic Troubles*, el corto de Mickey Mouse de 1931, se inspiró en una multa de tráfico que Walt recibió de un policía de Los Ángeles. Walt iba rumbo a trabajar cuando le dieron una multa y, por supuesto, llegó al estudio renegando y echando humo. Entonces, a medida que sus animadores se reunían a su alrededor y lo escuchaban, Walt se dio cuenta de que esa era una historia jocosa, por lo menos, para ellos. Dado que Mickey era el alter ego de Walt, era natural que esa multa de tráfico se convirtiera en el tema de una caricatura de Mickey Mouse.

Walt le asignó *Traffic Troubles* a David Hand, un experimentado animador que había trabajado en los estudios J. R. Bray y Walter Lantz antes de venir a trabajar a Disney. Hand le dijo al entrevistador Michael Barrier: "Tenía que hacer una escena en particular, que se trataba de Mickey Mouse en un taxi (para *Traffic Troubles*) y la hice lo mejor que pude. Tomé la moviola y comencé a trabajar con Walt y él comenzó a entrecerrar los ojos, a retorcerse, a gruñir y a decir: '¡No, no, esto no tiene la acción suficiente!', así que le dije que, bueno, que estaba bien y regresé a mi escritorio".

Hand volvió a dibujar la escena, haciendo que la acción fuera más salvaje y exagerada. Le mostró la prueba en lápiz a Walt y él se la volvió a rechazar. Para Walt, la escena todavía no era lo suficientemente exagerada. Así las cosas, Hand tuvo que dibujar la misma escena cinco veces, cada versión más exagerada que la anterior. Sin embargo, Walt seguía rechazándola. ¡Quería más exageración!

David Hand recuerda: "Pensé: '¿Qué quiere este loco?'. Llevaba once años en el negocio y Walt tenía mucho menos tiempo en él. Yo solo pensaba en que él debería saber que mi trabajo de animación era bueno y que eso era todo".

Finalmente, David Hand decidió que le mostraría a Walt lo equivocado que estaba. "Dije: Voy a hacer que esto sea tan exagerado, tan extravagante, tan loco, que él tenga que decir: 'Bueno, Dave, no quise exagerar hasta *ese extremo*'. Y eso hice... aquella era una escena tan extravagante y tan extrema, que me sentía avergonzado de lo que había hecho. Y al llevarle y mostrarle a Walt la nueva prueba, estando yo convencido de lo exagerada que me había quedado, le dije: 'Bueno, Walt, hice esta escena una vez más, espero que esta sí esté bien', esperando que él explotara".

Walt puso la cinta de la película en la moviola y la miró una y otra vez, una y otra vez. Finalmente, me miró con una amplia sonrisa y me dijo: "¡Esta era la escena que yo quería! ¿Por qué no la hiciste así desde el comienzo?'".

Hand recuerda: "Esa lección se me quedó grabada"[16]. A medida que avanzó en su carrera en Disney y se convirtió en supervisor de animación, David Hand les enseñó esa misma lección a los jóvenes animadores que él supervisaba: desata tu imaginación. Dale rienda suelta a tu creatividad. No les hagas caso a tus inhibiciones. Vuélvete loco y exagera. Ese era el enfoque de Walt con respecto a la creatividad y David Hand lo adoptó como propio.

La mayoría de nuestras limitaciones creativas es autoimpuesta. Nos limitamos, preocupándonos por lo que pensarán los demás. Sin embargo, en el momento en el que le ponemos límites a nuestra imaginación, inhibimos nuestra creatividad. "Yo necesito explorar y experimentar", dijo Walt. "Nunca estoy satisfecho con mi trabajo. Me molestan las limitaciones de mi propia imaginación"[17]. Y eso mismo deberíamos hacer nosotros.

La creatividad no es tanto un talento innato como un estado consciente de aprendizaje. Entrevisté a Joe Grant, el artista de cuentos de Disney cuya carrera allí comenzó con *Blanca Nieves y los siete enanitos* (1937). Él comentó: "Walt tenía una asombrosa conciencia creativa. No solo almacenaba ideas y material en su mente, sino que se mantenía alerta en medio del mundo que lo rodeaba, encontrando ideas y material apto para crear historias. Siempre estaba pensando y creando en muchos niveles diferentes, en todo momento, las 24 horas del día. Fue emocionante y estimulante estar cerca de él, porque las ideas estaban girando a su alrededor constantemente. Si te parabas a su lado, te impregnabas de su conciencia creativa. Empezabas a ver el mundo como él lo veía y a habitar en su universo de ideas".

Una mente creativa es una mente abierta. Como escribió Walt en enero de 1941, en un artículo para *The Journal of the Society of Motion Picture Editors*:

> Cuán afortunados somos como artistas al tener un medio cuyos límites y potencial se extienden hacia un futuro bastante promisorio. Un medio de entretenimiento donde, por lo menos, desde el punto de vista teórico, el único límite sea la imaginación del artista. En lo referente al pasado, las únicas conclusiones importantes que puedo sacar son que el público pagará por la calidad y que es el futuro el que se encargará de sí mismo y a medida que uno siga creciendo un poco todos los días.
>
> El lapso de 12 años entre *Steamboat Willie*, el primer Mickey con sonido, y *Fantasía*, es el puente entre lo primitivo y lo moderno en el campo de las imágenes animadas. Sin embargo, ningún genio construyó este puente, sino que él se fue construyendo a sí mismo, con trabajo duro, entusiasmo, integridad de propósito, devoción a nuestro medio, confianza en su futuro y, sobre todo, a través de un constante crecimiento día a día, dado que todos estábamos estudiando nuestro oficio y aprendimos[18].

Los pensadores creativos cuestionan las suposiciones y de manera voluntaria dejan de lado creencias y supuestas certezas para dar un salto intuitivo hacia lo desconocido. Una imaginación desinhibida, alimentada por el entusiasmo, disciplinada por una sólida ética de trabajo, empoderada por la confianza y el compromiso fue haciendo parte indispensable del estudio de Disney a partir de *Steamboat Willie* hasta llegar a *Fantasía*; luego, se expandió hacia *La bella durmiente* y a *Mary Poppins.* Si Disney hubiera sobrevivido para ver la era de *Toy Story, Finding Nemo* y *Cars*, también se habría sorprendido.

Pero, de nuevo, tal vez él siempre vio venir todo esto.

El desdén de Walt por los aduladores

Aunque Walt cuestionaba cada nueva idea que le presentaran, siempre quería escuchar todo punto de vista. Él respetaba a quienes defendían sus ideas con hechos y lógica. El imagineer Rolly Crump cuenta una historia que dice mucho sobre el respeto que Walt sentía hacia quienes manifestaban su propia forma de ver las cosas, así como su desdén por los aduladores y los que le decían sí a todo.

En una ocasión, Walt programó una reunión de desayuno con algunos de sus ejecutivos en un restaurante, así que la camarera del lugar se acercó a tomarles sus pedidos y el primer ejecutivo ordenó jamón y huevos.

La camarera se dirigió hacia Walt y él le dijo:

"Yo quiero unos waffles cubiertos con fresas".

Al oír eso, de inmediato el primer ejecutivo dijo: "¡Eso suena muy bien! ¿Sabe qué? Cambie mi pedido por waffles con fresas por encima".

El siguiente ejecutivo agregó: "Sí, eso suena bien. Yo también quiero unos waffles con fresas por encima".

El siguiente también pidió: "Waffles con fresas, por favor".

Y el último también dijo: "Yo también pido eso mismo".

Al oírlos, Walt se puso de pie, tiró su servilleta, maldijo a gran voz y se fue del restaurante sin desayunar. La reunión había terminado[19].

Después de todo, ¿cuál era el objetivo de reunirse con ellos? Si no tuvieron la fuerza de sus convicciones propias cuando se trató de pedir un desayuno, ¿qué tan hábiles serían de aportarle buenas ideas sobre la administración de su estudio o de cómo hacer un parque temático? ¿Por qué y para qué habría Walt de tener una reunión con ellos?

A lo largo de los años, Walt asistió a innumerables reuniones. Él no creía en perder el tiempo, ni en hacer las cosas porque sí. Una de las funciones básicas del liderazgo es presidir reuniones y el objetivo de Walt en todas y cada una de ellas fue maximizar la creatividad de cada participante. Una reunión dirigida por él siempre comenzaba y terminaba a tiempo y solía darles la bienvenida a nuevas ideas y a puntos de vista distintos a los suyos —pero no toleraba ninguna división una vez se hubiera decidido algo específico acerca del asunto en cuestión.

Las reuniones de Disney con sus colaboradores cuyo propósito fuera que ellos le aportaran ideas tendían a ser un duro golpe para el ego de sus subordinados. Dick Nunis, ex Presidente de Walt Disney Parks and Resorts, recordó una reunión que hizo temblar su confianza al principio de su carrera profesional en Disney. "Yo le estaba dando mi punto de vista a Walt", comentó Nunis, "y él estaba muy furioso, contradiciéndome, así que me dijo: 'Nunis, tú no sabes de lo que estás hablando' y se salió de la sala de juntas. Todos los allí presentes lo siguieron y yo me quedé allí sentado, solo, en esa enorme oficina. Fue tan fuerte el asunto, que yo pensé que estaba despedido, así que me quedé allí, pensando a dónde iría a conseguir un nuevo trabajo. De repente, escuché que alguien abrió la puerta y entró. Era Walt. Puso su mano en mi hombro y me dijo: 'Mira, jovencito, tú sigue expresando tus opiniones; me gusta que hagas eso'".

Nunis creía que Walt ponía a prueba a los miembros de su equipo para ver quiénes de ellos eran los que siempre le decían que "sí" a todo y quiénes tenían la autoconfianza suficiente como para expresar con honestidad sus puntos de vista propios. "Yo creo que las personas que se mantenían firmes en sus opiniones", concluyó Nunis, "bien fuera que tuvieran razón o no, eran a las que él más respetaba"[20].

Su hermano Roy estaba de acuerdo con esa opinión —a Walt no le gustaba la gente que siempre le decía que sí. Él quería a su alrededor opiniones honestas de personas que tuvieran su propia forma de pensar. Roy comentó al respecto: "Recuerdo una vez que, después de ver una nueva caricatura con un disgusto bastante evidente, Walt les pidió sus comentarios a algunos de nuestros colaboradores y todos opinaron, uno después del otro, haciendo eco a sus críticas. Al oírlos, Walt les dijo a gritos que, ante semejantes aportes, mejor sería mandar a hacer unas estampillas autoadhesivas con una frase en todas que dijera: 'Sí, Walt'"[21].

La obsesión de Walt por la calidad

Menos de un año y medio después de la creación de Mickey Mouse, los dibujos animados de Disney fueron ampliamente reconocidos como muy superiores a los de otros estudios. En marzo de 1930, *The London Observer* publicó su valoración acerca del trabajo de animación de Disney en un artículo titulado "Los dibujos animados a lo largo del tiempo", comparando a Mickey Mouse y a *Silly Symphonies* con las obras de Shakespeare, Goethe y Beethoven. Decía:

> Existen ciertos nombres en cada arte e industria que parecen destacarse en su campo una y otra vez con respecto a los demás. Si hablamos un buen rato de Literatura, seguro que, tarde o temprano, tendremos que mencionar a Shakespeare y a Goethe. Si hablamos de automóviles, será inevitable que nos refiramos a Vado. Si el tema es la música, sería imposible no nombrar a Beethoven y Wagner y, sin lugar a dudas, una discusión sobre arquitectura terminará encaminándose hacia Eiffel y Le Corbusier. Y en el cine. si la conversación es interesante, incluirá una y otra vez a Chaplin y Sennett, a Pudovkin y Eisenstein, a Lubitsch y Disney, este pequeño grupo de artistas que, viviendo plenamente en su tiempo, han sabido darle a su trabajo un valor más allá de la actualidad, pasando de la extravagancia a lo esencial de la pantalla.

> Disney ha hecho de las películas animadas el pasatiempo inteligente de moda. Solo él, de todos los dibujantes cuyo trabajo conozco, tiene el verdadero sentido del ritmo y la composición, un auténtico concepto de belleza, el instinto real para hacer crítica cómica —sus dibujos son los únicos que se conservan dentro de sus límites y aun así alcanzan el máximo de sus posibilidades, siendo 100% controlados y completos.

> Se dice que la soprano de ópera australiana Florence Austral se quejó la otra noche de que el público está descuidando a Mozart por estar viendo a Mickey Mouse

—como si esa fuera la medida extrema de la estupidez de la gente—. Por mi parte, no se me ocurre nada que pudiera ser parte del entretenimiento actual por lo cual Mozart podría ser descuidado. Los dibujos animados de Disney son adecuados para la época. Disney produce sus dibujos animados bajo la influencia del pensamiento occidental contemporáneo y su popularidad es realmente un testimonio auténtico del instinto de las masas hacia el bien y la verdad[22].

Es decir, al mismo tiempo que se elogiaba a los dibujos animados de Disney al mismo nivel del entretenimiento que proporcionaba la música de Mozart, Walt instaba a sus animadores a apuntar aún más alto. En 1941, mirando hacia atrás, hacia la era de finales de la década de 1920 y principios de la de 1930, Walt recordó: "Habían comenzado a surgir buenas posibilidades para mí en el medio de los dibujos animados, pero al mismo tiempo vimos que este medio estaba muriendo, a tal punto, que podías sentir el *rigor mortis* estableciéndose en este campo. Yo lo sentía en mí mismo. Sin embargo, comprendí que, con más tiempo y dinero, podríamos hacer mejores películas y salirnos de la rutina".

Walt analizó que, cuando lanzó al mercado a Oswald the Lucky Rabbit e inventó Mickey Mouse: "Yo hice mi propia Declaración de Independencia y decidí cambiar seguridad por respeto propio. Un artista que no haga eso, no es otra cosa que un jinete muerto. A partir de entonces, debíamos hacer películas que hicieran honor a la calidad y no solo por un precio. Desde entonces, el público ha estado dispuesto a pagar por nuestra calidad". El resultado de la obsesión de Walt por la calidad fue que Disney Studio se volvió más como un centro de aprendizaje y expresión artística que una simple fábrica de caricaturas. Walt escribió:

En nuestro pequeño estudio en Hyperion Street, cada pie de animación era proyectado en la pantalla para su análisis y lo dibujábamos y redibujábamos una y otra vez, hasta decir: "Esto es lo mejor que podemos hacer". Tuvimos que volvernos perfeccionistas y, como nada es perfecto en este negocio, estábamos continuamente insatisfechos.

De hecho, nuestro estudio se había convertido más en una escuela que en un negocio. Como resultado, nuestros personajes comenzaron a actuar y a comportarse cada vez más como personas reales. Debido a esto, pudimos comenzar a ponerles verdadero sentimiento y encanto a todos y cada uno de ellos. Después de todo, no puedes esperar recibir sentimientos y encanto de unas caricaturas estáticas. Eso es lo que Mickey Mouse fue en su primera película.

Cada año podíamos manejar una gama más amplia de material apto para nuestras historias e intentábamos cosas que no hubiéramos soñado hacer el año anterior. Sin embargo, yo sostengo que esto no es cuestión de ser geniales y ni siquiera notables. Simplemente, esa es la forma en que se construye un buen negocio de cualquier índole —con trabajo arduo, inteligencia y amor por lo que uno está haciendo—. Por esa razón, vistos a la luz de un crecimiento constante e inteligente, no hay nada de extraordinario en *Los tres cerditos*, ni tampoco en *Fantasía* —pues producirlas se volvió un hecho lógico e inevitable[23].

Walt analizaba continuamente las películas que su estudio producía. En 1949, él reconoció que había una energía maníaca y una hilaridad en esos primeros dibujos animados de Mickey Mouse que fue transformándose —junto con los animadores que los hicieron— y madurando. "Hoy, no tenemos el ritmo que teníamos antes", le dijo Walt Disney al columnista John Crosby. Aunque las primeras caricaturas de Mickey Mouse eran primitivas según los estándares de animación posteriores a la Segunda Guerra Mundial, el público las encontraba más entretenidas que aquellas de Mickey Mouse con tecnología avanzada y a todo color hechas a finales de la década de 1940. Walt agregó: "Los expositores nos dicen que nuestras audiencias no han cambiado. Sin embargo, nosotros sí"[24].

El resultado de esta reflexión fue la decisión de Walt con respecto a dejar que Mickey se convirtiese menos en una estrella de dibujos animados y más en un logotipo corporativo de Disney. En la década de 1950, se veía a Mickey principalmente en papeles de cameo. Incluso en producciones de dibujos animados de Mickey Mouse como *R'coon Dawg* (1951), era Pluto, no Mickey, quien ocupaba el centro del escenario. La última caricatura de Mickey Mouse, *The Simple Things*, fue lanzada en 1953 y pasarían 30 años para que Mickey hiciera su siguiente papel protagónico en *Mickey's Christmas Carol* (1983). Diane Disney Miller recordó sobre esto:

A medida que Mickey se convirtió en una celebridad, hubo un cambio notable en este personaje y en su comportamiento. Cuando miras al Mickey de los primeros años, él hacía todas estas cosas. cosas casi prosaicas, pero a medida que se hizo más famoso, como dijo papá, había muchas cosas que no creía que Mickey debía seguir haciendo, porque él era el emblema de la empresa. Entonces fue cuando ellos inventaron al Pato Donald y a Goofy para que fueran ellos los que hicieran todas esas cosas que ya Mickey no haría. Papá mismo dijo que Mickey nos sacó de problemas cuando las cosas estaban realmente mal y que, además, él era un símbolo de la risa. Pero ahora, Mickey

sería solo una especie de anfitrión en su pequeño esmo-
quin[25].

Walt vivió eternamente agradecido con Mickey por salvar
al estudio de Disney del desastre de 1928. Pero cuando se dio
cuenta de que su amado personaje había perdido su estilo de
salvaje hilaridad, permitió que este se retirara de la actuación
y se convirtiera en el Mickey Mouse Emérito del estudio. Sin
lugar a duda, aquella fue una decisión difícil para Walt, pero él
estaba siendo coherente con su obsesión por la calidad.

CONSCIENTE DE LA CALIDAD, NO CONSCIENTE DE LOS COSTOS

Frank Thomas se unió al estudio de Disney en septiembre de
1934 como el empleado de Disney #224. Más tarde, fue conocido como uno de los "los nueve veteranos de Disney". Thomas
llamó la atención de Walt en 1937, cuando animó *Little Hiawa-
tha*, la producción de dibujos animados de *Silly Symphonies*.
Walt estaba tan complacido con su trabajo que lo eligió como
uno de los ocho artistas que animarían los enanos de *Blanca
Nieves y los siete enanitos*.

Mientras animaba una escena en la que Dopey intentaba alcanzar a los otros enanos, Thomas le añadió un "paso de enganche" al andar de este personaje. Otros animadores ya habían
pasado incontables horas animando escenas con Dopey *sin* hacer aquel "paso de enganche". Sin embargo, a Walt le gustó tanto ese aporte de Thomas al personaje, que ordenó que todas las
escenas con Dopey fueran redibujadas para incluir ese modo de
andar en él. Ante esa decisión, varios compañeros animadores
de Thomas no tardaron en hacerle saber lo disgustados que es-

taban con él por tener que volver a hacer esas escenas, pues ya todas habían quedado listas[26].

Cuando Walt decidió rediseñar el caminado de Dopey, *Blanca Nieves* ya estaba muy por encima de su presupuesto, pero Walt creía que, al lograr los más altos estándares de calidad, estaba creando valor a largo plazo y que conservaría la lealtad de sus clientes. La búsqueda de la excelencia de Walt moldeó la cultura de The Walt Disney Company y aun hoy todavía le da forma a los valores de Disney.

Walt demostró esta misma obsesión por la calidad y la excelencia a lo largo de la construcción de Disneylandia. Don Rake, el ingeniero de transporte que trabajó con Roger Broggie en el diseño del ferrocarril de Disneylandia, recordó su primer recorrido a lo largo y ancho del sitio de construcción del parque entero, en compañía de Broggie: "Mientras hablábamos y caminábamos", dijo Rake, "Roger me señaló las vitrinas de los almacenes de Main Street y me explicó que Walt insistió en completar la construcción del segundo piso, sin frentes falsos, ni fachadas falsas, ni nada falso en ninguna de sus formas. Me dijo que toda la construcción era una 'construcción genuina', hecha con materiales de primera calidad. Me explicó que el castillo podría haber sido construido con marcos de malla de alambre y gunita. Así, también hubiera parecido natural, pero Walt insistió en que se hiciera con bloques sólidos de piedra caliza y mortero. De modo que, para mí, esa fue una caminata durante la cual recibí una verdadera clase informativa sobre los objetivos y el carácter de Walt Disney".

Es un hecho que Walt tuvo la suerte de tener a Roy a su lado, haciendo continua oposición a favor de la moderación fiscal en la realización de cada proyecto. Pero Roy fue igualmente afortunado de ser socio en los negocios de un genio creativo que estaba 100% comprometido con la calidad y la excelencia. Se necesitaba del yin de Roy y del yang de Walt para lograr que la compañía Disney fuera un éxito fenomenal —y Roy lo sabía. En un ensayo que escribió para *Readers Digest*, en febrero de 1969, Roy reflexionó sobre la vida de su difunto gran "hermano menor":

> Walt era un hombre complejo. Para los escritores, productores y animadores que trabajaron con él, Walt era un genio que tenía una extraña habilidad para agregarle un impulso adicional de imaginación a cualquier historia o idea que llegara a interesarle. Para los millones de personas que veían su programa de televisión, él era un personaje cálido y amable que traía diversión y encanto a sus hogares.

> A los banqueros que nos financiaron, estoy seguro de que Walt les parecía un hombre salvaje, empeñado en entrar en bancarrota. Para mí, él era mi increíble hermano menor, lleno de sueños poco prácticos que él supo convertir en realidad[27].

Ward Kimball explicó el punto de vista de Walt sobre el dinero: "Si quieres conocer el verdadero secreto del éxito de Walt, este consiste en que él nunca trató de hacer dinero. Siempre estaba tratando de hacer algo con lo que él pudiera divertirse o de lo cual sentirse orgulloso"[28]. En otras palabras, Walt era consciente de la calidad, no consciente de los costos.

Les Perkins, el productor de cine e historiador de Disney, me contó una historia acerca del primer año de funcionamiento de Disneylandia. Walt quería hacer dos desfiles de Navidad por día, desde finales de noviembre hasta el día de Navidad —una extravagancia de $350.000 dólares.

"Walt llamaba a los contadores: 'contadores de frijoles'", agregó Perkins. "El caso es que su 'contador de fríjoles' le dijo: 'Walt, ¿por qué gastar dinero en un desfile de Navidad? Eso no atraerá a la gente al parque, puesto que la gente ya estará allí sin necesidad de ningún desfile, así que ese es un gasto del cual podemos prescindir. Nadie se quejará si no hacemos un desfile, porque nadie estará esperándolo'".

Continuó Perkins: "Walt le respondió: 'Es que ese es el punto: que deberíamos hacer el desfile, *precisamente*, porque nadie está esperándolo. Nuestro objetivo en Disneylandia es darle siempre a la gente *más* de lo que la gente espera. Mientras sigamos sorprendiéndolos, nuestros invitados seguirán regresando. Pero si alguna vez dejan de venir, nos costará diez veces más recuperarlos'".

The Long Beach Independent informó que el primer desfile de Disneyland Christmas, celebrado el Día de Acción de Gracias de 1955, fue un desfile al estilo de un circo, promocionando el Disneyland's Mickey Mouse Club Circus. El desfile fue dirigido por los destacados mariscales Walt Disney y Fess Parker y ambos desfilaron montando a caballo. Fess Parker vestía pieles de ante y una gorra de piel de mapache como Davy Crockett. Sus caballos estaban adornados con relucientes sillas de plata, bridas y riendas. Detrás de estos mariscales venía Jimmy Dodd, vestido con un sombrero de copa y frac de maestro de ceremonias, acompañado por los alegres mosqueteros. Roy Williams, "el gran mosquetero", iba sentado en un carruaje, lanzando y repartiéndoles dibujos animados de Mickey Mouse a los aficionados que estaban apostados a lo largo de Main Street.

Actuaron bandas de marcha de todo el sur de California, junto con Disneyland Band, compuesta por 16 integrantes y dirigida por el compositor de Disney Vesey Walker. Entre las bandas había actos de circo —Bob-O the Clown, jinetes haciendo trucos, un acto de perros y ponis, focas danzantes, llamas, camellos y elefantes. También desfilaron The Keystone Kops, Serenada the Musical Horse, The Ted DeWayne Acrobats y un antiguo calíope de vapor cerraba el desfile.

The Christmas Parade comenzó en Town Square, prosiguió hacia Main Street, recorrió Central Plaza, pasó por Frontierland. Su destino era llegar a Holidayland, un terreno de nueve acres al extremo occidental de Disneylandia (cerca del actual Nueva Orleans Square[29]). Allí, en una carpa de techo inmensa, con rayas color caramelo, Jimmy Dodd fue el maestro de ceremonias del primer Mickey Mouse Club Circus y los mosqueteros hicieron atrevidas hazañas de gimnasia y acrobacia.

El mosquetero Bobby Burgess comentó que el Mickey Mouse Club Circus fue un espectáculo de 75 minutos a un ritmo veloz. "Hacía calor y sudábamos estando allí, pero la estábamos pasando de maravilla. Hicimos el acto del trapecio, los chicos estaban vestidos como Peter Pan y las chicas estaban vestidas como Tinker Bell y luego apagamos las luces y brillamos en la oscuridad. También montábamos elefantes y caballos todos los días y fuimos entrenados por profesionales del circo. ¡No hay duda de que todo aquello fue muy divertido!"[30].

El show de Mickey Mouse Club Circus terminó para siempre el 8 de enero de 1956. Sin embargo, los desfiles navideños de Disneylandia se llevan a cabo anualmente desde 1955. Walt insistió en ello, pues estaba comprometido a brindarles a sus invitados más entretenimiento del que ellos esperaban. Él era consciente de la calidad, no consciente de los costos y su compromiso con la calidad en cada detalle fue una de las claves de su enorme capacidad competitiva como líder.

¿Qué podemos aprender sobre esta habilidad competitiva del liderazgo de Walt Disney? Estas son algunas de las lecciones que encontré al estudiar su vida:

1. **Comprométete a llevar una vida de aprendizaje continuo.** Los líderes son lectores. La madre de Walt le enseñó a leer antes de que él comenzara la escuela y él siguió siendo un lector voraz a lo largo de su vida. En 1953, uno de sus colaboradores en el estudio de Burbank le dijo a la columnista Hedda Hopper: "No sé en qué momento Walt encuentra tiempo para leer; pero el alcance de sus conocimientos es increíble. Walt puede hablar y comentar sobre cualquier tema que exista sobre el planeta. Cualquier niño puede entender a Walt y, sin embargo, lo he oído hablar de dividir el átomo con el Dr. Robert Millikan —el físico ganador de Premio Nobel"[31].

2. **Cultiva el entusiasmo por las ideas**. Walt fue un cúmulo de ideas y se rodeó de personas creativas cuya imaginación vagara libremente en todas las direcciones. Walt nunca puso límites —*ninguno*— en cuanto a la capacidad y el alcance de su imaginación y siempre instó a sus artistas e imagineers a hacer lo mismo. Para Walt, cualquier cosa a su alrededor y todo lo que le pasara bien podía convertirse en material para echar andar el molino de su imaginación. Walt creía que la creatividad es una habilidad que se puede aprender —y tenía razón.

3. **Hazles saber a tus colaboradores que tú le das la bienvenida a opiniones opuestas a las tuyas.** Una organización en la que la gente sienta miedo de decir lo que piensa, con franqueza y respeto, es una organización

disfuncional. Walt no se congraciaba con la gente que le decía siempre que sí. Más bien, les daba la bienvenida a quienes lo refutaban. Sí, él podía ser duro con las ideas nuevas, sobre todo, si estas iban en contra de las suyas, pero él siempre quería escucharlas y analizarlas —y había veces en que estas lo hacían cambiar de opinión—. Eso es lo que hacen los líderes competentes.

4. **Sé consciente de la calidad, no de los costos.** Cuando un líder valora la excelencia por encima de las ganancias, lo más probable es que, de todas maneras, las ganancias lleguen a sus bolsillos. Esto no significa que un líder deba gastar de modo imprudente. El hecho es que los grandes líderes se niegan a sacrificar la calidad para ganar unos dólares más. Uno de los amigos de Walt lo visitó en su estudio de Burbank. A medida que conversaban, él le dijo: "Walt, ¿qué haces con todo tu dinero?". Walt señaló por la ventana del estudio, respondiéndole: "Fertilizo con él todo ese terreno"[32]. En otras palabras, él invertía su dinero en mejorar la calidad de sus películas animadas. En conclusión: cuida la calidad y verás que las ganancias se cuidarán a sí mismas.

Durante la década de 1940, Walt acuñó el término "*plussing*", convirtiendo la conjunción "*plus*" en el verbo o la acción de "*agregar más*". Agregarle más *(to plus")* a una película o a un parque temático era su forma de mejorar la experiencia del público. Plussing es el acto de darles a tus clientes más de lo que ellos esperan, más de lo que te hayas comprometido a dar y más de aquello por lo cual ellos te pagaron. Walt le "agregó más" a Mickey Mouse al incluirle sonido. Le añadió color a las *Silly Symphonies*. Le agregó más a *Fantasía* con Fantasound. Les agregaba más a las habilidades de sus artistas, gastando cientos de miles de dólares en clases de arte para ellos. Le agregó más a Disneylandia, de todas las formas imaginables.

"Disneylandia es un proyecto que nunca se terminará", afirmó Walt en una ocasión. "Es un plan que puedo seguir desarrollando, mejorando y al cual puedo ir agregándole más y más. Es un lugar vivo que respira y que siempre estará cambiando. No solo puedo agregarle cosas nuevas, sino que incluso los árboles que hay allí seguirán creciendo. Disneylandia se irá volviendo un lugar cada vez más hermoso con el paso de los años"[33].

Si comprendes el anhelo de Walt por agregarle más a todo lo que él tocaba, entonces, ahí tienes la clave de su asombroso éxito como líder —y ya casi estás listo para liderar como Walt.

La audacia de Walt

7

Ą LO LARGO DE SU CARRERA, Walt vivió con valentía y lideró audazmente. Su objetivo más desafiante fue Disneylandia. El primer aviso público dando a conocer este proyecto fue quizás este breve artículo del *New York Daily News,* escrito por Danton Walker y publicado el 11 de enero de 1954 en la columna "Broadway". Decía:

> "Walt Disney está construyendo un parque de diversiones para niños en Los Ángeles. Será el parque más grande del país y su construcción tomará dos años. Una de sus características será la sección "espacial" [1] (habrá naves espaciales despegando hacia la Luna, etc.).

A mediados de marzo de 1954, John Lester publicó en su columna "Radio and Television" una nota que decía que "el parque de diversiones de $10.000.000 millones de dólares de Walt Disney" ya estaba "en vía de construcción en Hollywood"[2].

Por supuesto, en marzo de 1954, la compañía de Disney no estaba construyendo Disneylandia en Los Ángeles, ni en Hollywood, ni en ningún otro lugar. Quizá, la compañía quería que el público pensara que el nuevo parque temático estaría ubicado en o cerca de Los Ángeles. Mientras tanto, los representantes de Walt estaban comprando discretamente 17 parcelas de tierras de cultivo, 35 millas al sur de L.A., un total de 160 acres, en su mayoría, plantaciones de naranjos.

"El terreno costó un millón de dólares", le dijo Walt a la columnista de UPI, Aline Mosby, "y conseguirlo fue el trabajo más difícil. La investigación de Stanford Institute examinó el área y seleccionó a Anaheim como el mejor terreno del lugar. Lo único que había allí era uno tractor, pero, tan pronto los dueños del terreno descubrieron para qué era, subieron el precio. Así que encontramos otra sección". Walt agregó que sus representantes se habían puesto en contacto con propietarios de tierras tan lejanas como Ohio con el fin de asegurarse de hacer una buena inversión en lo referente a la finca raíz[3].

Existe cierta confusión sobre la fecha en la que se comenzó a construir Disneylandia. Un artículo publicado en el sitio web de D23, The Official Disney Fan Club, afirma que "los trabajadores comenzaron la construcción" de Disneyland el 21 de julio de 1954, lo que significaría que el parque se construyó en menos de un año[4]. Pero, ¿a qué se refiere esa fecha? ¿Al día en que las excavadoras comenzaron a arrancar los naranjos? ¿Al día en que comenzó la excavación inicial? ¿A los días en que se vertieron los cimientos de hormigón? El artículo no dice nada concreto al respecto.

Neal Gabler, en la página 524 de su libro *Walt Disney: The Triumph of the American Imagination*, afirma que la excavación inicial tuvo lugar el 12 de julio de 1954, fecha que no he encontrado en ninguna otra fuente. El periodista Bob Thomas entrevistó a Walt en numerosas ocasiones e informó en Associated Press sobre el progreso de la construcción de Disneylandia, pero en dos libros (*Walt Disney: An American Original*, página 253, y *Building a Company: Roy O. Disney and the Creation of an Entertainment Empire*, página 189), Thomas afirma que el primer naranjo no fue derribado, sino hasta agosto de 1954, es decir, 11 meses antes del día de la inauguración, pero yo no he visto que ninguna otra fuente afirme que la construcción comenzó en agosto.

Hasta donde pude determinar, la construcción de Disneylandia comenzó oficialmente el viernes 16 de julio de 1954, justo un año y un día antes del día de apertura proyectado por Walt. Ese es el día en que las cuadrillas comenzaron a inspeccionar el terreno y comenzó la tala de árboles. Aparentemente, no hubo ninguna ceremonia de inauguración oficial, pero el miércoles 21 de julio de 1954, los equipos de construcción comenzaron extraoficialmente a cavar la tierra, dando así inicio a la construcción —mediante la nivelación del terreno, la construcción de bermas, la excavación de los fosos y los cauces del río (esta es la fecha dada por D23). El viernes 13 de agosto de 1954, los equipos comenzaron a remover las casi 20 granjas, los graneros y otras edificaciones que había en la propiedad, así que esta puede ser la razón por la que Bob Thomas se refirió a agosto como el mes en que comenzó la construcción.

Creo que, en la mente de Walt, la construcción de Disneylandia comenzó el día en que sus equipos de construcción pisaron por primera vez la propiedad con sus aparatos topográficos, teodolitos e instrumentos para medir su reino. Walt mismo dio un plazo deliberado de un año y un día para construir su reino, a partir del 16 de julio de 1954 y hasta el 17 de julio de 1955. Peggy Matthews Rose, una antigua integrante del equipo de trabajo de Disney y toda una autoridad en lo concerniente a la empresa, me ayudó cuando escribí *How to Be Like Walt* y fue ella quien me dijo que, en la década de 1970, cuando ella trabajó para Disney, la gente solía decir que Disneylandia había sido construida en "un año y un día".

Walt se tomó cuatro años para construir New Orleans Square, una sección de solo tres acres de Disneylandia. Sin embargo, estableció un objetivo que parecía imposible de cumplir, que consistió en construir los 160 acres de Disneylandia, con todas sus elaboradas atracciones, en solo un año y un día. Debemos preguntarnos por qué Walt se puso una fecha límite tan ajustada para él. Mi compañero de escritura, Jim Denney, investigó esta pregunta y se le ocurrió una teoría fascinante que está bastante relacionada con la capacidad única de Walt para ejercer un liderazgo audaz y visionario.

"Se me ocurre", explicó Jim, "que ese marco de tiempo que Walt eligió, de un año y un día, podría tener un significado bastante especial para él. Sabemos que los símbolos eran importantes para Walt, no porque él fuera supersticioso, sino porque estos tenían un significado sentimental para él. Por ejemplo, fue a la ciudad de Anaheim y solicitó que la dirección específica para Disneylandia fuera 1313 S. Harbor Boulevard, porque la decimotercera letra del alfabeto es la 'M'. ¿De quién son las iniciales MM o '13-13'? De Mickey Mouse, por supuesto".

Durante su investigación, Jim encontró una columna de periódico de la escritora de United Press Aline Mosby con fecha mayo de 1954, dos meses antes de que comenzara la construcción de Disneylandia. Ella había entrevistado a Walt y vio los planos en el estudio de Burbank. "Se construirá un castillo del Rey Arturo de 25 metros de altura en la sección de 'Fantasyland' de Disneyland", describió ella.

Eso es correcto. A principios de 1954, Walt no planeaba llamarlo Castillo de *La bella durmiente*. Lo llamaba "Castillo del Rey Arturo". Y a medida que paseas por el Castillo de *La bella durmiente hoy*, ¿qué es lo primero que ves en el patio? El Carrusel del Rey Arturo. En 1954, Walt planeó que gran parte de Fantasyland tuviera como tema a este rey. ¿Por qué? Porque las historias del Rey Arturo lo habían impactado profundamente en su niñez. Todo Disneylandia fue una recreación de los más atesorados recuerdos de su niñez y su fascinación por el Rey Arturo y sus Caballeros de la Mesa Redonda están exhibidos por todas partes en Fantasyland.

¿Qué tiene que ver el Rey Arturo con el objetivo de Walt de construir Disneylandia en un año y un día? Simplemente, esto: un año y un día fue un período significativo en la leyenda artúrica. Un cuento arturiano llamado *The Hanes Taliesin* habla de un caldero mágico que hirvió durante un año y un día. En otro cuento arturiano, *Sir Gawain y el Green Knight*, este último promete regresar en un año y un día y golpear a Sir Gawain con un hacha. En la novela *Le Morte d'Arthur*, escrita por Thomas Malory, Sir Gawain hace un juramento para ir en busca del Santo Grial y no volver a Camelot hasta dentro de un año y un día. E incluso Mark Twain, en *A Connecticut Yankee in King Arthur's Court*, le rinde homenaje a ese tradición cuando escribe sobre tres caballeros que se van en busca de aventuras y no regresarán sino hasta dentro de "un año y un día —y sin equipaje"[5].

"Estoy convencido", me dijo Jim, "de que Walt veía a Disneylandia como su Santo Grial. Desde la niñez hasta la madurez, él fue tras esa audaz búsqueda y creo que eligió de forma deliberada el marco de tiempo artúrico como incentivo para completar su búsqueda a tiempo. Y funcionó. No puedo probar que todos esto estaba en la mente de Walt, pero creo que es verdad".

El 17 de julio de 1955, las puertas del reino de Walt se abrieron y allí estaba su grial en todo su esplendor. Como un Caballero de la Mesa Redonda, Sir Walter de Marceline completó su búsqueda y convirtió su atrevida visión en realidad —y lo logró todo en un año y un día.

VALOR PARA RETIRARSE DEL CAMINO

Defino la audacia como coraje, confianza, espíritu aventurero. La audacia es un afán por aceptar desafíos difíciles y asumir riesgos para lograr grandes objetivos. Audacia no significa valentía. Audacia no significa que los líderes no conocen el miedo, sino que lo han dominado y se atreven a hacer precisamente aquello que les causa tal miedo. Los líderes audaces también aceptan las consecuencias de sus acciones y de sus decisiones.

Walt fue uno de los líderes más audaces de la historia empresarial estadounidense. Más de una vez, apostó todo lo que tenía —desde su estudio hasta su póliza de seguro de vida— en un solo proyecto. Walt dijo: "El coraje es la principal cualidad del liderazgo, en mi opinión, sin importar dónde este se ejerza. Por lo general, liderar implica algún riesgo —sobre todo, al inicio de nuevos emprendimientos— y se necesita de coraje para iniciar algo y mantenerlo en marcha"[6].

Walt alentó este mismo espíritu aventurero en quienes trabajaban para él. Wendell Warner, exingeniero del estudio en

Burbank, me dijo: "Walt esperaba que su gente se arriesgara y volara lo más alto posible. Ahora, si fracasabas, lo mejor era que no intentaras echarles la culpa a los demás. Walt nunca fue tolerante con respecto al fracaso. Pero si te arriesgabas y fallabas, él no te despedía, ni te amonestaba. Más bien, quería que aprendieras y crecieras a partir de esa experiencia.

"Hubo momentos en los que cometí un error en algún proyecto y fui a ver a Walt a decirle: 'Lo arruiné. Traté de hacer algo y fallé'. Entonces, Walt me preguntaba: 'Bueno, ¿aprendiste algo de eso?'. Yo le respondía: 'Sí, por supuesto'. Y Walt me decía: 'Está bien, entonces no es una pérdida total, ¿o sí? Sigue intentándolo y observa lo que los demás están haciendo en tu sección. Mira qué puedes aprender de ellos'. Walt siempre te hacía sentir que el fracaso era redimible y esperaba que continuaras trabajando y arriesgando hasta tener éxito".

Tom Nabbe comenzó a trabajar en Disneylandia el día de la inauguración, el 17 de julio de 1955. Tenía apenas 12 años de edad y caminaba de un lado a otro de Main Street, vendiendo el periódico del parque, *The Disneyland News.* Este joven vendedor de periódicos de Disneylandia impresionaba a Walt con su audaz entusiasmo, pues solía ir hasta la sección de Rivers of America y observar los trabajos de construcción que estaban haciendo en Tom Sawyer Island. Siempre que Tom veía a Walt en el parque, se acercaba a él y le pedía que lo contratara para hacer el personaje de Tom Sawyer.

La primera vez que Tom le pidió ese papel, Walt le respondió: "¿Por qué debería ponerte en la isla cuando puedo poner ahí un maniquí?".

Pero Tom no aceptaba un no por respuesta. De modo que duró insistiéndole a Walt una y otra vez durante la mayor parte del año —y Walt debió haber admirado su insistencia.

Unas semanas antes de la apertura de Tom Sawyer Island, en junio de 1956, Tom estaba jugando al pinball en una de las arcadas del parque. Entonces, Dick Nunis, que en ese tiempo era el supervisor de Frontierland, se acercó y le dijo: "Tom, ven conmigo".

Dejando inconcluso su juego de pinball, Tom siguió a Nunis hasta la sección de Rivers of America. Walt estaba allí, hablando con su paisajista, Morgan "Bill" Evans, sobre Tom Sawyer Island. Dick le dijo: "Walt, aquí está Tom".

Walt se volvió hacia el chico y le dijo: "¿Todavía estás interesado en trabajar aquí como Tom Sawyer?".

Los ojos de Tom se iluminaron y su respuesta fue evidente: "¡Por supuesto que sí!".

Y así, en un solo instante, Tom Nabbe se convirtió en Tom Sawyer. Walt le explicó que necesitaría un permiso de trabajo y una tarjeta del Seguro Social para interpretar ese papel (no le había pedido esa documentación como requisito para su trabajo de vendedor de periódicos).

Tan pronto Tom tuvo listo su papeleo, fue a la oficina de empleo de Disneylandia y solicitó el formulario de empleo. Le dijo a la mujer que lo atendió que Walt lo había contratado para interpretar a Tom Sawyer. Ella llamó a su supervisor y le contó la situación. El supervisor se volvió hacia Tom y le dijo rotundamente que Walt Disney no contrataba chicos.

"Llame a Dick Nunis", le propuso Tom. "Él le dirá que Walt me contrató". El supervisor llamó a Nunis, luego le dio a Tom el formulario de empleo para que lo diligenciara y Tom fue contratado oficialmente como miembro del elenco de Disneylandia con el título de Asistente de Relaciones con los Huéspedes, ganando el principesco salario de $0,75 centavos la hora.

Walt requirió que Tom mantuviera un promedio mínimo de C en la escuela. Cada trimestre, Tom le mostraba personalmente su informe de calificaciones a Walt. En verano, Tom trabajaba cinco días a la semana, de las 9:00 de la mañana a las 5:30 p.m. y durante el año escolar trabajaba solo los fines de semana.

Cada pocas semanas, Walt se sentaba con Tom y le hacía preguntas sobre su papel como Tom Sawyer, sobre sus interacciones con los invitados y sobre cualquier idea que él tuviera para mejorar la isla. Tom Nabbe le dio a Walt dos ideas que él implementó allí —la incorporación de la casa del árbol de Tom y Huck y la adición de un túnel "secreto" de escape en Fort Wilderness.

Durante sus años en el papel de Tom Sawyer, Tom Nabbe habló con innumerables invitados, tanto jóvenes como mayores. Respondió miles de preguntas (en el personaje de Tom Sawyer) y posó en infinidad de fotos con los invitados de Disneylandia. Su trabajo también consistió en colocar cañas de pescar, cebar los anzuelos con gusanos y limpiar el pescado que atraparan los invitados (por un tiempo, durante los primeros años de Disneylandia, las aguas alrededor de Tom Sawyer Island estaban repletas de lubinas y bagres)[7].

Tom Nabbe me contó sobre una conversación que tuvo una vez con Walt —una conversación sobre tener coraje y audacia—. "Un día", relató Tom, "me dirigía hacia Tom Sawyer Island con Walt y él me dijo: 'Tom, en la isla hay unos senderos, pero en realidad esos son para las mamás y los papás, porque yo quiero que los jóvenes hagan sus propios caminos y exploren la isla a su manera'.

"A menudo he pensado en lo que Walt realmente me estaba diciendo. Él no me estaba hablando solo de esa isla. Me hablaba de la vida. Walt continuó diciéndome que todos tenemos que afrontar la vida con creatividad y valentía y que no deberíamos limitarnos a seguir los caminos que otros nos presentan, porque todos necesitamos explorar. Se necesita coraje para salir del camino marcado y abrir un nuevo camino, pero de eso se trata la creatividad. Walt realmente creía en eso. Y es más, lo vivió".

En 1961, Tom dejó de desempeñar el papel de Tom Sawyer. Walt le encontró otra actividad que hacer, trabajando con las atracciones de Disneylandia. Ese verano, otro chico hizo el papel de Tom Sawyer, pero se fue en el otoño y Walt nunca volvió a contratar a otro Tom Sawyer. Tom Nabbe hizo toda su carrera con Disney y luego ayudó a abrir Walt Disney World's Magic Kingdom, en Florida, como supervisor del monorriel. Se retiró de Disney en 2003 y fue nombrado Leyenda de Disney en su propia ventana en Main Street de Walt Disney World's Magic Kingdom. Conocido como "el niño más afortunado del mundo", Tom Nabbe relató una crónica sobre su carrera en *From Disneyland's Tom Sawyer to Disney Legend: The Adventures of Tom Nabbe*.

La historia de Tom nos enseña a vivir con valentía, a perseguir nuestros objetivos también con valentía y a nunca tener miedo de pedirle al jefe el trabajo de nuestros sueños. Creo que Walt debe haber reconocido un poco de su propia audacia temprana en el joven Tom Nabbe y quiso animar el espíritu aventurero del chico. Igual que Tom Nabbe, todos necesitamos escuchar lo que Walt nos dice sobre la audacia y el coraje. Si no nos atrevemos, si no estamos viviendo nuestra aventura más anhelada, entonces, no estamos liderando.

Fomentando una cultura de audacia

Walt no solo exhibió un liderazgo audaz y una audacia respetada por sus colaboradores, sino que además fomentaba una cultura de audacia, que asumía riesgos y confianza al interior de toda su organización. Como resultado, el audaz y desinhibido Rolly Crump se convirtió en uno de los artistas favoritos para cualquier proyecto que requiriera un enfoque decididamente innovador.

Un día, Walt convocó una reunión de sus mejores imagineers y anunció: "Estamos haciendo algunos cambios en Adventureland y me gustaría poner un Tiki Room allí. Quiero que sea un restaurante".

Ese día, Walt les explicó su concepto de Enchanted Tiki Room Restaurant (aunque más tarde abandonaría el concepto de restaurante y convertiría a Enchanted Tiki Room en el primer espectáculo de audio-animatronics de Disneyland). Walt nombró a John Hench como el diseñador principal del interior de Tiki Room y asignó a Rolly Crump para diseñar el área de espera exterior. "Rolly", le dijo Walt, "no podemos tener gente esperando a la entrada de Tiki Room sin nada que ver, así que quiero que diseñes un pre-show. Hagamos un espectáculo preliminar presentando dioses de Tiki".

Rolly sabía poco sobre la cultura polinesia en la cual se basa el tema de Tiki, así que fue a la biblioteca pública y regresó con una un montón de libros sobre la religión y el folclore polinesio. Usando imágenes que encontró como referencia en aquellos libros, Rolly comenzó a dibujar ídolos polinesios. Sus bocetos de Hina —la diosa de la niebla y la lluvia— y de Pele —la diosa de los volcanes y el fuego— fueron fieles a las fotos que él encontró en esas páginas. Pero él no se contentó con el simple hecho de copiar los ídolos que encontró en los libros, sino que decidió inventar un ídolo con un toque extra de la magia de Disney.

Rolly había oído que los agricultores chinos usan un ingenioso dispositivo que genera un chorro de agua chispeante, produciendo cierto chasquido que mantenía a los animales pequeños fuera de sus jardines. El caso es que Rolly decidió diseñar un ídolo e incorporarle dicho dispositivo de tal modo que este produjera sonido y movimiento. El ídolo escupiría agua a través de un tubo de bambú. A medida que el tubo se llenara de agua, el ídolo se inclinaría, arrojaría el agua, volvería a subir y haría un fuerte clac, golpeando una clavija de madera. Rolly sabía que Walt era un fanático de la autenticidad y que no había ídolos con partes móviles o agua corriente en la cultura polinesia, pero no pudo resistirse a la idea de construir un ídolo Tiki que escupiera agua y chasqueara.

John Hench y Rolly Crump le presentaron sus bocetos a Walt y esperaron con ansias su veredicto. Walt miró los bocetos en silencio durante un largo rato y al fin dijo: "¿Son auténticos estos bocetos?".

Ambos hombres le aseguraron a Walt que aquellos bocetos de Tiki eran "auténticos". Sus explicaciones fueron válidas desde el punto de vista técnico. La llamada "cultura Tiki" obedece a un estilo de decoración libre, basado en la cultura polinesia, pero con sus orígenes en la California de la década de 1930. Así que la estatua del ídolo Tiki de Rolly, escupiendo y chasqueando, era no menos "auténtica" que cualquier otra estatua de estilo Tiki, a pesar de que fuera poco probable que tal ídolo hubiera existido en ninguna isla polinesia.

Walt señaló aquel dios que escupía por medio del dispositivo de bambú y preguntó: "¿De qué es dios?".

Hench sabía que Rolly no le había dado un nombre a aquel ídolo escupidor y ruidoso, así que tomó la palabra y contestó: "Ese es el dios de la tela de tapa hecha a golpes". Tapa es una tela polinesia colorida hecha golpeando la corteza del árbol de mora con mazos de madera. Para Hench, el chasquido del bambú evocaba el golpe de la tela de tapa[8].

El problema fue que Walt escuchó mal la explicación de Hench y pensó que él había dicho: "Ese es el dios del reloj de tapa que golpea".

Así que preguntó: "¿Reloj?".

Asintiendo (y sin perder el ritmo), Hench dijo: "Sí, es el dios que dice la hora".

Walt continuó reflexionando en silencio sobre el dibujo. Por último, dijo, "Bien, entonces... constrúyanlo".

Rolly sabía que, en cualquier momento, Walt querría saber el nombre del dios polinesio del tiempo. Así que se fue a casa con sus libros, esperando descubrir que en verdad había un dios del tiempo entre los polinesios. Y ahí estaba. Su nombre era Maui. Problema resuelto.

Pero Rolly tenía otro problema: Walt le había dicho que "construyera" el dios polinesio del tiempo; en otras palabras, Walt esperaba que Rolly esculpiera un Maui de arcilla, pero él nunca había esculpido nada en su vida. Él siempre había trabajado en dos dimensiones, no en tres.

Así las cosas, decidió llevarle los bocetos a Blaine Gibson, el escultor del estudio, y decirle lo que Walt quería.

"Estoy demasiado ocupado, Rolly", le dijo Gibson. "No puedo hacerlo".

"Entonces, ¿quién más está disponible por aquí para esculpirlo?".

"¡Pues, tú!".

Al no tener otra opción, Rolly decidió aprender a esculpir. No tenía tiempo para tomar clases de escultura, así que aprendería haciendo. Gibson le dio una rápida explicación inicial sobre cómo hacer una armadura (es decir, el esqueleto de alambre de la escultura) y cómo aplicarle la arcilla a dicha armadura. También le explicó dónde conseguir la arcilla de plastilina para esculpir. La plastilina es dura cuando está fría, pero moldeable cuando está caliente, de modo que Rolly decidió hacer su escultura en el estacionamiento del estudio, donde los rayos del sol de Burbank mantuvieran cálida y flexible la arcilla. Su herramienta para esculpir fue un tenedor de plástico que sacó del economato del estudio. La primera pieza que Rolly esculpido fue Maui, el dios del reloj que escupía y chasqueaba. Al final, le quedó tal como su dibujo. Entonces, procedió a esculpir los otros ídolos.

El taller de fabricación del estudio hizo moldes de las esculturas de Rolly esculpidas a mano y luego las fundió en fibra de vidrio. Rolly pintó a mano las esculturas ya en fibra de vidrio y las instaló él mismo en el patio delantero del Tiki Room, atornillando a cada una en su lugar. Los ídolos de Maui y el resto del panteón de Pacific Island esculpidos por él todavía se exhiben en Walt Disney's Enchanted Tiki Room, en Disneylandia. Desde entonces, se han ido agregando otros ídolos hechos a partir de los originales esculpidos por Rolly. Unos están en Disney's Polynesian Village, en Florida; otros están en el Tahitian Terrace Restaurant, en Hong Kong Disneyland. El letrero junto a la obra de Rolly dice:

MAUI

Quien ató al sol juguetón

por medio de sus poderes místicos especiales,

haciendo que el sol mantuviera horas regulares.

Maui nos dice que es hora de irnos,

pues es la hora de un maravilloso Tiki Show.

Rolly concluyó: "Hoy, un proyecto de este tipo involucraría a decenas de personas, montones de planos y horas de planificación. En ese entonces, nosotros, simplemente, hacíamos las cosas. Si no sabíamos cómo hacerlas, inventábamos cómo y luego las hacíamos. Creo que, haciéndolas a nuestra manera, lográbamos mucho más. ¡Era maravilloso!"[9].

Para darte una idea de lo atrevido que era Rolly Crump, te contaré una más de sus historias. Mientras esculpía dioses Tiki en el estacionamiento del estudio, Rolly se subía a su motocicleta durante la hora del almuerzo y montaba alrededor del lote. Un día, una secretaria del estudio se le acercó cuando él estaba estacionando su bicicleta y le dijo que ella nunca había montado en una motocicleta.

"Súbete atrás", le dijo Rolly. "¿Dónde queda tu oficina?". Ella se subió y le dio las indicaciones para llegar al edificio donde ella trabajaba.

Rolly aceleró su motor y arrancó. Condujo a la secretaria a su edificio, ingresó por la puerta principal, siguió por el amplio pasillo y llegó directamente a la oficina donde ella trabajaba —al lado de la oficina de Dick Irvine, que estaba a cargo de las atracciones de Disneyland—. Cuando la secretaria se bajó de la motocicleta, Dick Irvine abrió la puerta de su oficina y se asomó.

"Oh", dijo él, encogiéndose de hombros, "solo se trata de Rolly". Luego, se entró y cerró la puerta, mientras Rolly salió del edificio de la misma forma en que había entrado[10].

¿Por qué Walt y sus asociados alentaban esta tremenda creatividad y genialidad de Rolly Crump? Porque ellos sabían que ese mismo ímpetu que lo llevaba a andar en motocicleta, atravesando un edificio de oficinas, también dejaba huella en muchas películas animadas de Disney y en las atracciones de Disneyland, como en "it's a Small World", The Haunted Mansion y Enchanted Tiki Room. Walt no quería hacer nada que inhibiera su audaz creatividad.

A lo largo de sus años de liderazgo, Walt fomentó una cultura de audacia. Walt no estaba interesado en recibir excusas como esa de "nunca he hecho eso antes". Él se especializó en hacer lo que nunca se había hecho antes, de modo que esperaba que sus colaboradores también demostraran un espíritu atrevido y aventurero —y ellos rara vez lo decepcionaban.

Aprendiendo a líderar con valentía

En 1935, la Liga de Naciones invitó a Walt a París, pues deseaban hacerle un homenaje por promover la buena voluntad mundial a través de sus queridos dibujos animados de Mickey Mouse. En ese momento, su estudio llevaba un año trabajando en la producción de *Blanca Nieves y los siete enanitos* y Walt estaba reacio a alejarse del estudio.

Ante esto, Roy le recordó a su hermano que ese año se celebraría el décimo aniversario de bodas tanto de Walt y Lillian como el de él y su esposa Edna. De modo que las parejas Disney podrían disfrutar de una segunda luna de miel en Europa y Walt podría visitar castillos europeos como parte de su investigación para *Blanca Nieves*. Este último argumento persuadió a Walt.

Efectivamente, los cuatro hicieron una gira por Inglaterra, Francia, Holanda, Suiza e Italia. En Inglaterra, Walt conoció a H. G. Wells y a la familia real. En Italia, conoció al Papa. Pero lo más destacado de la gira ocurrió en París, cuando Walt se topó con un teatro que estaba presentando *ocho* caricaturas de los dibujos animados de Disney seguidas una detrás de la otra y sin que fueran largometrajes. Aquí estaba la prueba de que el público se sentaba ansiosamente durante una hora o más a ver sin parar los dibujos animados de Disney. Fue así como Walt confirmó que iba por el camino correcto al estar haciendo *Blanca Nieves.*

Walt apostó audazmente todo lo que tenía en una película —y su apuesta valió la pena más allá de sus sueños más locos—. ¿De dónde proviene este tipo de audacia en el liderazgo? ¿Dónde encontramos el coraje para vivir y liderar con valentía?

Pocas personas nacen con confianza en sí mismas y sin miedo. La mayoría de nosotros debemos aprender a ser audaces, asumiendo desafíos que nos parecen demasiado grandes. Algunas veces, fracasaremos, al igual que Walt fracasó cuando su estudio de animación de Kansas City quebró y cuando sus animadores lo abandonaron y él perdió el control de Oswald the Lucky Rabbit. Walt fracasó. Luego, se levantó a sí mismo del suelo, se sacudió el polvo y descubrió que todavía tenía su salud, sus ideas y su audacia. Así, aprendió que el fracaso no es nada más que una lección que hay que aprender en el camino hacia el éxito.

El 1 de octubre de 1966, Walt pronunció uno de los últimos discursos de su carrera cuando aceptó el premio Showman Award of the World por parte de National Association of Theater Owners. En ese discurso, pronunciado en Americana Hotel, en Nueva York, solo dos meses y medio antes de su muerte, Walt se refirió a su carrera. El tono de su discurso fue característicamente humilde y modesto, pero el rasgo de liderazgo que brilló a través de sus palabras fue su audacia. Los siguientes son algunos apartes destacados de ese discurso:

> Propongo retroceder a hace casi 45 años, a Kansas City, Misuri... En ese entonces, yo estaba completamente solo. No tenía ni siquiera un ratón. Pero tenía algunas ideas... Empaqué todos mis bienes mundanos en una maleta de cartón y, con esa maravillosa audacia de la juventud, fui a Hollywood y llegué allí con apenas $40 dólares, que eran el total de mis activos en efectivo...

> Mi hermano mayor, Roy, ya estaba en Los Ángeles como paciente en el Veteran's Hospital. Cuando él salió, teníamos en común nuestro amor fraterno. Ambos estábamos desempleados y ninguno lograba conseguir un trabajo, así

que resolvimos el problema entrando en el mundo de los negocios y establecimos el primer estudio de dibujos animados de Hollywood.

Varios años después de producir una serie tras otra con muy poco dinero como presupuesto... llegó a nuestras vidas Mickey Mouse. Al principio, parecía que él iba a tener más dificultades que yo para triunfar en el mundo del espectáculo. Nadie quería a Mickey.

En ese momento, necesitábamos conseguir desesperadamente $500 dólares. Para decirlo de una manera breve, todo lo que nos pertenecía a Roy y a mí estaba comprometido hasta el techo. Entonces, le pedí $500 dólares a Harry (Reichenbach, director de Old Colony Theatre, de Broadway) por el derecho a exhibir durante una semana la que fuera la primera versión de Mickey Mouse... Y él me dijo: "Hagamos un trato. Te daré $250 dólares por semana y exhibiré la caricatura durante dos semanas". Harry le vendió al público Mickey Mouse en solo dos semanas y nuestro saldo en rojo adquirió un tono más negro.

Con el éxito de Mickey, me decidí a diversificar. Tenía otra idea que asolaba mi cerebro. Se trataba de *The Silly Symphonies*, una serie sin un personaje central que me diera la amplitud necesaria para poner en marcha y desarrollar la industria de los dibujos animados. El primer episodio fue *The Skeleton Dance*. La reacción del público fue: "¿Por qué Walt bromea con esqueletos? Queremos más ratones".

Así que, por un tiempo, parecía que ese primer intento de Silly Symphonies no saldría del cementerio. Pero una vez más, un showman vino al rescate. Fred Miller, quien era en ese momento el gerente general de Carthay Circle Theatre, en Los Ángeles, se arriesgó a exhibir esa producción.

The Skeleton Dance tuvo una recepción maravillosa y muy buenos comentarios y el éxito de *The Silly Symphonies* nos dio el coraje necesario para hacer *Blanca Nieves*. ¡Y ustedes deberían haber escuchado los clamores de advertencia que me hacían! Muchos profetizaron que nadie se sentaría a ver una película de dibujos animados durante una hora y media.

Sin embargo, habíamos decidido que había solo una forma en la que podríamos hacer *Blanca Nieves* con éxito —y era sin escatimar en su producción—. No temeríamos invirtiendo dinero, talento y tiempo. No sabíamos si el público optaría por ver una película de dibujos animados, pero estábamos totalmente seguros de que el público no compraría boletos para ver dibujos animados de mala calidad.

A medida que subía el presupuesto de *Blanca Nieves*, comencé a preguntarme si alguna vez recuperaríamos nuestra inversión. Luego, recibí una noticia sorpresa. Roy me dijo que tendríamos que pedir prestado otro cuarto de millón de dólares para terminar la película. "Como garantía, tienes que mostrarles a los banqueros lo que ya tenemos listo de *Blanca Nieves*". Siempre me había opuesto a permitir que un extraño viera una de mis películas estando incompleta.

Entonces, tuve que sentarme solo con Joe Rosenberg, de Bank of America, y tratar de venderle un cuarto de millón de dólares, basado en mi fe en el proyecto. Él no demostró ni la más mínima reacción a lo que veía. Después de que se encendieron las luces, salió de la sala de proyección, comentó que era un buen día ¡y bostezó! Todavía lucía inexpresivo cuando lo acompañé a su auto. Luego, se volvió hacia mí y me dijo: "Walt, esa película será una olla llena de dinero". Hasta el día de hoy, él es mi banquero favorito[11].

¿Observas cómo fue la progresión en la carrera de liderazgo de Walt y el crecimiento constante de su confianza en sí mismo y en su audacia? El éxito de Mickey Mouse le dio el coraje necesario para diversificar y crear las *Silly Symphonies.* A su vez, el éxito de las Silly Symphonies le dio el valor para aceptar el desafío de producir *Blanca Nieves y los siete enanitos.* Y el éxito de *Blanca Nieves* le generó desafíos aún mayores. Algunos, los logró. En otros, fracasó. Sin embargo, su confianza y su audacia continuaron creciendo a medida que sus metas se volvían cada vez más grandes y desafiantes.

Es formativo notar que, incluso antes de que se completara *Blanca Nieves,* Walt ya estaba planeando tres nuevos largometrajes 100% animados: *Pinocho, Bambi* y *Fantasía.* Walt confiaba por completo en que, si lograba producir *Blanca Nieves* hasta finalizarla, su modelo de negocio cambiaría de manera radical. Su confianza estaba muy bien justificada. Como recordó Walt: "Cuando *Blanca Nieves* triunfó, nos dimos cuenta de que estábamos en un nuevo campo de acción. Lo supimos una semana después de que la película se presentó en Carthay Circle, en Los Ángeles. Estábamos muy endeudados y, en cuestión de seis meses, teníamos millones de dólares en el banco"[12].

Desde el día en que se estrenó *Blanca Nieves,* el estudio de Disney dejó de ser solo una fábrica de dibujos animados. Se había convertido en un estudio de películas en largometraje. Y en el proceso, Walt había cambiado el curso de la historia de la animación.

LA AUDACIA PARA CONSTRUIR MONTAÑAS

Durante la construcción de Disneylandia, los trabajadores cavaron toneladas de tierra para formar los canales de Rivers of América y el foso del Castillo de *La bella durmiente*. Luego, la transportaron al borde entre Fantasyland y Tomorrowland. El resultado fue una desagradable colina de unos seis metros de altura. Walt no estaba seguro con respecto a qué hacer con esa colina, así que le pidió a su maestro en botánica, Morgan "Bill" Evans, que plantará arbustos y pasto para que aquel paisaje se viera menos monstruoso. Luego, mandó poner una cerca para que nadie subiera a la colina y resultara herido. (La cerca, sin embargo, resultó ser solo un pequeño obstáculo para las parejas que se colaban por allí, rumbo hacia la colina, usando ese tramo como una ruta para enamorados).

Ese montón de tierra se conocía por varios nombres, pero el más común era Holiday Hill. Algo en Holiday Hill le recordaba a Walt de sus nevadas de invierno cuando era niño en Marceline. Como él mismo mencionó en una carta que le envió al *Marceline News* y fue publicada el 2 de septiembre de 1938: "Me divertía mucho en los días de invierno, deslizándome en un trineo por esas laderas resbalosas!"[13].

Así que Walt propuso traer una poderosa máquina para hacer nieve y cubrir la colina con ella para luego brindarles paseos en trineo a los huéspedes de Disneylandia durante todo el año. Horrorizado, su jefe de construcción, Joe Fowler, señaló que los veranos de California convertirían toda esa nieve en un torrencial escurridizo en un instante. Walt estuvo de acuerdo a regañadientes en que la idea del trineo no era práctica.

Además, decidió que la noción de hacer paseos en tobogán por una colina de seis metros no era una idea lo suficientemente audaz, así que necesitaba idear algo mucho más grande, mucho más intrépido, mucho más desafiante —pero ¿qué?— Aquella colina cubierta de arbustos lo fastidió durante los primeros años de Disneylandia.

Un día de 1957 o 1958, un miembro del equipo de Disneylandia notó a Walt sentado en una banca del parque, en Central Plaza. Estaba mirando hacia un espacio de cielo entre el Castillo de *La bella durmiente* y Monsanto House of the Future. Entonces, le preguntó: "Walt, ¿qué estás mirando?".

Señalando hacia ese cielo, Walt le respondió: "Mi montaña".

Como era obvio, allí no había ninguna montaña —pero Walt la veía de todos modos—. Aquella era una visión lo suficientemente grande y audaz como para ser digna de Walt y su Disneylandia. Fue así como olvidó su visión acerca de la colina de tierra de seis metros de altura cubierta de nieve y toboganes. Más bien, habría una montaña imponente, de 147 pies de altura, con dos pistas de montaña rusa de acero entrelazadas, cuevas de hielo, cascadas y piscinas emocionantes a las cuales lanzarse a chapotear en ellas.

Mientras miraba ese espacio del firmamento, imaginando su montaña, es probable que ni Walt mismo sabía qué forma tomaría su idea. No imaginaba específicamente al Matterhorn. Esos detalles los completó durante el verano de 1958, cuando estaba en el pueblo suizo de Zermatt. Allí, lo primero en lo que puso sus ojos fue en el Matterhorn y no podía apartarlos de él. Su visión de la montaña de Disneylandia acababa de completarse.

Aquella fue una idea increíblemente audaz. Al principio, sus imagineers dudaron que podría construirse. La imagineer Harriet Burns pensó que el proyecto del Matterhorn era "una locura". Walt estaba tratando de incluir demasiadas funciones en la forma no geométrica del Matterhorn. "Nada como eso se había construido antes", comentó ella. "Walt trajo expertos e ingenieros para que lo asesoraran sobre los problemas que surgirían a lo largo del camino. Él siempre buscaba el mejor consejo posible. Sin embargo, si los expertos le decían: 'Esto es imposible, esto no puede hacer', a él no le importaba que le dijeran que eso era 'imposible', pues se lo habían dicho tantas veces en la vida que la palabra 'imposible' ya no tenía ningún significado para él"[14].

El hecho es que Matterhorn Bobsleds abrió el 14 de junio de 1959. Es una atracción exclusiva de Walt Disney —ningún otro parque temático de Disney en el mundo tiene esa atracción (aunque Disney's Animal Kingdom en Florida ahora tiene una atracción conocida como Expedition Everest, que es de 199 pies de altura y está inspirada en Matterhorn Bobsleds de Disneyland). Desde esa montaña de Walt se vislumbra el horizonte de Disneylandia hasta el día de hoy y se erige como un monumento a la audacia del liderazgo de Walt.

¿Qué podemos aprender sobre el liderazgo audaz y valiente en la vida de Walt? Permíteme sugerir tres lecciones clave:

1. **Cultiva un espíritu de aventura en tu liderazgo.** Comprométete contigo mismo a ejercer un estilo de liderazgo basado en la toma de decisiones audaces, un estilo de comunicación seguro, estableciendo metas desafiantes.

Toma riesgos —no apuestas alocadas, tontas o impruden-
tes, sino riesgos calculados—. Empieza con algo pequeño
y asciende hacia desafíos más grandes y riesgosos. Claro,
a veces sentirás miedo. Dudarás de ti mismo en un aspecto u otro. Sin embargo, sigue avanzando, sigue alejándote
del camino, sigue abriendo un sendero audaz en medio del
desierto de tu liderazgo. Atrévete a asombrar al mundo.

2. **Fomenta una cultura de audacia en tu equipo de tra-
    bajo o en tu organización**. Recompensa y aplaude a los
    tomadores de riesgos atrevidos de tu equipo. Cuando ellos
    tengan éxito, reconóceles sus logros frente a todo el equi-
    po. Cuando fallen, apláudeles sus atrevidos intentos y di-
    les que sigan intentándolo. Si castigas el fracaso, inhibirás
    su coraje y confianza —y sofocarás su audacia—. La in-
    novación y la creatividad son subproductos de la audacia.
    Entonces, anima a tu gente. Cree en ellos. Construye su
    confianza y recompensa su valentía.

3. **Sigue subiendo la apuesta.** Cada vez que aceptamos un
    desafío demasiado grande para nosotros y logramos ven-
    cerlo, nuestro coraje aumenta. Nuestra confianza crece
    para que podamos atrevernos a intentar aún más cosas.
    El historiador de cine J. B. Kaufman (coautor, con Russell
    Merritt, de *Walt in Wonderland*) me dijo: "Walt comen-
    zó con metas pequeñas. Primero, un pequeño estudio en
    Kansas City; luego, uno más grande en Hollywood; des-
    pués, un enorme estudio en Burbank; luego, un parque te-
    mático en Anaheim; luego, una ciudad entera en Florida.
    Cada objetivo era grande en ese momento, pero una vez
    que lo lograba, se sentía inquieto y quería ir más allá, hacer
    algo más grande y atrevido. Walt no solo era un hombre de
    ideas. Era un hombre atrevido y valiente".

Cuando miras los horizontes de tu vida, ¿qué ves? ¿Un recorrido por una pequeña colina de tierra o un paseo por una montaña llena de emociones? ¿Es tu visión lo suficientemente audaz? ¿Son tus metas lo suficientemente altas? Revisa tu pulso: ¿está latiendo más rápido tu corazón? ¿Sientes un cosquilleo de miedo y emoción y ganas de escalar nuevas alturas?

¿Tiene la osadía de liderar como Walt?

El corazón
servicial de Walt

8

¿Alguna vez, has oído hablar del parque temático "perdido" de Walt Disney?

No iría a estar localizado en California, ni en Florida. Walt planeaba construirlo en el Estado de Missouri y había hecho que sus imagineers hicieran gráficas, mapas y versiones en relieve del sitio. Había comprado 200 acres de tierra (40 acres más que el terreno de Disneylandia) y había proyectado comprar otros 500 acres a través de su sociedad financiera, Retlaw Enterprises. Estaba ansioso por comenzar a construir su parque temático de Missouri cuando los médicos le diagnosticaron que estaba muriendo de cáncer. Sabiendo que le quedaba poco tiempo de vida, Walt le pidió a Roy que supervisara esa construcción hasta finalizarla —pero el retador proyecto de Florida mantuvo a Roy muy ocupado hasta el día su muerte, en diciembre de 1971.

Walt llamó a su parque temático "perdido" el Proyecto Marceline y planeaba presentarlo como un regalo a la ciudad donde había pasado su años más tempranos y felices. Walt tenía grandes planes para el tema de su parque en honor a Marceline. Iba a ser una remembranza del Museo Henry Ford and Greenfield Village, en Michigan, pero con una ciudad más pequeña y un tema más rural. Hoy en día, Walt Disney Hometown Museum, ubicado en el depósito restaurado de Santa Fe Railroad Depot, en Marceline, contiene los planos y dibujos que Walt alcanzó a preparar para su parque temático dedicado a Marceline.

El parque iba a tener diversas atracciones: un granero que se adecuaría para hacer bailes, un lago de pesca, un pueblo similar a Main Street USA, con hotel, barbería, tienda de abarrotes, carnicería, estación de servicio antigua y muchas más. Walt incluso planeó recrear la mina de carbón por donde, en tiempos de invierno, él se deslizaba en trineo, atravesando una colina cubierta de nieve y residuos mineros. Él quería que Bob Gurr diseñara una flota de vehículos antiguos como los de Disneylandia —y también planeaba tener un tren a vapor a la antigua (por supuesto) y otras atracciones más.

La parte central del Proyecto Marceline iba a ser la granja familiar Disney, en un terreno de 45 acres. Ahí fue donde nacieron sus sueños de infancia y él quería preservar el lugar como "una granja histórica viviente". Ya había realizado estudios de viabilidad para comenzar a desarrollar el proyecto y el gobernador de Missouri se había comprometido a construir una autopista hasta Marceline.

Cuando Walt murió, todos esos espléndidos planes quedaron archivados. Unos amigos suyos, Inez y Rush Johnson, compraron el terreno de los 40 acres iniciales, junto con la granja original, para preservar los hitos de la infancia de Walt —la granja, el granero y el antiguo álamo que él llamaba "el árbol de los sueños". Retlaw Enterprises vendió el resto de la propiedad y el Proyecto Marceline pasó a la historia sin ser construido y, sobre todo, quedando en el olvido[1].

Walt ya le había rendido homenaje a su amada ciudad natal de muchas formas. Evocó su nostalgia por Marceline en películas como *So Dear to My Heart* y *La dama y el vagabundo*. Main Street USA, en Disneylandia, es su versión idealizada de Marceline. De hecho, justo al lado de Main Street, a la vuelta de la esquina de Market House, se alza una fachada en la que hay un letrero que dice "Marceline Hotel". Pero Walt tenía un corazón servicial. Él quería hacer más que el simple hecho de honrar a su amada ciudad natal desde lejos. Él anhelaba servirle a Marceline y agradecerle al pueblo por haberle brindado los años más felices de su vida. Habría logrado su objetivo si hubiera tenido más tiempo.

La prueba máxima del liderazgo es la siguiente: ¿Tiene el líder corazón de servidor? Walt Disney lideró sirviendo.

Un humilde granjero de Marceline

Décadas después de dejar su amada ciudad natal, Walt se reconectó con Marceline —debido a una piscina.

En 1955, la gente de Marceline votó por una emisión de bonos para construir una piscina comunitaria. Rush Johnson era miembro del concejo de Marceline en ese momento y propuso que la ciudad le solicitara permiso a Walt para nombrar la piscina en su honor. Otros miembros del concejo estaban escépticos, pues decían que, después de todo, Walt había vivido allí solo cinco años y era apenas un niño cuando se fue. Quizá, ni siquiera recordaría la ciudad.

Sin embargo, Rush Johnson le escribió a Walt y él le respondió con entusiasmo: "Tengo solo buenos recuerdos de Marceline. Sería un honor para mí que esa piscina llevara mi nombre. Allí viví mi única infancia"[2].

Walt y Roy, junto con sus esposas, viajaron a Marceline para la inauguración y dedicación de la piscina a Walt, el 4 de julio de 1956. Además, los hermanos Disney fueron los anfitriones del estreno de una película del Oeste titulada *The Great Locomotive Chase*, en Uptown Theatre, de Marceline. Era un verano sofocante de Missouri y el único hotel de la ciudad no tenía aire acondicionado. Rush Johnson y su esposa Inez tenían la única casa con aire acondicionado en Marceline, motivo por el cual invitaron a Walt y a Roy, junto con sus respectivas esposas, a alojarse allí como sus invitados; fue así como surgió una gran amistad entre ellos y Walt continuó siendo un buen amigo de la pareja durante toda esa última década de su vida, hasta su muerte.

En los días de su estadía en Marceline, Walt y Lillian visitaron la antigua escuela primaria y Walt encontró el mismo escritorio donde él solía sentarse cuando era niño. Lo identificó por las iniciales W.D. grabadas sobre el escritorio con una navaja[3].

Walt regresó a Marceline en 1960, cuando la escuela primaria de la ciudad fue nombrada en su honor. De hecho, canceló un viaje alrededor del mundo con el único fin de poder estar en Marceline y asistir a esa ocasión. Walt se hospedó otra vez en casa de Rush e Inez Johnson.

Estando allí, hizo que uno de sus mejores animadores pintara un mural con más de 20 personajes de Disney. Hoy, el mural todavía existe en la escuela. Walt donó películas y libros educativos de Disney a la biblioteca de la escuela, junto con una colección completa de la *Encyclopædia Britannica* para cada una de las aulas de clase. También le dio a la escuela el asta de una bandera perteneciente a los Juegos Olímpicos de Squaw Valley, de 1960, que Walt ayudó a organizar. Humilde como siempre, le dijo a la gente de Marceline: "Solo soy un granjero de Marceline que se esconde detrás de un pato y un ratón".[4]

De 1957 a 1966, fue ubicada en Fantasyland una atracción llamada Midget Autopia, cerca de donde se encuentra ahora "it's a small world". Cuando Disneyland cerró Midget Autopia, Walt mandó desmontar todo, pidió que lo empacaran y lo alistaran para él enviarlo a Marceline. La atracción operó durante 11 años en el Parque Municipal Walt Disney, de Marceline. Walt había planeado participar en la ceremonia de dedicación en julio de 1966, pero tuvo que cancelar su asistencia, debido a problemas de salud. (Esto fue cuatro meses antes de que fuera diagnosticado con cáncer).

Walt amaba a la gente de Marceline y ellos también lo amaban a él. Tenía grandes planes para su ciudad natal, pero murió demasiado pronto. La noche en que él murió, el comentarista de CBS News Eric Sevareid lo elogió, diciendo que Walt Disney "había hecho, probablemente, más que todos los psiquiatras del mundo para tratar de curar o, por lo menos, calmar, los espíritus humanos perturbados"[5]. Eso es cierto. Walt era más que un animador. Él era un sanador con un corazón servicial.

"¡TE AMO, TÍO WALT!"

Una de mis paradojas de liderazgo favoritas es el principio que afirma que no puedes ser un gran líder a menos que seas un servidor. Los grandes líderes les sirven a quienes ellos dirigen. Le sirven al público. Les sirven a las partes interesadas y a los accionistas. Les sirven a las generaciones futuras. El liderazgo es servicio. Tú no puedes liderar a menos que sepas cómo servir. Un líder sin corazón de servicio es solo un jefe.

Art Linkletter me contó sobre la ocasión en que conoció a Walt. Era 1940 y Art era un joven locutor de radio en San Francisco. Walt estaba en esa ciudad para celebrar el estreno de *Fantasía*. "Llegué temprano a la conferencia de prensa", recuerda Art, "y encontré el lugar vacío, excepto por alguien que estaba ocupado, acomodando las sillas, así que le pregunté: '¿Usted sabe a qué hora se supone que llegue Walt Disney?'. Él hombre me sonrió y me contestó: 'Yo soy Walt Disney'. Le dije: '¿Lo eres? Entonces, ¿por qué estás acomodando las sillas?'. Su respuesta fue: 'Bueno, me gusta ver que todo esté organizado'. Ese fue un gran comienzo, porque Walt me dejó ver de entrada el tipo de persona que él era. No era un pez gordo de Hollywood, deslumbrado por su propia importancia. Él solo era un chico amistoso y humilde".

Un líder genuino nunca debe sentirse demasiado importante como para acomodar unas sillas, hacer café o barrer el piso. Un líder siempre debe estar listo para servir.

Boby Williams se acababa de graduar de Garden Grove High School, en 1958, cuando solicitó empleo en Disneylandia. Temprano una mañana, antes de que el parque abriera, ella decidió ir hasta la puerta de entrada principal y decirle el guardia de seguridad que quería solicitar un trabajo allí. El guardia la dejó ingresar y ella deambuló por Disneylandia, buscando el lugar donde debía hacer su solicitud de empleo. En Frontierland, pudo ver el velero *Columbia* atracando después de su viaje inaugural. Luego, volvió a Main Street, donde la tienda Ruggles China & Gifts acababa de abrir sus puertas. En la puerta estaba Phil Papel, el dueño de la tienda. En ese tiempo, Phil y su esposa Sophie habían alquilado un local comercial en Main Street (hoy, Disneylandia es dueña de la tienda y ahora se llama The China Closet).

Boby le dijo a Phil Papel que estaba buscando trabajo. Mientras charlaban, Boby comentó: "No hay duda alguna, aquí es donde querría pasar el resto de mi vida". Papel la contrató y ella comenzó a trabajar al día siguiente. Pasó 40 años trabajando para los Papel. Primero, en Disneylandia; luego, en otras tiendas minoristas de los Papel en Disneylandia Hotel, en Movieland Wax Museum, en Buena Park y en Queen Mary, ubicada en Long Beach.

Boby cuenta que entró a trabajar a Disneyland a través de uno de los miembros del equipo de ingreso que estaba en Harbor Boulevard, en el estacionamiento de los empleados que había detrás de las tiendas de Main Street. De camino a la tienda de Ruggles, pasó por donde se encontraba el director musical de Disneyland, Vesey Walker, cuando él organizaba su Disneyland Band; la banda estaba detrás del escenario, preparándose para la marcha matutina por Main Street. Ella dice que, en el momento en que atravesó la puerta y empezó a caminar por Main Street, sintió "una intensa sensación de paz y una calma que le duró todo el día". Añadió que las frases usadas para describir a Disneylandia —"El lugar más feliz de la Tierra" y "El Reino Mágico"— no eran solo palabras; eran la verdad. "Y este espíritu de felicidad", dijo, "fue creado por Walt Disney".

Su primer encuentro con Walt ocurrió poco después de que ella comenzara a trabajar en la tienda Ruggles. "Recibimos una gran cantidad de cajas en la zona trasera", recordó Boby. "Phil me entregó un cortador de cartón y me pidió que abriera las cajas y facturara la mercancía. Nunca antes había visto un cortador de esos. Mientras trataba de aprender a usarlo, una voz detrás de mí dijo: '¿Necesitas ayuda?'. Di media vuelta y allí estaba Walt Disney, con una gran sonrisa en su rostro. Luego, Walt tomó de mis manos el cortador de cartón y abrió cada una de las cajas que habían llegado. Le di las gracias y, sin dejar de sonreír, dio media vuelta y se fue".

El siguiente encuentro de Boby con Walt tuvo lugar en la Navidad de 1958. A finales de la década de 1950, cuando muchas tiendas de Main Street ya eran propiedades independientes y sus dueños las operaban, Walt inspeccionaba personalmente las vitrinas y le daba un trofeo al dueño de la tienda que hubiera hecho la mejor decoración. Durante tres temporadas navideñas, Papel había intentado ganarse el premio, pero no había tenido éxito. De modo que, para la Navidad de 1958, contrató un decorador de vitrinas profesional. El decorador pasó allí dos días y Papel le pagó mucho dinero. Sin embargo, después de que él se fue, Phil manifestó que no había quedado contento con la decoración de su vitrina y le pidió a Boby que mirara qué podía hacer ella para decorarla mejor, así que ella pasó horas trabajando hasta hacerla lucir más bonita.

Finalmente, llegó el día en que Walt se acercó con un ojo crítico a observar la vitrina de Ruggles y se entusiasmó a medida que la detallaba. Unos días después, regresó con un trofeo de dos pies de alto que llevaba una nota inscrita en él. La exhibición de Boby había ganado y la entrega del trofeo por parte de Walt fue una de las mayores emociones de su vida. Ella recuerda haberle dicho con cariño: "Te amo, tío Walt!"[6].

Bien fuera que estuviera organizando sillas para una conferencia de prensa, abriendo cajas de cartón llenas de mercancía o entregándole un premio a la vitrina mejor decorada de Main Street, Walt lideraba sirviéndoles a los demás. Tenía un corazón de servicio y demostraba que el líder más grande es aquel que es un servidor de los demás.

Walt, un servidor del mundo

Durante años después de la apertura de Disneylandia, Walt había estado planeando una atracción que expresara su deseo por la paz y la armonía mundial. Pero, ¿en qué lugar del parque la ubicaría? ¿Y cómo la financiaría?

En 1963, la compañía de refrescos Pepsi le solicitó a la compañía Disney que le diseñara y le construyera una atracción para la Feria Mundial de Nueva York de 1964. A través de WED Enterprises, Disney ya estaba construyendo atracciones para el Estado de Illinois, Ford, General Electric y Kodak. Pepsi había esperado hasta que ya solo quedaban 11 meses antes del día de inauguración de su feria. Los ejecutivos de Pepsi contactaron a Joe Fowler, el gerente general de Disneylandia y sus atracciones, pidiéndole que Disney construyera una atracción patrocinada por Pepsi en beneficio de UNICEF. Fowler vio que la fecha límite de entrega era imposible de cumplir, así que rechazó la solicitud de Pepsi.

Así las cosas, la actriz Joan Crawford, viuda del ex Presidente de Pepsi, Alfred Steele, junto con un miembro de la junta directiva, fueron a ver a su amigo Walt Disney y le preguntaron por qué había rechazado la petición de Pepsi. Hasta ese momento, esa era la primera vez que Walt oía hablar de dicha solicitud, pues Joe Fowler no le mencionó nada al respecto. Walt le aseguró a Joan Crawford que Disney construiría la atracción. Finalmente, Walt pudo construir la atracción que había soñado, en la que los niños del mundo, ataviados con conmovedores trajes étnicos, cantarían canciones de paz y armonía. Lo mejor de todo es que Pepsi pagaría la cuenta.

El título provisional de la atracción era Children of the World, pero en última instancia, se dio a conocer como "it's a small world" (el estilo oficial del título utiliza solo letras minúsculas). Para Walt, la atracción fue como su regalo al mundo, como su visión de un mañana utópico en el que todos los niños podrían tomarse de las manos y cantar juntos sin miedo al hambre, ni a la pobreza, ni a la guerra, ni al racismo.

Walt convocó una reunión de sus mejores ilustradores e imagineers. "He estado pensando en esto durante bastante tiempo", les dijo. "Todavía hay uno pedazo de terreno olvidado en donde se organizó la Feria Mundial. Quiero usar esa propiedad inmobiliaria para dar un pequeño paseo en bote"[7].

Walt eligió a Marc Davis y a su esposa Alice para que diseñaran los personajes y el vestuario. El genial y excéntrico colaborador de Walt, Rolly Crump, estaría a cargo de los juguetes y los accesorios, mientras que Blaine Gibson construiría las muñecas. El magistral diseñador de vehículos Bob Gurr diseñaría el sistema de embarcaciones (que luego se adaptaría para Piratas del Caribe).

Walt llamó a Mary Blair para que abandonara sus días de jubilación y la nombró directora de arte del proyecto. Ella había acompañado a Walt en 1941, durante su gira de buena voluntad por Latinoamérica y había aprendido formas emocionantes de usar el color. Además, tenía una habilidad especial para ver el mundo a través de los ojos de un niño. Blair creó esquemas de color únicos para cada continente: azul y verde para África, amarillo intenso para Oriente Medio, rosa anaranjado para América Latina y múltiples tonalidades para Europa.

Walt asignó a sus compositores favoritos, Richard Sherman y Robert Sherman, para escribir el tema principal. Los hermanos Sherman estaban acostumbrados a producir muchas canciones, de las cuales Walt podría elegir una o dos. La primera canción que escribieron para "Children of the World" estuvo lista tan rápida y fácilmente que los hermanos dudaban que pudiera ser lo suficientemente buena para la atracción. La melodía y la letra eran pegadizas, pero simples. "Es solo un primer intento", le dijeron a Walt antes de interpretarla. Él la escuchó y dijo: "¡Eso es perfecto!". Le encantó tanto la canción que cambió el nombre de la atracción. Ya no sería "Children of the World", sino "it´s a small world".

El marco de tiempo histórico en el que trabajaron Walt y sus imagineers es significativo. El mundo acababa de sobrevivir a la crisis de los misiles cubanos, ocurrida en octubre de 1962, la cual, en un abrir y cerrar de ojos, había puesto a los EE. UU. y a la URSS en posición de librar una guerra nuclear. Así que Walt y su equipo creativo querían promover que el tema de la Feria Mundial fuera: "Paz a través del entendimiento". El sentido urgente de misión por parte de Walt inspiró a su equipo de imagineers a lograr una hazaña increíblemente difícil en apenas 11 meses.

El hecho es que "it's a small world" se inauguró en la Feria Mundial. Se organizó un paseo acuático a oscuras, cuya duración fue de 15 minutos. Había más de 300 muñecos hechos con tecnología audio-animatronic y su aspecto era de niños. Después del cierre de la feria, Walt trasladó la atracción a Disneylandia y esta reemplazó a Fantasyland Railroad Depot.

La fachada y el edificio del espectáculo de "it´s a small World" fueron ubicados al norte de la vía férrea, de tal modo que el tren pasara justo por el frente de la fachada. La atracción se abrió a los visitantes de Disneylandia el 28 de mayo de 1966. Hoy, cada parque temático de Disney tiene su propio "it's a small world".

Rolly Crump, asistido por Jack Fergus, creó juguetes basados en pinturas hechas por Mary Blair. Motivado por la crisis de la fecha límite, Rolly inventó una forma muy rápida de tallar los juguetes y los muñecos en espuma de poliestireno cubiertos con papel maché (hecho con toallas de papel humedecidas en pegamento mezclado con agua); luego, los cepilló con pegamento para obtener un terminado de apariencia suave y permanente. Tanto los juguetes como los muñecos eran livianos, parecían tallados en madera y era bastante fácil y rápido ensamblarlos. Rolly y Jack lograban terminar un juguete o un muñeco por día.

"Nunca antes había hecho algo así", recordó Rolly, "y me sorprendió lo bien que funcionaba mi método sin nunca antes haberlo puesto a prueba"[8]. Desde que Rolly creó esas figuras, muchas han sido reemplazadas por unas en fibra de vidrio más duraderas, pero algunos de los muñecos y juguetes de la atracción son originales, construidos a mano en 1963. Rolly ha visitado la atracción recientemente y dice que no logra distinguir cuáles son las figuras de papel maché y cuáles las de fibra de vidrio.

Rolly recordó cómo un regalo de Walt afectó el diseño de "it's a small world". Walt había regresado al estudio desde Europa con una caja envuelta en papel de regalo. "Feliz cumpleaños, Rolly", le dijo Walt.

No era su cumpleaños, pero igual le dio las gracias y abrió la caja. Adentro había un ciclista de juguete montado en un cable entre dos postes y, levantando y bajando cualquiera de los postes, el ciclista se ponía en movimiento, retrocediendo o avanzando. El primer pensamiento de Rolly fue que podría usar ese mismo principio para agregarle un ciclista en la cuerda floja a "it's a small world", de modo que, con la ayuda de Yale Gracey, Rolly construyó una versión más grande y elaborada de su regalo, pero con dos pasajeros y una barra de equilibrio, además de un mecanismo automatizado para mantener la bicicleta moviéndose hacia adelante y hacia atrás a través del cable a medida que los botes flotaba debajo de aquel invento.

Rolly lo instaló y luego invitó a Walt a que fuera a verlo. "Walt", le dijo, "tomamos ese pequeño regalo de cumpleaños que me diste e hicimos una versión más grande". Entonces, Rolly hizo una demostración de los ciclistas en la cuerda floja.

Sin previo aviso, Walt extendió la mano y empezó a mover el tenso el cable, agitándolo hacia arriba y hacia abajo.

"¡Walt!", gritó Rolly, "¿qué estás haciendo?".

"Quiero asegurarme de que la bicicleta no se salga del cable y golpee a alguien en la cabeza". Una vez que Walt estuvo satisfecho de que la bicicleta estaba segura, aprobó el invento[9].

Desafortunadamente, la bicicleta de Rolly Crump en la cuerda floja fue removida durante una de las remodelaciones de la atracción, en 2005. Pero la historia de la bondad de Walt hacia Rolly sigue viva, recordándonos que, cuando un líder les sirve a sus colaboradores, ellos le retribuirán ese gesto con ingenio, creatividad y esfuerzos que van más allá del llamado del deber.

Algunas personas se burlan de "it's a small world", debido a su ritmo apacible y a la canción simple y repetitiva que se aloja en tu cerebro una vez la escuchas. Vivimos en un era de cinismo en la que ese tipo de sentimiento de Walt suele despreciarse y tomarse como "cursi". En comparación con las emociones de hípervelocidad de los trineos de Matterhorn o de Space Mountain, algunos dicen que la dulzura suave y melodiosa de "it's a small world" es solo para niños pequeños y abuelas. Yo estoy en desacuerdo.

Esta atracción de "it's a small world" es un regalo de esperanza de un líder que fue un servidor para el mundo. Es un regalo de color, canto y alegría que expresa el deseo de Walt de bendecir a los niños del mundo con un mensaje de armonía y paz. Sería un día triste para la raza humana si el mundo alguna vez llegara a convertirse en un lugar tan hastiado y cínico que no hubiera lugar para un parque temático como el de "it's a small world", de Disney.

Un servidor de su país

Durante la Primera Guerra Mundial, Walt Disney, con 16 años de edad, se ofreció como voluntario para prestar el servicio militar, pero fue rechazado tanto por el ejército como por la marina por ser demasiado joven. Entonces, Walt se presentó a la Cruz Roja y allí fue aceptado como conductor de ambulancia, pero solo porque falsificó su fecha de nacimiento en la solicitud de empleo. Desde su juventud hasta el final de su vida, Walt Disney fue un servidor voluntario de su país.

En una ocasión, dijo: "A veces, me pongo rojo, blanco y azul"[10]. Walt reflejaba su patriotismo en todo. El día de la inauguración de Disneylandia, leyó la inscripción de la placa de dedicación en la base del asta de la bandera que estaba ubicada en Town Square. Dijo: "Disneylandia está dedicado a los ideales, los sueños y los acontecimientos difíciles que hicieron de este país la gran nación de Estados Unidos".

Todas las tardes, a eso de las 4:30, en Town Square, Disneyland, se lleva a cabo una ceremonia de homenaje a la bandera —un acto patriótico iniciado por Walt mismo el día de la inauguración del parque—. Siempre que Walt estaba en Disneylandia observaba la ceremonia de izada y retiro de la bandera desde la ventana de su apartamento en Fire House.

La ceremonia ha cambiado muy poco desde 1955. Disneyland Band toca y los Dapper Dans cantan himnos patrióticos como "You're a Grand Old Flag" y "America the Beautiful". También toca himnos oficiales de cada rama militar. Disneylandia invita veteranos y miembros en servicio activo de las Fuerzas Armadas a pararse frente al asta de la bandera y recibir reconocimiento. Mientras la banda toca "The Star-Spangled Banner", la bandera baja y es doblada con reverencia. La ceremonia dura unos 20 minutos.

En un tiempo, Disneylandia solía ser criticado y se decía que "ese parquecito para niños en Anaheim" o esa "locura de Disney", acogía a algunos de los grandes líderes y dignatarios de América y de todo el mundo. Uno de los primeros dignatarios en visitarlo fue el Vicepresidente en función, Richard M. Nixon, quien llevó su familia a Disneylandia el 11 de agosto de 1955, solo tres semanas después del día de su inauguración. Nixon le dijo a un periodista: "Este es un paraíso para los niños y también para los adultos". Él y su familia regresaron a Disneylandia en junio de 1959 y participaron en las ceremonias de corte de cinta de tres nuevas atracciones de Tomorrowland: Matterhorn Bobsleds, Disneyland Monorail y Submarine Voyage.

También el expresidente Harry S. Truman y su esposa Bess visitaron Disneylandia en noviembre de 1957, menos de cinco años después de que él dejara el cargo y, a medida que los Truman recorrían el parque, Disneyland Band tocó *I'm Just Wild About Harry* y *Missouri Waltz*. El expresidente comentó que Main Street USA de Disneylandia le recordaba a su ciudad natal, Independence, Missouri. Truman caminaba tan rápidamente desde una atracción hasta la siguiente que los guías y fotógrafos de Disneylandia luchaban por seguirle el paso. Su atracción favorita era el barco *Mark Twain*, que él condujo desde la cabina del piloto. En Fantasyland, el exlíder del partido demócrata se negó a hacer el recorrido en Dumbo. "Si fuera en un burro, lo haría", comentó[11].

En noviembre de 1959, John F. Kennedy, Senador de Massachusetts (y candidato a las primarias presidenciales), celebró una reunión informal con un dignatario extranjero en Main Street USA. JFK era un joven de 42 años en ese momento y necesitaba hacer una sesión de fotos con un líder extranjero para aumentar su imagen de seriedad. Durante una campaña en California, acordó reunirse con Sékou Touré, Presidente de Guinea, África Occidental. Kennedy llegó en helicóptero al helipuerto de Disneylandia y se reunió con el Presidente Touré en la plataforma de Disneyland Railroad. Luego, los dos líderes fueron a City Hall y allí tuvieron una conversación de media hora en francés e inglés. Posteriormente, Kennedy hizo un recorrido por Disneylandia, presentándose y saludando de mano a sus posibles votantes.

En diciembre de 1961, meses después de dejar el cargo, el expresidente Dwight D. Eisenhower llevó a visitar Disneylandia a su esposa Mamie, a su hijo John, a su nuera Barbara y a sus cuatro nietos. Se sentó en el asiento del conductor del camión de bomberos de Bob Gurr y agitó un sombrero de bombero frente a la multitud que estaba en Main Street. En Adventure-land, tomó el volante del *Yangtze Lotus*, de Jungle Cruise. El expresidente y la primera dama se hospedaron en el apartamento de Walt, en Fire House, mientras los miembros más jóvenes del Clan Eisenhower disfrutaban de Fantasyland.

En Frontierland, los Eisenhower montaron en el Mark Twain y disfrutaron el espectáculo de Wild West en el Golden Horseshoe Saloon. El en ese entonces comediante de Disneylandia Wally Boag le dio un globo a la nieta de seis años de Ike, Mary Jean, y le dijo: "Dáselo a tu abuelo. Si aprende a hacerlo explotar, será un gran hombre en su vecindario". Eisenhower se rio a carcajadas. Al final del día, Ike dijo que se había divertido más que sus nietos en Disneylandia[12].

Un conflicto de programación impidió que Walt se reuniera con el expresidente en Disneylandia ese día, pero un poco más de un año después, el 22 de febrero de 1963, durante una cena de gala en Palm Springs, Ike le impuso a Walt la Medalla de Honor George Washington. Esta distinción, otorgada por Freedoms Foundation, en Valley Forge, honra a las personas que muestran un nivel de patriotismo excepcional y buen ejemplo de ciudadanía. Eisenhower (quien la fundó en 1949) llamó a Walt "Embajador de la libertad de los Estados Unidos de América" por su "dedicación patriótica en la promoción del concepto de libertad bajo la Ley de Dios; por su infalible devoción profesional en las cosas que más importan, por su dignidad humana y su óptimo ejemplo de responsabilidad personal; por su magistral liderazgo creativo en lo correspondiente a comunicar las esperanzas y aspiraciones de nuestra sociedad, libre hasta los rincones más lejanos del planeta".

En respuesta, Walt agregó humildemente: "Creo que debo hacer una pequeña confesión y es que, personalmente, no entiendo por qué diablos me dieron esta medalla. Yo solo he estado haciendo algo que, para mí, es natural hacer. Si ustedes pudieran ver mis ojos de cerca, verían que esta bandera estadounidense ondea en ambos. Además, en mi columna vertebral están creciendo unas rayas rojas, blancas y azules. Me siento muy orgulloso y honrado con esta distinción. Gracias"[13].

La última visita conocida de Walt a Disneylandia tuvo lugar el 14 de octubre de 1966. Ese día, Walt les presentó un saludo personal a todos los destinatarios vivos de la Medalla de Honor y a sus familias. Los héroes cabalgaron por Main Street a bordo de la flota de transporte de Disneylandia —el omnibus, el carruaje sin caballos, el carruaje tirado por caballos y el camión de bomberos— hasta llegar a Main Street Opera House. Allí, Walt subió al escenario y presentó una actuación especial de Great Moments with Mr. Lincoln.

En sus palabras de bienvenida, Walt les dijo a sus invitados que estaba personalmente a su servicio. "En Disneylandia", manifestó, "yo soy la autoridad máxima. Aquí, yo dirijo el show. Y les digo que, si no los tratan bien, me lo informen. Tenemos un buen menú preparado para todos y este va a ser un día ajetreado. Es un verdadero privilegio y un honor tenerlos aquí hoy y les damos la bienvenida"[14].

Walt extendió la alfombra roja para darles paso a estos héroes estadounidenses altamente condecorados. Fue un acto típico de un gran líder con un corazón de servicio. A Walt le encantaba usar sus películas, sus personajes de dibujos animados y su parque temático para proyectar los valores estadounidenses de libertad, justicia y juego limpio alrededor del mundo. Le encantaba usar sus creaciones para honrar y bendecir la vida de personas como los destinatarios merecedores de la Medalla de Honor y sus familias.

El 2 de noviembre, aproximadamente, dos semanas después de la ceremonia de imposición de la Medalla de Honor, en Disneyland, Walt ingresó al St. Joseph's Hospital, ubicado al cruzar la calle de Disney Studio. Llevaba semanas sufriendo de dolor de cuello. Los rayos X mostraron una mancha siniestra en su pulmón izquierdo —que más tarde resultó ser cáncer—. Walt murió el 15 de diciembre de 1966, después de haber llevado una vida extraordinaria de servicio a su nación y a los ideales estadounidenses.

Un servidor de los niños

En una columna de julio de 1953, publicada en *Los Angeles Times,* Hedda Hopper escribió: "Cada Navidad, mi nieta Joan recibe una exquisita selección de juguetes de un chico llamado Walt Disney. Estos regalos, aunque la hacen gritar de alegría, siempre la desconciertan. Hasta hace poco, ella nunca había visto una película y la primera fue *Peter Pan,* así que para ella, Walt era alguien tan misterioso y remoto como Santa Claus. Incluso cuando hacía una fiesta de cumpleaños para Joan y sus amigos, Walt no hacía acto de presencia, de modo que Joan comenzó a sospechar. "¿De verdad existirá un Walt Disney?"[15].

Bueno, sí, Joan, realmente había un Walt Disney y era un gran servidor de los niños. Una de las dimensiones menos conocidas de su polifacética personalidad era su profunda compasión por los niños. A pesar de su apretada agenda, él solía sacar tiempo para tomar parte en actos personales de bondad y cuidado hacia ellos. Y a diferencia de muchos líderes corporativos, que suelen hacer una gran demostración de su "bondad", Walt no quería publicidad. Su compasión y sus actos de servicio hacia los niños fluían directamente de su deseo de servicio.

En junio de 1955, cuando se acercaba el día de la inauguración de Disneylandia y la construcción del parque estaba lejos de estar lista, llegó al estudio de Burbank una carta de una mamá que vivía en el este de Estados Unidos. Su hijo mayor de siete años estaba muriendo de leucemia y tenía dos últimos deseos por cumplir. Uno, era conocer a Pinky Lee, la presentadora de un programa infantil con el eslogan "¡Oooh! ¡Me vuelves *loco!*"). Su segundo deseo era montar en el Santa Fe and Disneyland Railroad que él había visto en construcción en *Disneyland*, el programa de televisión. La familia ya había partido hacia California cuando la carta llegó al estudio.

Cuando llegaron a Los Ángeles, la madre llamó al estudio y la secretaria de Walt le dijo que estuviera en Disneylandia el sábado por la mañana. Walt se encontró con la familia en el estacionamiento. Se inclinó hacia el chico y le dijo: "Me contaron que quieres ver mi tren. ¡Bueno, vamos!". Walt tomó al niño en brazos y lo llevó a la estación de tren. Juntos, Walt y el niño, observaron cómo las grúas levantaban los vagones que estaban en la plataforma de los camiones y los descargaban sobre los rieles. Una vez que la locomotora y los coches estuvieron enganchados, el ingeniero encendió la caldera. Luego, Walt llevó al chico al vagón delantero e hicieron el viaje inaugural del tren alrededor del parque. El tren salió de la estación y Walt iba señalándole al niño, una a una, todas las atracciones.

Después del viaje en tren, Walt fue a su automóvil y regresó con un paquete: era una versión enmarcada en oro de su película animada recién estrenada, *La dama y el vagabundo*. Walt colocó el paquete en las manos del niño y luego les dijo a sus padres: "Bueno, vimos el parque por todas partes y le gustó mi tren".

Cuando la familia se fue, Walt le dijo a su personal: "¡No hagan publicidad sobre esto!". Muchos de los empleados de Walt presenciaron ese acto de compasión de Walt hacia un niño moribundo y lo mantuvieron en secreto durante toda su vida. Unos años después de su muerte, Bob Jani, el primer director de eventos especiales de Walt (y el creador de Main Street Electrical Parade) le conto la historia a Bob Thomas, el biógrafo de Walt[16].

A principios de noviembre de 1966, Walt y Lillian, acompañados por sus familiares y asociados, llegaron a Williamsburg, Virginia, para asistir a la conferencia anual de American Forestry Asociation. Allí, Walt sería homenajeado por sus películas sobre la naturaleza y por su apoyo al medio ambiente, otorgándole el premio Distinguish Service Award, ofrecido por AFA. El evento también contaría con un Festival de Cine de Walt Disney, incluidos *Bambi, Winter Storage* —unos dibujos animados de Pato Donald y Chip'n Dale—, la comedia de acción en vivo *Yellowstone Cubs* y *A Fire Called Jeremiah* —un documental sobre saltadores de humo.

Walt estaba sintiendo mucho dolor debido a su cáncer aún por diagnosticar. Durante su estancia, él y su grupo cenaron en el famoso restaurante de Williamsburg, King's Arms Tavern. Cuando estaban sentados alrededor de una gran mesa, un joven camarero, vestido con un traje de la época de la Guerra Revolucionaria, se presentó ante Walt bajo el nombre de Ken Lounsbery. Walt lo reconoció al instante como el hijo del animador John Lounsbery, uno de los "nueve chicos de Disney". De niño, Ken había visitado muchas veces la casa de Walt en

Carolwood Drive y había montado en el ferrocarril de su patio trasero. También había trabajado en el estudio de Burbank durante algunos veranos. Walt se volvió hacia su esposa y le dijo: "Es Kenny, Lillian, mira, ¡es el hijo de Johnny!".

Ken Lounsbery estaba trabajando en King's Arms al mismo tiempo que asistía a College of William and Mary. Ken siempre recordaría esa noche en que Walt estuvo tan feliz de haberlo visto[17].

Durante esos últimos meses de vida de Walt, una de sus secretarias, Lucille Martin, se alarmaba por su salud. Años después, ella me dijo en una entrevista telefónica: "Walt no se encontraba bien la mayor parte del tiempo. A veces, estaba desanimado por su salud y se sentía preocupado por lo que sucedería con el valor de las acciones de la empresa si algo le sucedía a él. Le preocupaba el futuro de sus proyectos, EPCOT y CalArts. Y también estaba muy preocupado por la gente que lo rodeaba. Walt es uno de los hombres más amables que he conocido en mi vida.

"Cuando comencé a trabajar para él, en 1965, yo estaba sola con dos niñas pequeñas. Walt siempre me preguntaba por mis chicas y por cómo nos estaba yendo. Un día, Walt estaba sentado en su oficina con otra secretaria, Tommie Wilck, y conmigo. Ya casi terminaba el día y él se sentía muy cansado. Cuando se levantó para irse por el día, dijo: 'A veces, tengo ganas de tirarlo todo'. Luego, sonrió y agregó: 'Pero Lucille y sus chicas me necesitan'. Siempre he atesorado esas palabras. Solo unos días después, Walt fue ingresado en el hospital".

Walt se interesaba profundamente en los jóvenes, en sus sueños y en su futuro. Le transmitía esperanza y aliento a la próxima generación. Una vez, dijo: "A los jóvenes de hoy, les digo que crean en el futuro, el mundo está mejorando; todavía hay muchas oportunidades. ¿Por qué habrían de creerme eso? Porque, cuando yo era niño, pensaba que ya era demasiado tarde para yo poder hacer algo que valiera la pena"[18].

A Walt Disney le fue bien, en gran parte, porque él fue un líder que sirvió y un servidor que lideró.

El sueño utópico de Walt

En mayo de 2019, tuve en mi programa de radio a Christopher Lyons, el experto en el tema de Disney. Chris es el autor de *Top Disney*, un libro sobre Disney publicado en 2019. Le pregunté: "¿Considerarías a Walt como una de las cinco personas más influyentes de los últimos 100 años?".

"Sí, absolutamente", me respondió Chris. "De hecho, lo pondría en el puesto #1 de la lista. Él ha influido no solo en millones de personas, sino en miles de millones de personas alrededor del mundo. Esa influencia nunca disminuirá. Más bien, seguirá expandiéndose".

Bueno, esa es una afirmación de peso, sobre todo, si se tienen en cuenta todos los presidentes, primeros ministros, reyes, dictadores y otras figuras influyentes del siglo pasado. Pero yo me inclino a estar de acuerdo. Walt podría ser el #1 en esa lista. La mayoría de los líderes llega al poder, gana un par de elecciones, enfrenta una u otra guerra o determinada crisis económica y luego se desvanece en la Historia. En cambio, la influencia de Walt sigue y sigue.

Dick Nunis comenzó su carrera en Disneyland en 1955, como operador de las atracciones del parque. Con el tiempo, llego a ascender hasta llegar al punto de convertirse en Presidente de Walt Disney Attractions y en un ejecutivo clave en el desarrollo de Walt Disney World y de otros parques temáticos de Disney. Nunis recuerda a Walt como un líder con un sueño utópico acerca del futuro. Recordó un día en 1962, cuando Walt le dio un recorrido por Disneylandia al evangelista Billy Graham. Walt y Billy acababan de bajar de un bote de Jungle Cruise. De pie, en el muelle, Graham se volvió hacia Walt y le dijo: "¡Qué mundo tan fantástico! ¡Qué maravilloso mundo de fantasía!".

"Billy", le respondió Walt, "mira a tu alrededor. Mira a toda la gente. Todas nacionalidades. Todos los idiomas. Todos, sonriendo. Todos, divirtiéndose juntos. Este es el mundo real. La fantasía está allá afuera".

Nunis concluyó: "Nunca olvidé esa frase. Y creo que eso es en lo que todos deberíamos estar trabajando"[19].

Ciertamente, esa era la esencia de Walt. Él no estaba simplemente haciendo un show y contando sus ganancias. Walt le estaba ofreciendo al mundo su visión de un futuro posible —un futuro utópico—. Él quería que el mundo observara su visión de "un mundo real", lleno de paz, alegría y encanto. Para él, el mundo de tensiones internacionales, conflictos raciales y odios mezquinos era una fantasía oscura y perturbadora que no tenía por qué existir. Él imaginaba un mejor mundo, un mundo más allá del odio y la división —y mostró esa visión en sus películas y en su Reino Mágico, en Disneylandia.

Cuando entrevisté a Art Linkletter, en 2004, él me habló de su participación, junto a Walt, en los Juegos Olímpicos de Invierno de 1960, en Squaw Valley, California. Burlonamente, algunos críticos llamaron a este evento las "Olimpiadas de

Disney", pero los deportistas, funcionarios y espectadores lo elogiaron como el mejor evento olímpico en la Historia. Walt trajo a la Villa Olímpica a algunos de los personajes más importantes de Hollywood para darles la bienvenida a los competidores y entretenerlos a la vez. Entre ellos estaban Jack Benny, Bing Crosby, Danny Kaye, Jayne Mansfield, Roy Rogers, Red Skelton y otros más.

La noche antes de la ceremonia de apertura, una ventisca cubrió las carreteras, de modo que el comentarista deportivo de CBS, Chris Schenkel, no pudo llegar a hacer la transmisión del evento. No hubo problema. En su lugar, Walt Disney y Art Linkletter salieron al aire, haciendo los comentarios del caso, mientras la antorcha olímpica daba su recorrido de 9.000 millas, las bandas tocaban el tema olímpico y eran lanzadas al cielo 2.000 palomas blancas.

Durante los días que siguieron, Walt supervisó los espectáculos preparados para los deportistas y Art los presentó. "Fue una experiencia increíble", dijo Art. "En cada mesa se hablaba un idioma diferente. Una noche, Walt miró a su alrededor, observando todas las mesas, con deportistas de todo el mundo que representaban diversidad de nacionalidades, razas e idiomas. Sus ojos brillaban. Entonces, me dijo: '¿No es esta una vista increíble? ¡Mira a esta gente! Vienen de todo el mundo y todos están aquí, compartiendo las mismas esperanzas y sueños. Así es como debería ser el mundo entero'. Walt estaba muy conmovido por eso. Ese fue como un sueño hecho realidad".

En los Juegos Olímpicos de 1960, y también en Disneylandia, Walt vio la realización de su utópico sueño de un mundo en paz. Vio gente de todas las naciones y razas y creencias reunidas en armonía. Él creía que eso debía ser lo que sucediera en cualquier lugar, en el entorno adecuado. Walt se dedicó a sí mismo a crear ese tipo de entorno, no solo en sus películas, sino también en proyectos como el del Instituto de Artes de California (CalArts), en los Juegos Olímpicos de Invierno de 1960, en la Feria Mundial de Nueva York de 1964, en su visión de la Comunidad de Prototipos Experimentales del Mañana (EPCOT) y, por supuesto, en Disneylandia.

Cuando Walt abrió Disneyland al público el 18 de julio de 1955, la gente venía no solo de California, sino de todo el mundo. Según un comunicado de prensa de Disneylandia del 18 de julio de 1956, casi cuatro millones de visitantes pasaron por las registradoras de ingreso durante el primer año del parque, lo que convierte a Disneylandia en "la empresa privada de atracciones más grande del hemisferio occidental". Se estima que el 41% de los invitados de Disneyland vino de fuera del Estado y que muchos otros viajaron desde 64 naciones "incluyendo lugares tan lejanos como Arabia Saudita, Islandia, Liechtenstein e incluso de la Unión Soviética"[20].

Muchos de los invitados de Walt en esos primeros años eran jefes extranjeros, cabezas de Estado. El Presidente Achmed Sukarno, de Indonesia, visitó Disneylandia con su hijo Guntur, de 12 años de edad, en junio de 1956. Walt le sirvió como guía turístico personal del Reino Mágico. El Primer Ministro Huseyn Shaheed Suhrawardy, de Pakistán, visitó Disneylandia en julio de 1957. El Shah de Irán y la emperatriz Farah visitaron el parque en abril de 1962.

En noviembre de 1961, el Primer Ministro Jawaharlal Nehru, de India, visitó Estados Unidos durante 10 días y estuvo reunido con el Presidente Kennedy; además, se dirigió a la Asamblea General de la ONU antes de visitar Disneylandia. Walt se desempeñó como guía turístico y chofer del jefe de Estado de

India, conduciendo por Main Street a Nehru y a su hija Indira, de 44 años de edad, en uno de los dos *"jitneys"* de Disneylandia (carruajes sin caballos, ni flecos). Indira se convirtió en Primera Ministra de India un poco más de cuatro años después. Hablando con los periodistas, dijo: "Anhelábamos ir a Disneylandia tanto como las otra cosas que hicimos durante nuestro viaje a Estados Unidos"[21].

Una de las historias más fascinantes de un dignatario extranjero en Disneylandia involucra al rey Mohammed V de Marruecos, quien visitó el parque en diciembre de 1957. El rey es recordado por proteger a la comunidad judía marrueca de las leyes antijudías del gobierno de Vichy Durante la Segunda Guerra Mundial. Después de que la Alemania nazi ordenara al gobierno de Vichy reunir y deportar a los 250.000 judíos de Marruecos rumbo a los campos de concentración nazis, el Rey Mohammed desafió valientemente esa orden.

El Rey Mohammed llegó a Disneylandia por la mañana y Walt estaba disponible para darle personalmente un recorrido guiado por todo el Reino Mágico que duró cuatro horas. La visita matutina del rey estuvo acompañada por ceremonias, fotógrafos, reporteros y guardias de seguridad. El Rey Mohammed se sintió tan cautivado por Disneylandia que él y sus colaboradores regresaron a la suite del hotel, se pusieron ropa de estilo americano y regresaron al parque para disfrutar allí de una segunda visita —esta vez, disfrazados.

El rey y sus ayudantes pagaron su admisión y pasaron por las registradoras como cualquier otro huésped. Hicieron las filas de espera y disfrutaron de paseo a lo largo de la tarde. De un momento a otro, uno de los ejecutivos de Disneylandia lo reconoció y se acercó a él, ofreciéndose a desplegar de nuevo la alfombra roja oficial. El rey marroquí dijo que quería estar allí sin guías, sin fotógrafos y sin publicidad. Lo único que quería era disfrutar de Disneylandia como un cliente más —y así lo hizo.

Walt fue uno de los embajadores más grandes e influyentes de Estados Unidos alrededor del mundo. Él construyó Disneylandia y grandes líderes y gente común de todo el mundo ha ido a ver su Reino Mágico. Disneylandia es un monumento al ingenio, a la libertad y al espíritu empresarial y del éxito estadounidense.

Cuando el amigo de Walt, Ray Bradbury, lo instó a postularse para alcalde de Los Ángeles, Walt sonrió y sabiamente le respondió: "Oh, Ray, ¿y por qué debería ser alcalde cuando ya soy rey?"[22].

Durante los 11 años que Walt gobernó su Reino Mágico en Anaheim, reyes, primeros ministros y presidentes pasaron por las puertas de Disneylandia. Muchos de esos líderes mundiales vislumbraron el sueño utópico de Walt para la humanidad. Sin embargo, el mundo se ha alejado más del cumplimiento de ese sueño desde que Walt falleció.

Tal vez... si tú y yo y miles de personas aprendiéramos a liderar y a servir como Walt, ¿quién sabe lo que podría ocurrir...?

Epílogo

Cómo liderar como Walt

A mediados de 1951, Hedda Hopper fue al estudio de Disney en Burbank para hacer una proyección previa de *Alicia en el país de las maravillas*. Walt no estaba presente, pero uno de sus altos ejecutivos estaba disponible para responder sus preguntas. Cuando terminó la película, le dijo a Hopper: "Vamos, quiero mostrarte el último proyecto de Walt".

Acto seguido, la llevó al taller de máquinas del estudio. Ahí, para sorpresa de ambos, encontraron a Walt. Estaba en un banco de trabajo, solo, jugando con *Lilly Belle*, su locomotora de vapor vivo en escala de un octavo, ("vapor vivo" significa vapor a presión). Walt y Hedda eran viejos amigos, así que la saludó afectuosamente. No le preguntó qué tal le pareció *Alicia en el país de las maravillas*, sino que le señaló a Lilly Belle y le dijo: "Hedda, cada vez que empiezo a pensar que soy un pez gordo, vengo a este taller, trabajo con mis manos y aprendo humildad"[1].

Walt era un gran líder, porque tenía un ego fuerte, un enorme sentido de confianza con respecto a su lugar y su función en el mundo, combinado con un profundo sentido de auténtica humildad. A pesar de que hacía mucho que había dejado de hacer dibujos animados, Walt todavía disfrutaba del trabajo manual. Así que jugar con su tren le ayudaba a mantenerse en la perspectiva correcta y a poner en práctica su sentido común.

Su amor por los trenes de vapor en vivo reflejaba su lado infantil. Walt había amado los trenes desde que era niño. Era una obsesión de la infancia que él nunca superó. Cuando ya fue un hombre hecho y derecho, nunca olvidó las alegrías y fascinaciones de su niñez y siguió atraído por la magia y la fantasía, por los caballeros y las bellas doncellas, por los castillos y los reinos, por Tom Sawyer y los barcos fluviales de Mississippi, por los pioneros y piratas, por Abraham Lincoln y Davy Crockett y por los cohetes y los submarinos. Sobre todo, mantuvo su amor por los trenes de vapor.

Pero esa obsesión de Walt por los trenes se encontró con una fuerte oposición en casa. Su esposa Lillian odiaba el ferrocarril Carolwood Pacific de Walt (llamado así por el nombre de la calle en la que él vivía). Así como se había opuesto a la realización de *Blanca Nieves* y al proyecto de Disneylandia, Lillian trató de disuadir a Walt de su obsesión por aquellos trenes antiguos. En la edición de octubre de 1965 de *Railroad Magazine*, Walt escribió:

> A Lillian no le gustó la idea de tener un ferrocarril funcionando en nuestra casa y me lo ha expresado en términos inequívocos. Las cosas llegaron a tal callejón sin salida que fui a ver a mi abogado y le pedí que redactara un acuerdo entre ella y yo en el cual yo tuviera derecho a operar el ferrocarril en nuestra casa. Mi esposa lo firmó y mis hijas presenciaron el acuerdo.

Luego, planeé una posible ruta alrededor del patio, pero tenía que hacer un corte de seis pies en un tramo del recorrido. Esta vez, mi esposa se opuso rotundamente, así que decidí construir un túnel de 90 pies de largo y luego cubrirlo con tierra. Además, le di a mi secretaria instrucciones estrictas para que no me dijera cuánto iba a costar hacer todo eso[2].

Walt pasó muchas horas felices construyendo Carolwood Pacific y dándoles paseos en su tren personal a sus huéspedes de todas las edades. Él se sentaba en el ténder (el vagón detrás de la locomotora que almacenaba agua y carbón para darle movimiento al tren) y sus invitados viajaban en los demás vagones.

Una vez, estaba solo en el patio trasero, experimentando con el cable de un control que le permitiría sentarse en el primer vagón de pasajeros y no en el ténder. El cable le serviría para operar de forma remota tanto el acelerador como los frenos. Entonces, puso en marcha el tren para probar su invento. Cuando el tren dio una vuelta, la rueda delantera de la locomotora golpeó contra una piedra y comenzó a bambolearse hasta que se desenganchó del ténder, sacudiendo a Walt hacia atrás, lo cual hizo que él tirara del cable del control y se abriera la válvula del acelerador de par en par. La locomotora aceleró a toda velocidad y una columna de vapor se elevó en el aire. Impotente, Walt vio cómo la locomotora se alejaba de él, fuera de control, y se dirigía hacia el túnel.

Al ver esto, saltó del vagón y corrió por el jardín, tratando de atraparla antes de que llegara a la curva cerrada que había más allá del túnel, pues estaba fuera de control. Justo cuando llegó al final del túnel, la locomotora salió disparada, moviéndose demasiado rápido para poder atraparla. Luego, aceleró en la curva y se descarriló, yendo a máxima velocidad. Walt miraba la escena impotente mientras la locomotora rodaba hacia abajo por el terraplén, rompiendo la chimenea y otra pared de la casa hasta que se detuvo en medio de nubes de vapor silbante.

Walt contempló toda aquella destrucción y le gritó a Lillian, que estaba en la casa: "¡Sal si quieres ver algo terrible!".

Lillian salió y vio la locomotora rota y el corazón también roto de su marido. "Oh, Walt", dijo, "¡Qué lástima!". Y Walt sabía que ella lo decía en serio. Aunque odiaba ese tren, ella sabía que a Walt le encantaba, de modo que le entristeció verlo en ruinas.

Después, Walt reflexionó al respecto: "Finalmente, había logrado que ella estuviera de mi lado con respecto a tener un tren que operara en nuestra casa, pero tuve que arruinar un tren para lograr convencerla"[3].

Creo que uno de los aspectos más subestimados de la personalidad de Walt y de su estilo de liderazgo era su rechazo —al igual que Peter Pan— a dejar atrás sus obsesiones de la infancia y su asombro infantil. Aunque él era uno de los seres humanos más comprometido, enfocado, trabajador, imaginativo y decididamente *maduro* como para construir una organización, nunca perdió su capacidad de ver el mundo a través de los ojos de un niño.

Hedda Hopper observó esta cualidad en Walt durante una ocasión en que ella visitó el estudio de Burbank. El ventrílocuo Edgar Bergen estaba haciendo una escena con su títere de madera Charlie McCarthy. Hopper recordó: "En una caja, con un suéter viejo, se sentó un hombre completamente encorvado hacia adelante, absorto en la escena. Era Walt. Cuando la cámara se detuvo, Walt movía su cabeza con asombro. '¡Ese muñeco, simplemente, me mata!', exclamó Walt. '¡Es maravilloso!'".

Hopper agregó que uno de sus colaboradores del estudio le dijo: '¡Todo es maravilloso para Walt!'"[4].

Para liderar como Walt, debemos aferrarnos a las alegrías de nuestra infancia y a nuestra capacidad para maravillarnos como niños. Necesitamos combinar la madurez propia de los siete rasgos del liderazgo con la fascinación y el asombro típicos de un niño.

La "pirámide inversa" de Walt

Reflexionando sobre el enfoque poco común del liderazgo de Walt Disney, el historiador Jim Korkis señaló que hay dos tipos básicos de líderes: el "líder servidor" y el "líder guerrero". Él dice que los roles típicos en los que se desenvuelven los líderes guerreros suelen ser en cargos como entrenadores y comandantes militares. (Yo agregaría que algunos líderes guerreros también son líderes servidores. Comandantes militares como el General Matthew Ridgeway, que se lanzó en paracaídas en Normandía, junto con sus tropas el Día D, es un gran ejemplo de un líder servidor. Lo mismo podría decirse de los ejemplos de vida de los entrenadores John Wooden de UCLA y Tony Dungy, de los Buccaneers y Colts).

Walt, afirma Korkis, era un líder servidor, el tipo de líder que ejerce autoridad, pero que también "apoya a su equipo de trabajo, admite errores y siempre está buscando y escuchando nuevas perspectivas". Walt tenía su propio término para este tipo de liderazgo: la "pirámide inversa". En su modelo de la pirámide inversa, los líderes están en la parte inferior en lugar de en la parte superior de la pirámide y cada decisión que ellos toman, cada palabra que dicen y todo lo demás que hagan está destinado a apoyar a quienes pertenecen a su organización, desde los conserjes y las secretarias hasta los más altos ejecutivos.

Habiendo hecho un estudio cuidadoso de cómo Walt dirigió su empresa, estoy de acuerdo con Jim Korkis en que Walt era un verdadero líder servidor. No era un líder perfecto, pero, sin lugar a duda, fue un líder que sirvió desde la base de su modelo de la pirámide inversa. Korkis resumió así las fortalezas de Walt como líder:

> Disney fue un líder carismático, apasionado y visionario que inspiró a sus seguidores a superar constantemente lo que ellos pensaran que era posible y a explorar disciplinas desconocidas. Walt estableció canales de comunicación tanto a nivel formal como informal. A menudo, lo hacía acercándose él mismo a los trabajadores de la primera línea —como los jardineros y los porteros— para conocer sus opiniones no solo con respecto a los retos que hubiera que enfrentar, sino para conocer qué posibles soluciones veían ellos para solucionar esos retos. Y, si bien Walt era un tomador de riesgos calculados, también asumía toda la responsabilidad por cualquier fracaso. Disney creía en su sueño con tanta intensidad que esta hacía que se generara un compromiso similar por parte de su personal.

Korkis también enumeró las debilidades de Walt como líder —rasgos que tanto tú como yo haríamos bien al evitarlos—. Walt tenía un temperamento voluble. Cuando él estaba de mal humor, los miembros de su personal se advertían unos a otros: "Hoy, Walt tiene puesto su traje de oso". Además, aunque Walt confiaba en su personal, siempre insistió en aprobar él mismo cada fase de cada proceso de producción. Como resultado, era frecuente que la gente tuviera que esperar ociosamente a que

Walt se acercara y aprobara cada paso de su trabajo —lo cual significaba una pérdida de tiempo, talento y dinero.

Así que Walt no estuvo exento de defectos. Sin embargo, sus virtudes superaron con creces su imperfección. Esa es la razón por la que sus logros son tantos y tan grandes. Por eso, la gente lo amaba, se mantenía fiel a él y lo ayudaba a alcanzar sus sueños.

Walt dijo en una ocasión: "Una persona debe establecer sus metas lo antes posible y dedicar toda su energía y sus talentos a trabajar hasta lograrlas. Estoy seguro que, si hace el esfuerzo suficiente, logrará sus propósitos y hasta puede que llegue a obtener resultados incluso más gratificantes que los que estaba buscando. Pero al final, no importa cuál sea el resultado, lo realmente importante es que esa persona sabrá que, después de todo, ha estado viva"[5]. Walt vivió y se guio por ese modo de pensar. A lo largo de su carrera, él siempre supo que estaba realmente vivo.

Cuando tenía menos de 15 años de edad, Walt soñaba con construir un parque de atracciones como Electric Park, "pero el mío va a estar siempre limpio, decía"[6]. Así que él persiguió su sueño y vivía refinando su visión acerca de él. De esa manera, cuando tenía cincuenta y tantos años, comenzó a construirlo.

Hubo momentos en los que casi se desesperaba por ver ese sueño cumplido. Incluso su esposa y su hermano llegaron a oponerse a él. Los expertos lo ridiculizaron. Durante años, el dinero que necesitaba para construir Disneylandia parecía estar fuera de su alcance casi por completo. Incluso después de que la construcción estuvo en marcha, hubo momentos en los que él sentía que la realidad nunca sería igual de espectacular a la visión que él tenía en su imaginación.

Solo unos meses antes de la apertura programada del parque, Walt se sentó muy triste en una acera de Disneylandia. Junto a él estaba sentado Harper Goff, quien había diseñado la arquitectura de Main Street. Con lágrimas en los ojos, Walt le dijo a Goff que la mitad del presupuesto de construcción ya se había gastado y que "no hay nada aquí a lo que puedas llamar fantástico en este mismo momento"[7].

Sin embargo, a pesar de sus momentos de duda, el sueño de Walt con respecto a Disneylandia se hizo realidad, no porque él le hubiera pedido ese deseo a una estrella, sino porque demostró la visión, las habilidades de comunicación, las habilidades interpersonales, el carácter, la competencia, la audacia y el corazón de servicio de un líder completo. Él soñó grandes sueños —sueños que otros decían que eran imposibles de lograr—. Luego, movió cielo y tierra para hacerlos realidad.

Cuando tú, como líder, comiences con una visión y luego se la comuniques a aquellos a quienes lideras, utiliza siempre tus habilidades interpersonales para motivarlos e inspirarlos, mantén tu carácter e integridad en cada decisión que tomes, lidera haciendo el mejor uso de tu capacidad de competencia, hazlo con audacia y confianza y apoya a tu gente con tu corazón de servicio —*tu visión se convertirá en tu realidad*—. De ese modo, el momento en que se cumpla tu sueño será un momento de sublime alegría y celebración.

Walt experimentó ese momento el 17 de julio de 1955, día en que las puertas de Disneylandia abrieron al público por primera vez. Disneylandia había sido su sueño desde que él era niño. Ahora, era una realidad. Ese día, Walt se paró frente a la ventana de su apartamento en Fire House a ver como mamás y papás y niños y niñas atravesaban las puertas de su Reino Mágico y se esparcían por todas partes para descubrir sus ríos y pueblos, sus selvas y desiertos, su castillo y su carrusel, su cohete y sus tazas de té giratorias.

Al lado suyo, en su apartamento de Fire House, estaban los mosqueteros, cuyo programa de televisión, *The Mickey Mouse Club*, pronto se estrenaría en ABC. La mosquetera Sharon Baird tenía 12 años de edad en ese momento. Con el tiempo, ella recordó: "Yo estaba de pie junto a él en la ventana, mirando a los invitados entrando en tropel por las puertas. Cuando lo miré, Walt tenía las manos detrás de la espalda, una sonrisa de oreja a oreja y pude ver un nudo en su garganta y una lágrima corriendo por su mejilla. Walt había realizado su sueño"[8].

Sueños y visiones

Después de la inauguración de Disneyland, Walt continuó soñando grandes sueños. Mike Vance, quien trabajó en Walt Disney Productions y en Disneylandia, recordó un incidente ocurrido en 1966, cuando Walt se estaba preparando para asumir el mayor desafío de su carrera, el vasto complejo de parques temáticos que ahora conocemos como Walt Disney World, en Florida.

Vance notaba que Walt tenía su propia forma de ver el mundo que lo rodeaba y que observaba detalles que se escapaban de la atención de la mayoría de la gente. Una mañana, Vance llegó al estudio de Burbank. Caía una suave llovizna. Al salir de su auto, vio a Walt entrando al estacionamiento del estudio en su Mercedes cupé.

Momentos después, Walt alcanzó a Vance y juntos caminaron bajo la llovizna hacia el edificio de animación. En el camino, Walt hizo una pausa para ver más de cerca una adelfa en flor a lo largo de la acera.

"Mira esa pequeña burbuja de agua que hay sobre esta hoja", le dijo Walt. "Me pregunto cómo le parecerá esa burbuja a la hoja. A lo mejor, le parecerá un cascarón gigante. Sabes, deberíamos tener un restaurante en forma de burbuja flotante alrededor de una enorme hoja en Bay Lake, en Florida".

Continuaron caminando y Walt agregó: "La creatividad está en todas partes. Es imposible escapar a ella". Mientras avanzaban, Walt recordó su niñez en Missouri y los días lluviosos saltando en los charcos y la fragancia de la leña en la chimenea. "¿Alguna vez soñaste con lo que ibas a hacer cuando fueras grande?", añadió. "¿Alguna vez sentiste ganas de crecer y hacer todo eso rápido?".

Cuando llegaron a los escalones del edificio de animación, Walt hizo una pausa y dijo: "¿Quieres oír algo más emocionante que esto que hemos estado hablando hasta ahora? Que es el hecho de ser un adulto como tú y yo lo somos ahora y mirar hacia atrás a través de la ventana de la memoria para recordar aquel tiempo en que éramos pequeños. Pero aún más emocionante que eso es saber que nos convertimos en ese tipo de persona con la que soñamos ser cuando éramos niños. ¿Sabes cómo se llama eso? ¡Satisfacción! Espero que estés disfrutando de ese sentimiento en tu vida, Mike. Espero que te estés convirtiendo en aquello que soñaste ser cuando eras niño".

Mike Vance concluyó: "Este era Walt en su estado más puro y mejor. Este era el Walt que el mundo llegó a amar y admirar. No era una falsa imagen. En realidad, así era él"[9].

Walt no vivió para construir su última, mayor y más desafiante visión. Tenía una cita con la eternidad y la cumplió el 15 de diciembre de 1966.

La noche antes de morir, mientras yacía en una cama del hospital situado al otro lado de la calle del estudio en donde produjo *Blanca Nieves*, Walt trazó en el techo el mapa de su visión sobre el proyecto de Florida, así que fue un líder visionario hasta el final.

Roy, su hermano, supervisó la construcción del complejo de Florida, que se llamaría Disney World. Poco antes de la apertura del resort al público, el 1 de octubre de 1971, Roy anunció que el título oficial sería Walt Disney World, pues quería que el mundo recordara que ese resort en Florida era la realización del sueño de Walt.

Muchas personas que conocieron a Walt estuvieron presentes el día en que Walt Disney World fue designado con este nombre, incluido Mike Vance. Después de la ceremonia de apertura, alguien le comentó: "¿No es una lástima que Walt Disney no viviera para ver esto?".

Vance le respondió: "Él lo vio. Por eso es que existe y que estamos aquí"[10].

La visión de Walt era tan clara y la fuerza de su liderazgo era tan poderosa que ni siquiera la muerte pudo evitar que su visión siguiera adelante. Ese es el legado de un líder visionario, valiente y servicial. Tus sueños y visiones también vivirán después de ti...

Cuando tú también lideres como Walt.

Agradecimientos

Agradezco profundamente el apoyo y la orientación de la gente que contribuyó a hacer posible este libro:

Un agradecimiento especial a Alex Martins, Dan DeVos y Joel Glass, de Orlando Magic.

Me quito el sombrero ante mi socio Andrew Herdliska; ante mi corrector de pruebas, Ken Húsar; y ante mi transcriptora, Fran Thomas.

Gracias también a mi compañero de escritura, Jim Denney, por sus excelentes contribuciones en la configuración de este manuscrito.

Un cordial agradecimiento también para Peter Vegso, Allison Janse y todo el Equipo de HCI, por su visión y conocimiento, y por creer que teníamos algo importante que decir en estas páginas.

Un agradecimiento especial a Peggy Matthews Rose, cuyo amor por Walt y conocimiento acerca de su vida enriquecieron enormemente estas páginas. Estoy agradecido también con

Brook Lopez y Robin Lopez, por su generoso prólogo, y con Swen Nater, por su permiso para usar su poema en estas páginas.

Finalmente, un agradecimiento especial a mi esposa y mi reconocimiento para ella, Ruth, y para mi maravillosa y solidaria familia. Ellos son la verdadera columna vertebral de mi vida.

Sobre el autor

Pat Williams fue Vicepresidente Sénior de Orlando Magic, el equipo de la NBA que él cofundó en 1987. Pat ha estado involucrado en los deportes profesionales desde hace más de 57 años y ha estado afiliado a equipos de la NBA en Chicago, Atlanta y Filadelfia, incluido el campeón mundial de 1983, Filadelfia 76ers. Es uno de los oradores más motivadores e inspiradores de Estados Unidos y autor de 111 libros, *incluidos Go for the Magic, How to Be Like Mike, How to Be Like Jesus, How to Be Like Walt, The Paradox of Power, 21 Great Leaders, Leadership Excellence, Leading God's Way, The Success Intersection: What Happens When Your Talent Meets Your Passion, Coach Wooden: The 7 Principles That Shaped His Life and Will Change Yours y Coach Wooden's Forgotten Teams.* También ha escrito sobre temas que incluyen los deportes, el humor, el matrimonio, la familia, el éxito y la motivación. Es el presentador de tres programas de entrevistas semanales en una emisora de Orlando —un programa de deportes, un programa cristiano y un programa de entrevistas de noticias en general.

Pat Williams es muy solicitado como orador. Su estilo es motivacional, inspirador y humorístico. Se ha dirigido a empleados de la mayoría de las empresas de *Fortune 500* y ha sido un orador destacado en dos cruzadas de Billy Graham.

Ha corrido 58 maratones, ha escalado el monte Rainier, es levantador de pesas y un gran fanático del béisbol (antes de su larga carrera en la NBA, trabajó siete años con la organización Philadelphia Phillies, dos como jugador y cinco en la oficina principal; además, estuvo más de tres años en la oficina principal de la organización Minnesota Tweens). Pat y su esposa Ruth viven en Winter Park, Florida.

Jim Denney es un escritor profesional con más de 130 libros a su nombre, incluidos *Walt's Disneyland, Writing in Overdrive* y la serie de ciencia-fantasía para lectores jóvenes Timebenders (comenzando con *Battle Before Time*). Vive en el sur de California y es miembro de Science Fiction and Fantasy Writers of America (SFWA).

Notas

Capítulo 1:

1 Gene Handsaker, "Cumpliendo 65 años, Walt Disney 'no ve que haya magia' para alcanzar el éxito", Frederick (Maryland) *News*, 28 de noviembre de 1966, 12.

2 Floyd Norman, "Por qué mi jefe, Walt Disney, es el máximo líder empresarial", *Fast Company*, 15 de diciembre de 2016, https: //www.fastcompany.com/3066382/why-my-boss-walt-disney-was-the-ultimate-business-leader.

3 Walt Disney, "La Marceline que yo conocí", carta a *The Marceline News*, publicada el 2 de septiembre de 1938, por Werner Weiss, Yesterland.com, 16 de abril de 2010, https: // www.yesterland.com/marceline.html.

4 Brian Burnes, Dan Viets y Robert W. Butler, *Walt Disney's Missouri: The Roots of a Creative Genius* (Kansas City, Misuri: Kansas City Star Books, 2002), 61.

5 Howard Hendricks, *Color Outside the Lines* (Nashville: Thomas Nelson, 1998), xiii.

6 John Bordsen, "Esta pequeña ciudad es lugar de inspiración del parque 'perdido' de Disney", CNN, 12 de junio de 2018, https: //www.cnn.com/travel/article/marceline-missouri-lost-disney-park/index.html.

7 Robin Seaton Jefferson, "Al interior de la vida de Disney, en Marceline", MissouriLife.com, 23 de octubre de 2017, https://www.missourilife.com/inside-walt-disneys-life-in-marceline/.

8 Charles Chaplin, "El legado de Disney como showman", *Los Angeles Times,* 19 de diciembre de 1966, Parte 5, 30.

9 Jefferson, "Entrando en la vida de Disney, en Marceline".

10 Katherine Greene y Richard Greene, *The Man Behind the Magic: The Story of Walt Disney* (Nueva York: Viking, 1998), 138.

11 Walt Disney, "Quiero más películas" (Danville) *Kentucky Advocate*, 1 de septiembre de 1938, pág. 3.

12 Redactor del personal, "Bombardeado Edificio Federal de Chicago", (Portland) Morning Oregonian, 5 de septiembre de 1918, 1; Jeff Dixon, "Casi nunca hemos oído hablar de Walt Disney", KeysToTheKingdomBook.com, septiembre 4, 2013, http: //www.keytothekingdombook.com/wordpress/2013/09/we-almost-never-heard-of-waltdisney/; Tony Tallarico, "Ocurrió hoy: 4 de septiembre", ThisDayInDisneyHistory.com, http://www.thisdayindisneyhistory.com / Sep04.html.

13 Autor sin acreditar, "El joven creador de Mickey Mouse: Disney, exitoso desde mucho antes que la mayoría de

hombres comienzan su carrera profesional", Hamilton (Ohio) *Daily News*, 3 de marzo de 1932, pág. 9.

14 Jim Korkis, *Walt's Words: Quotations of Walt Disney with Sources* (Orlando: Theme Park Press, 2016), 119.

15 Kathy Merlock Jackson, ed., *Walt Disney: Conversations* (Jackson: University Press of Mississippi, 2006), 62–63.

16 E. B. Radcliffe, "Notas de Disney: Rastreando 20 años de producción de películas. Listo a renunciar dos veces", *Cincinnati Enquirer*, 23 de enero de 1949, pág.78.

17 Anuncio clasificado, "Se busca joven dama para trabajos de trazado en tinta", *Los Angeles Times*, 24 de mayo de 1925, Parte 4, 3.

18 Bob Thomas, *Building a Company: Roy O. Disney and the Creation of an Entertainment Empire* (Nueva York: Hyperion, 1998), 53.

19 Bob Thomas, Walt Disney: An American Original (Nueva York: Disney Editions, 1994), 114-15.

20 Charles Chaplin, "El legado de Disney como showman", pág. 30.

21 Wade Sampson, "Saludos, Walt", MousePlanet.com, 23 de septiembre de 2009, https: //www.mouseplanet.com / 8985 / Saludos_Walt.

22 Keith Gluck, "Walt y la construcción de su buena fama", Walt Disney Family Museum, 8 de septiembre de 2016, https://www.waltdisney.org/blog/walt-and-goodwilltour.

23 Neal Gabler, Walt Disney: *The Triumph of the American Imagination* (Nueva York: Vintage, 2007), 400.

24 Jim Korkis, "El liderazgo de Walt Disney", MousePlanet. com, 4 de diciembre de 2013, https:// www.mouseplanet. com / 10543 / Walt_Disneys_Leadership.

25 John Geirland, "El Tomorrowland de Bradbury", *Wired,* 1 de octubre de 1998, https:// www.wired.com/1998/10/ bradbury/.

Capítulo 2

1 Randy Bright, *Disneyland: Inside Story* (Nueva York: Harry N. Abrams, 1987), 33.

2 Jim Denney, "El sueño de Walt en Disneyland: ¿era más antiguo que Mickey Mouse?", MouseInfo.com, 28 de agosto de 2017, https: //www.mouseinfo.com/ new/2017/08/walts-disneyland-dream-was-it-older-than-mickey-mouse/.

3 Keith Gluck, "La Main Street de Walt —Parte Uno: Inspiraciones", El Proyecto Disney, 5 de febrero de 2013, http: //disneyproject.com/2013/02/walts-main-street-part-one-inspirations.html.

4 Todd James Pierce, Three Years in Wonderland: *The Disney Brothers, C.V. Wood and the Making of the Great American Theme Park* (Jackson, MS: University Press of Mississippi, 2016), 41.

5 Gabler, *Walt Disney,* 502.

6 Marylin Hudson, "Diversiones: Lecturas de la biblioteca", *Orange Coast Magazine,* abril de 2007, pág. 64.

7 Pat Williams, *How to Be Like Walt: Capturing the Disney Magic Every Day of Your Life* (Deerfield Beach, FL: Health Communications, Inc., 2004), 190.

8 Bob Thomas, *Building a Company: Roy O. Disney and the Creation of an Entertainment Empire* (Nueva York: Hyperion, 1998), 183. Corrección: Thomas declaró incorrectamente que los especiales de Navidad de Disney de 1950 y 1951 se transmitieron por NBC. Como he señalado, el especial de 1951 se transmitió por CBS.

9 Algunas versiones de esta historia afirman que fue el principal ayudante de Walt, Dick Irvine, quien llamó a Ryman. Luego, Walt se hizo cargo de la llamada. Cuando Ryman recordó estos eventos, no mencionó a Dick Irvine.

10 Don Peri, *Working with Walt: Interviews with Disney Artists* (Jackson, Mississippi: University Press of Mississippi, 2008), 175-177.

11 Thomas, *Building a Company,* 184.

12 Williams, *How to Be Like Walt,* 193.

13 Aline Mosby, "Walt Disney logra un llamativo debut en la televisión", Columbus (Indiana) *Republic,* mayo 15, 1954, 13.

14 Marty Sklar (entrevista), "¡Sueña! ¡Hazlo! "OhMyDisney. com, 4 de septiembre de 2013, https: //ohmy.disney.com/ insider/2013/09/04/dream-it-do-it /.

15 Williams, *How to Be Like Walt,* 294.

16 David Meerman Scott y Richard Jurek, *Marketing the Moon: The Selling of the Apollo Lunar Program* (Cambridge, MA: MIT Press, 2014), 15.

17 Billy Watkins, *Apollo Moon Missions: The Unsung Heroes* (Lincoln, NB: University of Nebraska Press, 2005), 5.

18 Billy Watkins, *Apollo Moon Missions*, 8-12.

19 Bill Capodagli y Lynn Jackson, *The Disney Way: Harnessing the Management Secrets of Disney in Your Company* (Nueva York: McGraw-Hill, 2002), 1.

20 Williams, *How to Be Like Walt*, pág. 83.

21 Disney Book Group, *Walt Disney Imagineering: A Behind the Dreams Look at Making the Magic Real* (Nueva York: Disney Editions, 1996), 14.

22 Michael Barrier, "Entrevistas: Ward Kimball", MichaelBarrier.com, agosto de 2003, http: //www.michaelbarrera.com/Interviews/Kimball/interview_ward_kimball.htm.

23 Bob Thomas, "El gran éxito de Disneylandia", Mt. Vernon (Illinois) *Register News*, 15 de enero de 1958, pág. 9.

24 Greg Van Gompel, *Excelsior Amusement Park: Playland of the Twin Cities* (Charleston, SC: The History Prensa, 2017), 87–89.

25 Gabler, *Walt Disney*, 525.

26 Steven Watts, *The Magic Kingdom: Walt Disney and the American Way of Life* (Columbia: Universidad de Prensa de Missouri, 1997), 402.

27 Watts, *The Magic Kingdom*, 402.

28 Brian Burnes, Dan Viets y Robert W. Butler, *Walt Disney's Missouri: The Roots of a Creative Genius* (Kansas City, MO: Kansas City Star Books, 2002), 28.Jefferson, "Al interior de la vida de Disney, en Marceline".

Capítulo 3

1 J. B. Kaufman, The *Fairest One of All: The Making of Walt Disney's Snow White and the Seven Dwarfs* (San Francisco: Walt Disney Family Foundation Press, 2012), 31.

2 Gabler, *Walt Disney*, pág. 217.

3 J. B. Kaufman, *The Fairest One of All*, 31.

4 Gabler, *Walt Disney*, pág.218.

5 Bob Thomas, *The Walt Disney Biography* (Nueva York: Simon & Schuster, 1977), 24.

6 John G. West, *Walt Disney and Live Action: The Disney Studio's Live-Action Features of the 1950s and 1960s* (Orlando: Theme Park Press, 2016), 30–31.

7 Williams, *How to Be Like Walt*, pág. 43.

8 Frank Thomas y Ollie Johnston, *The Illusion of Life: Disney Animation* (Nueva York: Hyperion, 1995), 71.

9 Thomas y Johnston, *The Illusion of Life*, 17.

10 Bob Thomas, "Las películas de Disney reflejan su entusiasmo", *Des Moines Tribune*, 7 de septiembre de 1953, pág. 3.

11 Barry Linetsky, *The Business of Walt Disney and the Nine Principles of His Success* (Orlando: Theme Park Press, 2017), 70.

12 Barry Linetsky, *The Business of Walt Disney*, pág. 72.

13 Don Peri, *Working with Walt: Interviews with Disney Artists* (Jackson: University Press of Mississippi, 2008), 124.

14 Don Peri, *Working with Walt*, 198.

15 Williams, *How to Be Like Walt*, pág. 46.

16 Thomas, *The Walt Disney Biography*, 184.

17 Bob Thomas, "Las entrevistas de Disney son 'diferentes'", *Oakland Tribune*, 23 de diciembre de 1966, pág. 13.

18 Wade Sampson, "La primera Navidad de Walt en televisión", MousePlanet.com, 24 de diciembre de 2008, https://www.mouseplanet.com/8605/The_First_Disney_Television_Christmas.

19 Williams, *How to Be Like Walt*, pág. 233.

20 Williams, *How to Be Like Walt*, pág. 233.

21 Williams, *How to Be Like Walt*, pág. 233.

22 Bob Thomas, "Los niños elogiados de EE. UU.", Lansing (Michigan) *State Journal*, 4 de diciembre de 1957, pág. 20.

23 Jim Korkis, "Ahora, su anfitrión... Walt Disney", MousePlanet.com, 25 de mayo de 2016, https: // www.mouseplanet.com/11422/And_Now_Your_Host_Walt_Disney.

24 Williams, *How to Be Like Walt*, 235.

25 Jim Korkis, "Y ahora su anfitrión... Walt Disney".

Capítulo 4

1 E. E. Edgar, "Fábulas famosas", Camden (Nueva Jersey) *Courier-Post*, 31 de marzo de 1943, 14.

2 Peter Barks Kylling, "Carl Barks: Los años de guerra", CBarks.dk, 11 de agosto de 2007, http://www.cbarks.dk/thewaryears.htm.

3 Wood Soanes, "El show va a empezar", *Oakland Tribune*, 14 de septiembre de 1932, 24.

4 Soanes, "El show va a empezar", pág. 24.

5 Michael Barrier, *The Animated Man: A Life of Walt Disney* (Berkeley: University of California Press, 2007), 173.

6 Rolly Crump, "Rolly, recordando el toque personal de Walt", DisneyDispatch.com, 28 de marzo de 2011, http://www.disneydispatch.com/content/columns/the-truth-of-the-matter-is/2011/rolly-remembers-walts-personal-touch/.

7 Bob Gurr, comentarios en "Walt Disney —Maestro de sueños: una noche con las leyendas de Disney, Bob Gurr, Rolly Crump y amigos", Highway 39 Event Center, Anaheim, California, 13 de octubre de 2018, transcrito por Peggy Matthews Rose.

8 Notas de una clase de formación de miembros del equipo de Disneyland dirigida en 2001 por Ray Sidejas y Bruce Kimbrell.

9 Jim Korkis, *The Revised Vault of Walt: Unofficial Disney Stories Never Told* (Orlando: Theme Park Press, 2012), 64.

10 Craig Hodgkins, "Recordando a Walt: Una labor de amor", CraigHodgkins.com, 22 de marzo de 2016, http://www.craighodgkins.com/2016/03/22/remembering-walt-a-labor-of-love/; David Koenig, "Uno de Walt", MousePlanet.com, 4 de marzo de 2015, https://www.mouseplanet.com/10972/One_of_Walts.

11 Jim Korkis, *The Revised Vault of Walt*, 250.

12 Don Peri, *Working with Walt: Interviews with Disney Artists* (Jackson, MS: University Press of Mississippi, 2008), 170.

13 Craig Hodgkins, "Recordando a Walt: Una labor de amor".

14 Freddy Martin, "La entrevista de Bob Gurr, Parte 3: Walt & Bob & el futuro", FreddyMartin.net, 10 de julio de 2018, http://freddymartin.net/2018/07/10/bob-gurr-interview-part-3/.

15 Korkis, "Ahora, su anfitrión... Walt Disney".

16 Williams, *How to Be Like Walt*, 246.

17 Walter Ames, "Desconocido obtiene un papel en una película de Disney", *Los Angeles Times*, 14 de agosto de 1954, Parte 2, 5.

18 Bob Thomas, "Hollywood", *Santa Cruz Sentinel,* 21 de febrero de 1955, pág. 11; Fess Parker, "Nuestros hijos tienen necesidad de héroes", *Los Angeles Times,* revista This Week, 9 de octubre de 1955, págs. 8–9.

19 Rolly Crump, "La muñeca del pequeño mundo judío de Rolly Crump".

20 Julie Combs, Stacey Edmonson y Sandra Harris, *The Trust Factor: Strategies for School Leaders* (Nueva York: Routledge, 2013), 153.

21 Tony J. Tallarico, "La gran inauguración de Disneylandia", ThisDayInDisneyHistory.com, http: // thisdayindisneyhistory.homestead.com/ disneylandgrandopening.html.

22 Leonard Mosley, *Disney's World: A Biography* (Lanham, MD: Scarborough House, 1990), 148–49.

23 Watts, *The Magic Kingdom,* 192.

24 Bill Peet, *Bill Peet: An Autobiography* (Boston: Houghton Mifflin, 1989), 171.

25 Hedda Hopper, "Disney vive en el mundo de la eternal fantasía", *Los Angeles Times,* 26 de julio de 1953, Parte 4, 4.

26 Rolly Crump, "Rolly recuerda el toque personal de Walt", DisneyDispatch.com, 28 de marzo de 2011, http: //www. disneydispatch.com/content/columns/the-truth-of-the-matter-is/2011/rolly-remembers-walts-personal-touch/.

27 Todd Martens, "Uno de los primeros diseñadores de Disneyland se ganó a Walt Disney con su reputación rebelde", *Los Angeles Times*, 7 de septiembre de 2018, https: //www.latimes.com/entertainment/herocomplex/la-et-ms-rolly-crump-20180907-story.html.

28 Jeff James, "Lecciones de liderazgo de Walt Disney: Cómo inspirar a su equipo", Blog del Instituto Disney, 21 de marzo de 2018, https: //www.disneyinstitute.com/blog/leadership-lessons-from-walt-disney—how-to/.

29 Gabler, *Walt Disney*, 240.

30 Florabel Muir, "Dibujos animados en grande", *New York Daily News*, 1 de diciembre de 1929, pág. 78.

31 Gabler, *Walt Disney*, pág. 136.

Capítulo 5

1 Gabler, *Walt Disney*, 144.

2 Thomas, *Building a Company*, 262.

3 Willa Okker, "La parada de Hollywood", *San Mateo Times*, 12 de noviembre de 1934, pág. 6.

4 Bob Foster, "Proyecciones: Walt se perderá de mucho", *San Mateo Times*, 16 de diciembre de 1966, pág. 27.

5 Autor sin acreditar, "Huérfanos asisten a festival de teatro", *Los Angeles Times*, 28 de diciembre de 1930, Parte H, 2.

6 John G. West, *Walt Disney y Live Action: The Disney Studio's Live-Action Features of the 1950s and 1960s* (Orlando: Theme Park Press, 2016), 30–31.

7 Bob Thomas, "Disney tuvo paciencia cuando se le acumularon las deudas", *Oakland Tribune,* 22 de diciembre de 1966, E21.

8 CalArts, "Historia: La historia de CalArts", CalArts.edu, https: //calarts.edu/about/institute/history.

9 John Hench con Peggy Van Pelt, Designing Disney: Imagineering and the Art of the Show (Nueva York: Disney Editions, 2003), 22.

10 Barry Linetsky, El negocio de Walt Disney y los nueve principios de su éxito (Orlando: Parque temático Press, 2017), 444–445.

11 West, *Walt Disney and Live Action,* vii.

12 Jim Korkis, *The Revised Vault of Walt,* pág.136.

13 Bob Thomas, "La prosperidad llegó a Walt Disney Studio hace solo una década. Se había enfrentado a la extinción", Gettysburg (Pennsylvania) Times, 21 de diciembre de 1966, pág. 13.

14 Thomas, "Llegó la prosperidad", pág. 13.

15 Thomas, "Llegó la prosperidad", pág. 13.

16 Jeff Rovin, ed., *Secrets from the World of Disney* (Nueva York: American Media Specials, 2018), 18.

17 Hopper, "Disney vive", pág. 4.

18 Hopper, "Disney vive", pág. 4.

19 Charles Denton, "Dynamic Disney Works Long Days, Nights, Too", Lansing (Michigan) *State Journal*, 19 de febrero de 1957, 5.

20 Thomas, "Disney tenía paciencia", E21.

21 Pat Williams, *How to Be Like Walt: Capturing the Disney Magic Every day of Your Life* (Deerfield Beach, FL: Health Communications, Inc., 2004), 374.

22 IMDb (base de datos de películas de internet), "La biografía de Earl Felton", IMDb.com, https://www.imdb.com/name/ nm0271641 / bio? ref_ = nm_ov_bio_sm.

23 Mark I. Pinsky, *The Gospel According to Disney: Faith, Trust, and Pixie Dust* (Louisville, KY: Westminster John Knox Press, 2004), 18.

24 Pinsky, *The Gospel According to Disney*, 18.

25 Ray Bradbury, Prólogo de Howard E. Green y Amy Boothe Green, *Remembering Walt: Favorite Memories of Walt Disney* (Nueva York: Disney Editions, 1999), vii.

26 Williams, *How to be Like Walt*, 302.

27 Jim Korkis, "El tabaquismo y la infame tos de Walt", MousePlanet.com, 26 de marzo de 2014, https: //www.mouseplanet.com / 10628 / Walts_Smoking_and_ Infamous_Cough.

28 Thomas Schatz, *Boom and Bust: American Cinema in the 1940s* (Berkeley: University of California Press, 1997), 165.

29 Gabler, *Walt Disney*, 455–56.

30 Todas las citas de la Sra. Streep son de "Meryl Streep critica a Walt Disney y se refiere a Emma Thompson como una 'feminista rabiosa y devoradora de hombres', por Bennett Marcus, *Vanity Fair*, 8 de enero de 2014, http://www.vanityfair.com/hollywood/2014/01/meryl-streep-emma-thompson-best-speech-ever.

31 Floyd Norman, "La mala elección de Sophie", FloydNormanCom.Squarespace.com, 8 de enero de 2014, http: //floydnormancom.squarespace.com/blog/2014/1/8/sophies-poor-choice.

32 Gabler, *Walt Disney*, 124; Williams, *How to be Like Walt*, 41.

33 David K. Williams, "El perdón: El rasgo de liderazgo menos entendido en el lugar de trabajo", Forbes.com, 5 de enero de 2015, https: //www.forbes.com/sites/davidkwilliams/2015/01/05/forgiveness-the-rasgo-de-liderazgo-menos-entendido-en-el-lugar-de-trabajo-2/

34 144 Dave Smith / Disney Book Group, T*he Quotable Walt Disney* (Nueva York: Disney Editions, 2001), 254.

Capítulo

1 Brian Hannan, *Coming Back to a Theater Near You: A History of Hollywood Reissues*, 1914-2014 (Jefferson, Carolina del Norte: McFarland, 2016), 63.

2 Hannan, *Coming back to a Theater Near You*, pág. 36.

3 Hopper, "Disney vive", pág. 4.

4 Geoff King, Claire Molloy, Yannis Tzioumakis, eds., *American Independent Cinema: Indie, Indiewood and Beyond* (Nueva York: Routledge, 2013), 170.

5 Guinness World Records, "La película animada más taquillera a nivel nacional (ajustada según la inflación)", GuinnessWorldRecords.com, http: //www. guinnessworldrecords.com/world-records/highest-box-office-film-gross-for-an-animation-inflation-adjusted/.

6 Hopper, "Disney vive".

7 David Oneal, "Atracciones extintas: Documental de Thurl Ravenscroft", video en línea, 8 de febrero de 2014, https: //www.youtube.com/watch?time_continue=593&v=SjbnH9jNN1I.

8 Williams, *How to Be Like Walt*, 353.

9 Thomas, "Disney tuvo paciencia", E21.

10 Thomas, "Los niños elogiados de EE. UU.", 20.

11 Keith Gluck, "Los primeros días de los audio-animatronics", WaltDisney.org, 18 de junio de 2013, https: // www.waltdisney.org/blog/early-days-audio-animatronics.

12 Michael Broggie, *Walt Disney's Railroad Story: The Small-Scale Fascination that Led to a Full-Scale Kingdom* (Virginia Beach, VA: Donning, 1998), 186.

13 Gluck, "Los primeros días de audio-animatronics".

14 Charles Denton, "Las dinámicas de Disney han funcionado a lo largo del tiempo", pág. 5.

15 Charles Denton, "La historia de Disney cuenta el ascenso de un hombre con ideas", Lansing (Michigan) *State Journal*, 18 de febrero de 1957, 1-2.

16 Michael Barrier, "Entrevistas: David Hand", MichaelBarrier.com, mayo de 2003, http: //www.michaelbarrier.com/Interviews/Hand/entrevista_david_hand.htm.

17 Frank Thomas y Ollie Johnston, *The Illusion of Life: Disney Animation* (Nueva York: Hyperion, 1995), 25.

18 Walt Disney, "Growing Pains", *Journal of the Society of Motion Picture Editors*, enero de 1941, extraído por Jim Korkis, "Walt Disney recuerda 'Growing Pains' y su estudio", JimHillMedia.com, 30 de agosto de 2005, http: //jimhillmedia.com/alumni1/b/wade_sampson/archive/2005/08/31/1276.aspx.

19 Rolly Crump, "Los waffles de fresa de Walt", DisneyDispatch.com, 23 de mayo de 2011, http: //www.disneydispatch.com/content/columns/the-truth-of-the-matter-is/2011/walts-strawberry-waffles/.

20 Amy Boothe Green y Howard E. Green, *Remembering Walt: Favorite Memories of Walt Disney* (Nueva York: Disney Editions, 1999), 66.

21 Jim Korkis, "Roy O. Disney recuerda a su hermano menor Walt", MousePlanet.com, 30 de noviembre de 2016, https: //www.mouseplanet.com/11616/Roy_O_Disney_Remembers_His_Kid_Brother_Walt.

22 Autor sin acreditar, "Las películas: la caricatura y la época", *London Observer,* 9 de marzo de 1930, pág. 20.

23 Walt Disney, "Growing Pains".

24 John Crosby, "Endeble eficacia en las realizaciones cinematográficas", *St. Louis Post-Dispatch,* 9 de febrero de 1949, 1D.

25 Jordan Zakarin, "Diane Disney Miller recuerda a papá: el apartamento secreto de Walt en Disneyland, sus pasiones y más", Huffington Post, 7 de febrero de 2012, https: // www.huffpost.com/entry/walt-disneys-secret-disneylan-apartment-diane-miller_n_1259421.

26 IMDb (Base de datos de películas en internet), *"Blanca Nieves y los siete enanitos* (1937) Trivia", IMDb.com, https: //www.imdb.com/title/tt0029583/trivia.

27 Korkis, "Roy O. Disney recuerda".

28 Rudy Behlmer, *America's Favorite Movies: Behind the Scenes* (Nueva York: Frederick Ungar Publishing, 1982), 60.

29 Personal de redacción, "Disney, 'Davy' lidera la Parada Yule", *Long Beach Independent,* 25 de noviembre de 1955, 5.

30 D23: El club oficial de fans de Disney, "Mickey Mouse Club Circus en Disneyland", D23.com, noviembre 25 de 2009, https: //d23.com/mickey-mouse-club-circus-to-open-here/.

31 Hopper, "Disney vive", pág. 4.

32 Jim Korkis, "Roy O. Disney recuerda".

33 Smith, *The Quotable Walt Disney*, 60.

Capítulo 7

1 Danton Walker, "Broadway", *New York Daily News*, 11 de enero de 1954, pág. 36.

2 John Lester, "Radio y Television", York (Pennsylvania) Gazette and Daily, 19 de marzo de 1954, pág. 38.

3 Aline Mosby, United Press, "En Hollywood", Medford (Oregon) Mail Tribune, 11 de mayo de 1954, pág. 4.

4 D23, "Comienza la construcción de Disneylandia", D23 El club oficial de fans de Disney, 26 de septiembre de 2018, https: //d23.com/this-day/disneyland-construction-begins/.

5 Mark Twain *A Connecticut Yankee in King Arthur's Court* (Londres: Chatto & Windus, Piccadilly, 1889), 157.

6 Smith, *The Quotable Walt Disney*, 237.

7 Tom Nabbe, "¡Tom está en la parada!", DisneyDispatch. com, 29 de marzo de 2011, http: //disneydispatch. com/content/columns/the-adventures-of-tom-nabbe/2011/08-from-character-to-cast-member/; Tom Nabbe, "La aventura de la secretaria sospechosa", DisneyDispatch.com, 5 de abril de 2011, http: // disneydispatch.com/ content/columns/ the-adventures-of-tom-nabbe/2011/06-the-adventure-of-suspicious-secretary/; Tom Nabbe, "La aventura de crecer",

DisneyDispatch.com, 26 de abril de 2011, http: // disneydispatch.com/content/columns/the-adventures- of-tom-nabbe/2011/07-the-adventure-of-growing-up/; Tom Nabbe, "De personaje a miembro del reparto", DisneyDispatch.com, 10 de mayo de 2011, http: // disneydispatch.com/content/column/the-adventures-of- tom-nabbe/2011/08-from-character-to-cast-member/.

8 Nota: En el artículo que Rolly Crump escribió para DisneyDispatch.com, se refirió a "tela de Tampa"; nosotros usamos el término correcto, "tela de tapa".

9 Rolly Crump, "El restaurante de... ¿Tiki Room?", DisneyDispatch.com, 18 de abril de 2011, http: //www. disneydispatch.com/content/columns/the-truth- of-the-matter-is/2011/the-tiki-room-restaurant/; RollyCrump, "Rolly Crump complace a los dioses de Tiki", DisneyDispatch.com, 25 de abril de 2011, http: // www.disneydispatch.com/content/columns/the-truth- of-the-matter-is/2011/rolly-crump-pleases-the-tiki- gods/;Rolly Crump, "Rolly Crump aprende a esculpir", DisneyDispatch.com, 2 de mayo de 2011, http: //www. disneydispatch.com/content/columns/the-truth-of-the- matter-is/2011/rolly-crump-learns-how-to-sculpt/.

10 Rolly Crump, "Rolly Crump sobre ruedas".

11 Jim Korkis, "Walt en sus propias palabras", 5 de abril de 2005, Jim Hill Media, http://jimhillmedia.com/ alumni1/b/wade_sampson/archive/2005/04/06/1256. aspx; algunos casos de puntuación y mayúsculas han ha sido modificados por los autores para facilitar la lectura.

12 Smith, *The Quotable Walt Disney*, 123.

13 Disney, "La Marceline que yo conocí".

14 Jim Denney, "Las montañas de Walt, Part 1: El Matterhorn", DizAvenue.com, 20 de agosto de 2017, https: //www.dizavenue.com/2017/08/walts-mountains-part-i-matterhorn.html.

Capítulo 8

1 John Borden, "Esta pequeña ciudad es el sitio del parque 'Perdido' de Disney", CNN.com, 12 de junio de 2018, https: //www.cnn.com/travel/article/marceline-missouri-lost-disney-park/index.html; Jefferson, "Al interior de la vida de Disney en Marceline".

2 Jefferson, "Al interior de la vida de Walt Disney en Marceline".

3 Personal de redacción, "Walt Disney encuentra evidencia de sus días de juventud", Kansas City Times, 5 de julio de 1956, pág. 1.

4 Jefferson, "Al interior de la vida de Walt Disney en Marceline".

5 Pinsky, *The Gospel According to Disney*, 21.

6 Boby Williams, publicación en Facebook.com, página del Instituto de Historia de Disney, 1 de septiembre de 2017, https: //www.facebook.com/groups/disneyhistoryinstitute/.

7 Rolly Crump, "Saga sobre un mundo pequeño: Toys, Part 1", DisneyDispatch.com, 30 de mayo de 2011, http: //

www.disneydispatch.com/ content/columns/ the-truth-of-the-matter-is/2011/small-world-saga-toys-part-1/.

8 Rolly Crump, "Saga sobre un mundo pequeño: Toys, Parte 3", DisneyDispatch.com, 13 de junio de 2011, http: //www.disneydispatch.com/contenido/columns/ the-truth-of-the-matter-is/2011/small-world-saga-toys-part-3/.200 Rolly Crump, "Saga sobre un mundo pequeño: Toys, Parte 2", DisneyDispatch.com, 6 de junio de 2011, http: //www.disneydispatch.com/content/ columns/ the-truth-of-the-matter-is/2011/small-world-saga-toys-part-2/.

9 Smith, *The Quotable Walt Disney*, 177.

10 Lou Jobst, "Wisecracking, Winking HST tiene un gran momento en Disneylandia", Long Beach Independent Press-Telegram, 3 de noviembre de 1957, A1, A3.

11 Personal de *L.A. Times*, "La familia Eisenhower, invitada en Disneylandia", *Los Angeles Times*, 27 de diciembre de 1961,2; Associated Press, "La familia Ike en una visita a Disneylandia", Indiana (Pennsylvania) *Gazette*, 27 de diciembre de1961, 46.

12 Paula Sigman Lowery, "Walt, rojo y azul", Museo de la Familia Walt Disney, 4 de julio de 2011, https: //www.waltdisney.org/blog/red-walt-and-blue.

13 Dave Mason, "La historia de la última visita oficial de Walt Disney a Disneylandia", DizAvenue.com, octubre 7, 2016, https://www.dizavenue.com/2016/10/the-story-of-walt-disneys-final.html?m=1.

14 Hopper, "Disney vive", pág. 1.

15 Thomas, *Walt Disney*, 269–70.

16 Dave Mason, "La última aparición en público de Walt Disney", DizAvenue.com, 1 de noviembre de 2016, https://www.dizavenue.com/2016/11/walt-disneys-final-public-appearance.html.

17 Jackson, ed., *Walt Disney: Conversations*, 137.

18 Linda Chion-Kenney, "Un reino de creyentes", Washington Post, 21 de septiembre de 1992, https://www.washingtonpost.com/archive/lifestyle/1992/09/21/a-kingdom-of-believers/198013be-0729-4bf9-a587-b655d9b36007/? noredirect = en & utm_term = .d5a0d6fb6bb6.

19 Werner Weiss, "Disneylandia, su primer año: Un comunicado de prensa del 18 de julio de 1956", Yesterland.com, 15 de julio de 2016, https://www.yesterland.com/oneyear.html.

20 Dave DeCaro, "Nehru en Disneylandia", DaveLandBlog.blogspot.com, 2 de diciembre de 2012, https://davelandblog.blogspot.com/2012/12/nehru-at-disneyland.html.

21 Ray Bradbury, *Yestermorrow: Obvious Answers to Impossible Futures* (Santa Barbara: Joshua Odell Editions/Capra Press, 1991), 147.

Epílogo

1 Hopper, "Disney vive", págs. 1, 4.

2 Jim Korkis, "El amor de Walt Disney por los trenes: Parte 2", MousePlanet.com, 30 de agosto de 2017, https: // www.mouseplanet.com/11865 /Walt_Disneys_Love_of_ Trains_Part_Two.

3 Ibíd.

4 Hopper, "Disney vive".

5 Bob Thomas, *Walt Disney, Magician of the Movies* (Nueva York: Grosset & Dunlap, 1966), 176.

6 Gluck, "La Main Street de Walt —Parte 1: Inspiraciones".

7 Gabler, *Walt Disney,* 525.

8 Green y Green, *Remembering Walt,* 153.

9 Mike Vance y Diane Deacon, *Think Out of the Box* (Wayne, Nueva Jersey: Career Press, 1995), 19–192.

10 Williams, *How to Be Like Walt,* 84.